BGB AT 1

2014

Josef A. Alpmann
Rechtsanwalt

ALPMANN UND SCHMIDT Juristische Lehrgänge Verlagsges. mbH & Co. KG
48143 Münster, Alter Fischmarkt 8, 48001 Postfach 1169, Telefon (0251) 98109-0
AS-Online: www.alpmann-schmidt.de

Liebe Leserin, lieber Leser,

wir sind stets bemüht, unsere Produkte zu verbessern. Fehler lassen sich aber nie ganz ausschließen. Sie helfen uns, wenn Sie uns über Druckfehler in diesem Skript oder anderen Printprodukten unseres Hauses informieren.

E-Mail genügt an „druckfehlerteufel@alpmann-schmidt.de"

Danke
Ihr AS-Autorenteam

Alpmann, Josef A.
BGB AT 1
19. Auflage 2014
ISBN: 978-3-86752-362-2

Verlag Alpmann und Schmidt Juristische Lehrgänge
Verlagsgesellschaft mbH & Co. KG, Münster

INHALTSVERZEICHNIS

LITERATURVERZEICHNIS

Bamberger/Roth	Beck'scher Online Kommentar BGB Stand: 01.08.2013 (zitiert: BeckOK /Bearbeiter)
Baur/Stürner	Sachenrecht 18. Auflage 2009
Bork	Allgemeiner Teil des Bürgerlichen Gesetzbuchs 3. Auflage 2011
Brehm	Allgemeiner Teil des BGB 6. Auflage 2008
Brox/Walker	Allgemeiner Teil des Bürgerlichen Gesetzbuchs 37. Auflage 2013
Erman	Bürgerliches Gesetzbuch 1. Band (§§ 1–853) 13. Auflage 2011 (zitiert: Erman/Bearbeiter)
Faust	Bürgerliches Gesetzbuch Allgemeiner Teil 4. Auflage 2014
Flume	Allgemeiner Teil des bürgerlichen Rechts Zweiter Band Das Rechtsgeschäft 4. Auflage 1992
Heidel/Hüßstege/Mansel/Noack	Nomos Kommentar Bürgerliches Gesetzbuch Allgemeiner Teil, §§ 1–240 2. Auflage 2011 (zitiert: NK-BGB/Bearbeiter)
Herberger/Martinek/ Rüßmann/Weth	juris Praxiskommentar BGB Allgemeiner Teil, Band 1 6. Auflage 2012 (zitiert jurisPK/Bearbeiter)
Jauernig	Bürgerliches Gesetzbuch 14. Auflage 2011 (zitiert: Jauernig/Bearbeiter)
Köhler	BGB-Allgemeiner Teil 34. Auflage 2010

Medicus	Allgemeiner Teil des BGB 10. Auflage 2010 (zitiert: Medicus AT)
Medicus/Petersen	Bürgerliches Recht 24. Auflage 2013 (zitiert: Medicus/Petersen)
Münchener Kommentar	zum Bürgerlichen Gesetzbuch Band 1: Allgemeiner Teil (§§ 1–240) 6. Auflage 2012 Band 2: Schuldrecht Allgemeiner Teil (§§ 241–432) 6. Auflage 2012 Band 6: Sachenrecht (§§ 854–1296) 6. Auflage 2013 (zitiert: MünchKomm/Bearbeiter)
Palandt	Bürgerliches Gesetzbuch 72. Auflage 2013 (zitiert: Palandt/Bearbeiter)
Soergel	Bürgerliches Gesetzbuch Band 1: Allgemeiner Teil 1 (§§ 1–103) 13. Auflage 2000 Band 2: Allgemeiner Teil 2 (§§ 104–240) 13. Auflage 1999 Band 2 a: §§ 13, 14, 126 a–127, 194–218 13. Auflage 2002 (zitiert: Soergel/Bearbeiter)
Staudinger	J. v. Staudingers Kommentar zum Bürgerlichen Gesetzbuch §§ 90–124; 130–133 BGB (2012) §§ 139–163 BGB (2010) §§ 164–240 BGB (2009) §§ 925–984 BGB (2011) §§ 1353–1563 BGB (2007) Wiener UN-Kaufrecht – CISG (2012) (zitiert: Staudinger/Bearbeiter)
Wolf/Neuner	Allgemeiner Teil des Bürgerlichen Rechts 10. Auflage 2012

Einleitung

Die Vorschriften der einzelnen Rechtsgebiete enthalten nur die gebietstypischen Regelungen. Die allgemeinen, für alle Rechtsgebiete gültigen Regeln sind im BGB AT (§§ 1–240[1]) enthalten. Die allgemeinen Regeln sind also „vor die Klammer" gezogen und gelten im gesamten Zivilrecht, soweit keine vorrangigen Sonderregeln eingreifen. 1

Beispiele:

Für das Zustandekommen des Kaufvertrags durch Angebot und Annahme gelten die §§ 145 ff. Bei der Berechnung der Verjährungsfrist des § 438 gelten die §§ 186 ff. Hemmung oder Neubeginn der Verjährung ist nach §§ 203 ff. möglich.

Wird der Veräußerer bei der Übertragung einer beweglichen Sache gemäß § 929 S. 1 arglistig getäuscht, kann er seine Erklärung gemäß § 123 anfechten.

Bei der Übereignung eines Grundstücks nach §§ 873, 925 können sich die Parteien gemäß §§ 164 ff. vertreten lassen. § 925, der die gleichzeitige Anwesenheit des Veräußerers und des Erwerbers vor dem Notar verlangt, schließt eine Vertretung nicht aus.[2]

Eheverträge i.S.d. §§ 1408 ff. dürfen weder gegen gesetzliche Verbote verstoßen (§ 134) noch sittenwidrig sein (§ 138). Ist ein Teil eines Ehevertrags nichtig, richtet sich die Frage der Wirksamkeit des Vertrags insgesamt nach § 139.

Das Testament muss den Erfordernissen einer Willenserklärung genügen. Nach h.M. ist der geheime Vorbehalt gemäß § 116 unbeachtlich. Ansonsten gelten für das Testament Sonderregeln. Die Testierfähigkeit ist in § 2229 geregelt. Eine Vertretung gemäß §§ 164 ff. oder durch einen gesetzlichen Vertreter ist durch die Sonderregelung des § 2064 ausgeschlossen. Die Anfechtung eines Testaments richtet sich nicht nach den §§ 119 ff., da in den §§ 2078 ff. vorrangige Regelungen bestehen.

Die Regelungen des BGB AT im Überblick:

§§ 1–240 Buch 1. Allgemeiner Teil

§§ 1–89	Abschnitt 1. Personen	
§§ 1–14	Titel 1. Natürliche Personen, Verbraucher, Unternehmer	
§§ 21–89	Titel 2. Juristische Personen	AS Skript GesellschaftsR
§§ 21–79	Untertitel 1. Vereine	
§§ 80–88	Untertitel 2. Stiftungen	
§ 89	Untertitel 3. Juristische Personen des öffentlichen Rechts	
§§ 90–103	Abschnitt 2. Sachen und Tiere	AS Skripten Sachenrecht
§§ 104–185	Abschnitt 3. Rechtsgeschäfte	
§§ 104–113	Titel 1. Geschäftsfähigkeit	
§§ 116–144	Titel 2. Willenserklärung	
§§ 145–157	Titel 3. Vertrag	**Schwerpunkt der Skripten BGB AT 1 u. 2**
§§ 158–163	Titel 4. Bedingung und Zeitbestimmung	
§§ 164–181	Titel 5. Vertretung und Vollmacht	
§§ 182–185	Titel 6. Einwilligung und Genehmigung	
§§ 186–193	Abschnitt 4. Fristen, Termine	
§§ 194–225	Abschnitt 5. Verjährung	
§§ 226–231	Abschnitt 6. Ausübung der Rechte, Selbstverteidigung, Selbsthilfe	
§§ 232–240	Abschnitt 7. Sicherheitsleistung	

Auch wenn die Vorschriften des BGB AT für das gesamte Zivilrecht gelten, gibt es doch Abschnitte und Titel, die sich inhaltlich besser in bestimmte Rechtsgebiete einfügen. Das Recht der juristischen Personen (§§ 21–89) gehört dogmatisch zum BGB AT; eine juristische Person kann z.B. schuldrechtliche Verträge i.S.d. §§ 241 ff. abschließen oder Ei- 2

1 §§ ohne Gesetzesangabe sind solche des BGB.

2 Palandt/Bassenge § 925 Rdnr. 5.

gentümer i.S.d. §§ 903 ff. sein. Inhaltlich kann man insbesondere das Vereinsrecht jedoch besser dem Gesellschaftsrecht zuordnen. Die §§ 90 ff. sind entsprechend ihrem Regelungsgehalt dem Sachenrecht zugeordnet.

Die Ausübung der Rechte (§§ 226–231) wird im Recht der unerlaubten Handlung behandelt. Die Sicherheitsleistung gemäß §§ 232–240 ist nicht ausbildungsrelevant.

Die Regeln über Rechtsgeschäfte stellen den eindeutigen Schwerpunkt des Allgemeinen Teils des BGB dar.

A. Die Regelungen, die die natürliche Person betreffen (§§ 1–12)

3
- Mit der Vollendung der Geburt erwirbt die Person die Rechtsfähigkeit (§ 1), d.h. sie kann Trägerin von Rechten und Pflichten sein.

  Das Kind kann Gläubiger oder Schuldner eines Schuldverhältnisses sein: Kaufpartei, Mietpartei. Es kann Inhaber von Rechten an einer Sache sein: Eigentümer, Hypothekengläubiger und es kann Erbe sein, Mitglied einer Gesellschaft oder eines Vereins.

- Mit der Vollendung des 18. Lebensjahres ist die Person volljährig (§ 2). Sie kann selbstständig Kaufverträge abschließen und über ihre Rechte verfügen, indem sie diese aufhebt, überträgt, belastet oder inhaltlich verändert. Sie kann mit anderen eine Gesellschaft, einen Verein gründen. Die volljährige Person kann in vollem Umfang eigenverantwortlich auf allen Rechtsgebieten rechtsverbindlich handeln.

  Die Handlungsfähigkeit der Minderjährigen ist gesondert geregelt:

  - Minderjährige, die das siebente Lebensjahr vollendet haben, können durch Abgabe von Erklärungen nur unter den Voraussetzungen der §§ 105 ff. rechtsverbindlich handeln. Sie können grundsätzlich keine rechtlich belastenden Erklärungen allein abgeben.
  - Minderjährige, die das siebente Lebensjahr vollendet haben, sind gemäß § 828 Abs. 2 für unerlaubte Handlungen nur dann verantwortlich, soweit sie über die erforderliche Einsicht verfügen.

- In den §§ 7–11 ist der Wohnsitz der Person geregelt und in § 12 das Namensrecht.

B. Verbraucher und Unternehmer (§§ 13, 14)

4 Die §§ 13 und 14 enthalten Definitionen des Verbrauchers und des Unternehmers. Diese sind von enormer Bedeutung, denn auf sie bezieht sich das gesamte Verbraucherrecht, unter anderem die §§ 241 a, 286 Abs. 3, 288 Abs. 2, 310 Abs. 3, 312 ff., 355 ff., 474 ff., 481 ff., 489, 491 ff., 499 ff., 505 ff., 655 a ff.

Da die Begriffe untrennbar mit dem Verbraucherschutzrecht verbunden sind, sind die Definitionen im Skript Schuldrecht AT 2 im Zusammenhang mit dem Verbraucherschutz erörtert.

C. Rechtsgeschäfte

I. Definitionen

Das **Rechtsgeschäft** besteht aus einer oder mehreren Willenserklärungen, die allein oder i.V.m. anderen Tatbestandsmerkmalen eine Rechtsfolge herbeiführen, weil sie gewollt ist.[3] 5

Nach dieser heute üblichen Terminologie ist zwischen der Willenserklärung und dem Rechtsgeschäft zu unterscheiden. Zwar setzt jedes Rechtsgeschäft zumindest eine Willenserklärung voraus, aber nicht jede Willenserklärung ist ein Rechtsgeschäft, insbesondere weil häufig zwei Willenserklärungen zum Zustandekommen des Rechtsgeschäfts erforderlich sind.[4]

So ist das Angebot zum Abschluss eines Kaufvertrags zwar eine Willenserklärung, aber noch kein Rechtsgeschäft, weil es allein noch keine Rechtsfolge auslöst. Erst mit der Annahmeerklärung kommt das Rechtsgeschäft „Kaufvertrag" zustande und es entstehen als Rechtsfolge die Verpflichtungen der Parteien gemäß §§ 433 ff.

Der Gesetzgeber hat die Begriffe Willenserklärung und Rechtsgeschäft als gleichbedeutend angesehen.[5] Dementsprechend unterscheidet das Gesetz nicht streng zwischen dem Tatbestand der Willenserklärung einerseits und dem des Rechtsgeschäfts andererseits. So sprechen z.B. die §§ 119 Abs. 1, 120 und 123 von der Anfechtung einer Willenserklärung. In § 142 Abs. 1 ist hingegen bestimmt: Wird ein anfechtbares Rechtsgeschäft angefochten, ist es als von Anfang an nichtig anzusehen. Auch in den §§ 143, 144 ist von der Anfechtung des Rechtsgeschäfts die Rede.

Eine **Willenserklärung** ist die Äußerung eines auf Herbeiführung einer Rechtswirkung gerichteten Willens. Jedenfalls eine fehlerfreie Willenserklärung setzt sich zusammen aus der Äußerung des Willens (der **Erklärung**) und dem entsprechenden inneren **Willen** des Erklärenden. 6

Eine gesetzliche Definition der Willenserklärung fehlt. Das ist darauf zurückzuführen, dass beim Erlass des BGB keine Einigung erzielt werden konnte: Die Anhänger der Erklärungstheorie stellten maßgeblich auf die äußere Erklärung ab, während die Anhänger der Willenstheorie den wahren Willen des Erklärenden als entscheidend bewerteten.[6]

II. Arten von Rechtsgeschäften

1. Einseitige und mehrseitige Rechtsgeschäfte

a) Der Vertrag

Wer im Verhältnis zu einer anderen Person Rechtsfolgen herbeiführen will, muss sich grundsätzlich mit dieser Person über den Eintritt der Rechtsfolgen einigen. Die Parteien müssen übereinstimmende Erklärungen bezüglich des erstrebten Rechtserfolgs abgeben. 7

3 Palandt/Ellenberger Überbl v § 104 Rdnr. 2; Brox/Walker Rdnr. 96.

4 Medicus AT Rdnr. 243; Schreiber Jura 1999, 275.

5 Medicus AT Rdnr. 242.

6 Flume §§ 4, 6.

- Eine Person kann sich einer anderen gegenüber grundsätzlich zu jedem ihr möglichen Verhalten verpflichten. Es kann ein Verpflichtungsvertrag abgeschlossen werden wie Kauf-, Miet-, Werk-, Bürgschaftsvertrag usw.
- Der Rechtsinhaber kann sein Sachenrecht durch Einigung über eine Rechtsänderung übertragen, belasten oder inhaltlich verändern. Die Rechtsänderung – die Rechtsfolge – tritt jedoch erst mit dem Vollzug der Einigung ein; bewegliche Sachen müssen übergeben werden (§ 929 S. 1), Grundstücke und Grundstücksrechte im Grundbuch eingetragen werden, § 873 Abs. 1.
- Die Eheleute können einen Ehevertrag, der Erblasser kann zugunsten eines Dritten einen Erbvertrag abschließen.

b) Das einseitige Rechtsgeschäft

8 Eine Person kann im Verhältnis zu einer anderen Person einseitig durch Willenserklärung Rechtsfolgen auslösen, wenn es vereinbart worden ist oder eine gesetzliche Vorschrift es gestattet.

- Die Auslobung (§ 657) ist das einzige einseitige Rechtsgeschäft, das eine Verpflichtung begründet.
- Einseitige Rechtsgeschäfte mit Gestaltungswirkung sind beispielsweise die Kündigung, der Rücktritt, der Widerruf, die Anfechtung und die Aufrechung. Die – einseitige – Zustimmung zu einem schwebend unwirksamen Geschäft bewirkt die Wirksamkeit dieses Rechtsgeschäfts. Die Verweigerung der Zustimmung hat die Unwirksamkeit zur Folge.

c) Gesellschaftsverträge und Beschlüsse

9 Mehrere Personen können zum Zwecke der Gründung einer Gesellschaft oder eines Vereins einen Gesellschaftsvertrag abschließen; sie können Beschlüsse zur Regelung der inneren Angelegenheiten fassen.

2. Verpflichtungsgeschäfte und Verfügungsgeschäfte

10 **Verpflichtungsgeschäfte** sind alle Rechtsgeschäfte, die ein Schuldverhältnis begründen, die also mindestens einen **Anspruch** des Gläubigers auf ein Tun oder Unterlassen (§ 194) des Schuldners begründen.

11 **Verfügungsgeschäfte** sind alle Rechtsgeschäfte, die auf eine **Rechtsänderung** gerichtet sind. Bei der Rechtsänderung kann es sich um eine Übertragung, Belastung, Aufhebung oder Inhaltsänderung des Rechts handeln.[7]

Häufig ist auch die Formulierung, eine Verfügung sei ein Rechtsgeschäft, das unmittelbar auf ein bestehendes Recht einwirkt.[8] Das ist zutreffend, wenn man berücksichtigt, dass auch das fehlgeschlagene Verfügungsgeschäft, das die Rechtsänderung nicht herbeiführt, eine Verfügung ist.

---

7 BGHZ 75, 221, 226; Medicus AT Rdnr. 208.

8 BGHZ 101, 24, 26; Köhler § 5 Rdnr. 13.

Beispiele für Verfügungsgeschäfte:

Übereignung beweglicher Sachen gemäß §§ 929 ff.,
Übereignung von Grundstücken gemäß §§ 873, 925,
Belastung eines Grundstücks mit einer Grundschuld (§§ 873, 1191),
Belastung einer beweglichen Sache mit einem Pfandrecht (§ 1204),
Übertragung einer Forderung gemäß § 398.

Rechtsänderungen wirken gegenüber jedermann. Übereignet z.B. der Veräußerer dem Erwerber eine Sache gemäß § 929 S. 1, ist der Erwerber nicht nur im Verhältnis zum Veräußerer Eigentümer, sondern gegenüber jedermann. Beschädigt ein Dritter die Sache, kann der Erwerber als Eigentümer den Anspruch aus § 823 Abs. 1 geltend machen.

Da Verfügungen gegenüber jedermann wirken, gilt für Verfügungsgeschäfte der Bestimmtheitsgrundsatz. Spätestens bei Wirksamwerden der Verfügung muss feststehen, auf welche Gegenstände sie sich bezieht.

Für die meisten Verfügungsgeschäfte ist außer der Einigung der Parteien zum Rechtsübergang noch ein **Vollzugsmoment** erforderlich. Zur Übereignung beweglicher Sachen ist grundsätzlich gemäß § 929 S. 1 die Übergabe erforderlich. Das Eigentum an Grundstücken geht gemäß § 873 erst mit der Eintragung im Grundbuch auf den Erwerber über.

Verfügungsgeschäfte haben grundsätzlich nur dann eine Rechtsänderung zur Folge, wenn der Verfügende auch **Berechtigter** ist. Ausreichend ist aber auch, wenn der Verfügende mit der Zustimmung des Berechtigten gemäß § 185 handelt. Häufig ist auch ein gutgläubiger Erwerb möglich (z.B.: §§ 932 ff.; § 892).

Die Trennung zwischen Verpflichtungs- und Verfügungsgeschäft ist eines der wesentlichen Prinzipien des deutschen Zivilrechts **(Trennungsprinzip)**. In unmittelbarem Zusammenhang damit steht die Unabhängigkeit des Verfügungsgeschäfts von der Wirksamkeit des Verpflichtungsgeschäfts **(Abstraktionsprinzip)**. 12

Da die Unabhängigkeit des Verfügungsgeschäfts von dem Verpflichtungsgeschäft notwendigerweise die Trennung voraussetzt und eine Trennung nur vorgenommen wurde, um die Abstraktion zu ermöglichen, werden teilweise die Begriffe Trennungsprinzip und Abstraktionsprinzip nicht unterschieden.[9]

III. Trennungsprinzip

Allein das Verpflichtungsgeschäft bewirkt noch keine Rechtsänderung. Es besteht zunächst ein Anspruch des Gläubigers gegen den Schuldner auf Vornahme der Rechtsänderung. Dieser Anspruch wird erfüllt durch das jeweilige Verfügungsgeschäft. 13

Beispiele:

Kaufverträge über bewegliche Sachen haben nicht den Übergang des Eigentums zur Folge; der Käufer hat lediglich einen Anspruch auf Übereignung aus § 433 Abs. 1 S. 1. Dieser Anspruch wird erfüllt durch die Übereignung gemäß § 929 S. 1.

Kaufverträge über Forderungen bewirken nicht den Übergang der Forderung; der Käufer hat einen Anspruch auf Abtretung der Forderung aus §§ 453 Abs. 1, 433 Abs. 1 S. 1. Dieser Anspruch wird erfüllt durch die Abtretung der Forderung gemäß § 398.

9 Martinek JuS 1993, 615 m.w.N.; für eine strikte Trennung der Begriffe: Jauernig JuS 1993, 614; 1994, 721.

IV. Abstraktionsprinzip

14 Das Abstraktionsprinzip beinhaltet zwei Abstraktionen. Zum einen ist das Verfügungsgeschäft von dem Vorhandensein und der Wirksamkeit eines Verpflichtungsgeschäfts unabhängig (äußerliche Abstraktion). In seiner zweiten Ausprägung besagt das Abstraktionsprinzip, dass die Bezugnahme auf das zugrunde liegende Kausalgeschäft nicht zum Inhalt des Verfügungsgeschäfts gehört (inhaltliche Abstraktion). Die Zweckbestimmung, d.h. die Frage, warum die Verfügung vorgenommen wird, ist nicht Bestandteil des Verfügungsgeschäfts.

1. Äußerliche Abstraktion

15 Das Verfügungsgeschäft ist von dem Vorhandensein und der Wirksamkeit eines Verpflichtungsgeschäfts unabhängig. Beide Rechtsgeschäfte sind unabhängig voneinander auf ihre Wirksamkeit zu prüfen.[10]

Beispiel: V verkauft und übergibt dem Minderjährigen M ein Fahrrad. Dabei handelt M ohne Einwilligung seiner Eltern, die auch eine Genehmigung ablehnen.

I. Der Kaufvertrag ist gemäß § 107 unwirksam. Er ist nicht lediglich rechtlich vorteilhaft, weil er den M verpflichten würde, den Kaufpreis zu zahlen.
II. Mit der Übergabe hat V dem M konkludent das Eigentum gemäß § 929 S. 1 übertragen. Das Übereignungsgeschäft ist wirksam, weil es lediglich rechtlich vorteilhaft i.S.d. § 107 ist, denn M erwirbt das Eigentum.[11] Die Unwirksamkeit des Kaufvertrags hat keine Auswirkung auf die Übereignung.
§ 812 I S. 1, 1 Fall
III. V hat gegen M einen Anspruch auf Rückübertragung des Fahrrads gemäß § 812 Abs. 1 S. 1, 1. Fall. M hat durch Leistung des V Eigentum und Besitz an dem Fahrrad erlangt. Für diese Vermögensverschiebung besteht kein Rechtsgrund, da der Kaufvertrag unwirksam ist.

2. Einschränkungen des (äußerlichen) Abstraktionsprinzips

16 Die Parteien können die Wirksamkeit des Verpflichtungsgeschäfts als **Bedingung** (§ 158) für die Wirksamkeit der Verfügung vereinbaren, soweit dies nicht ausgeschlossen ist, wie in § 925 Abs. 2. Das Gesetz geht auch in § 449 davon aus, dass die Übereignung bedingt sein kann. Danach kann die Übereignung unter der Bedingung vollständiger Kaufpreiszahlung erfolgen. Da die Bedingung bei Unwirksamkeit des Kaufvertrags nicht mehr eintreten kann, ist – bis zur vollständigen Kaufpreiszahlung – die Übereignung von der Wirksamkeit des Kaufvertrags abhängig.[12]

17 Nach der Rechtsprechung und wohl auch der h.L. können das Verpflichtungs- und das Verfügungsgeschäft in der Weise verbunden sein, dass beide Geschäfte ein **einheitliches Rechtsgeschäft i.S.d. § 139** darstellen.[13]

Nach der Gegenansicht[14] widerspricht die Annahme einer Geschäftseinheit i.S.d. § 139 dem Abstraktionsprinzip. Wenn die Parteien eine Verknüpfung zwischen Verpflichtung und Verfügung wollten, könnten sie eine entsprechende Bedingung vereinbaren.

---

10 Palandt/Ellenberger Überbl v § 104 Rdnr. 22; Medicus AT Rdnr. 224; Köhler § 5 Rdnr. 14; Martinek JuS 1993, 615; Jauernig JuS 1994, 721.

11 Wolf/Neuner § 34 Rdnr. 20 ff.

12 Jauernig JuS 1994, 721, 723; Haferkamp Jura 1998, 511, 514; Palandt/Ellenberger Überbl v § 104 Rdnr. 24.

13 BGH WM 1989, 723; NJW 1991, 917, 918; Palandt/Ellenberger § 139 Rdnr. 7; Eisenhardt JZ 1991, 271; Haferkamp Jura 1998, 511, 515.

14 Flume § 12 III 4; Wolf/Neuner § 56 Rdnr. 12; Medicus AT Rdnr. 241; Staudinger/Roth § 139 Rdnr. 54; Grigoleit AcP 199, 379, 414 ff.

Jauernig[15] weist zu Recht darauf hin, dass auch nach der h.M. die Möglichkeit, ein einheitliches Geschäft zu vereinbaren, kaum praktische Bedeutung hat und „weitgehend auf dem Papier" steht.

Nichtigkeitsgründe können sowohl das Verpflichtungsgeschäft als auch das Verfügungsgeschäft erfassen **(Fehleridentität)**. Dies ist **keine Ausnahme** von dem Abstraktionsprinzip, **da der Fehler unstreitig für beide Geschäfte getrennt geprüft werden muss**. Bei der Fehleridentität geht es vielmehr um die Frage, ob sich bestimmte Nichtigkeitsgründe regelmäßig auf beide Rechtsgeschäfte auswirken. **18**

- Die Nichtigkeit des Verpflichtungsgeschäfts gemäß § 138 Abs. 2 wirkt sich regelmäßig auch auf das Verfügungsgeschäft des Bewucherten aus.[16]

  Dies ist der Formulierung in § 138 Abs. 2 „oder gewähren lässt" zu entnehmen. Die Nichtigkeit erstreckt sich aber nicht auf das Erfüllungsgeschäft des Wucherers.[17]

- Anders ist dies bei der Nichtigkeit des Verpflichtungsgeschäfts wegen Sittenwidrigkeit gemäß § 138 Abs. 1. Die Herbeiführung der Rechtsänderung ist in der Regel wert- und motivneutral. Verfügungsgeschäfte können daher grundsätzlich nicht wegen ihres Inhalts sittenwidrig sein. Ausnahmsweise kann jedoch die Sittenwidrigkeit gerade im Vollzug der Leistung liegen.[18]

  Beispielsweise bei der ursprünglichen Übersicherung oder der Knebelung des Schuldners bei einer Sicherungsübereignung.

- Die Nichtigkeit wegen eines Gesetzesverstoßes gemäß § 134 wirkt sich regelmäßig nur auf das Verpflichtungsgeschäft aus. Dies gilt ausnahmsweise dann nicht, wenn die Umstände, die die Verbotswidrigkeit des Kausalgeschäfts begründen, zugleich auch das Erfüllungsgeschäft betreffen.[19]

- Wird jemand arglistig getäuscht oder bedroht, wirkt sich dies zumeist auch bei dem Verfügungsgeschäft aus. Im Fall einer Täuschung oder Drohung sind regelmäßig sowohl das Verpflichtungsgeschäft als auch das Verfügungsgeschäft anfechtbar.[20]

- Ein Erklärungs- oder Inhaltsirrtum gemäß § 119 Abs. 1 wirkt sich regelmäßig nur bei dem Verpflichtungsgeschäft aus. Ausnahmen bestehen, wenn beide Rechtsgeschäfte an demselben Willensmangel leiden.[21]

- Ob ein Irrtum über eine verkehrswesentliche Eigenschaft i.S.d. § 119 Abs. 2 sich auch auf das Verfügungsgeschäft bezieht, wird unterschiedlich gesehen. Teilweise wird angenommen, die Sache werde nur als solche übereignet und nicht mit bestimmten Eigenschaften.[22] Danach ist das Verfügungsgeschäft nicht gemäß § 119 Abs. 2 anfechtbar. Nach der Gegenansicht bezieht sich die Verfügung stets auf eine ganz bestimmte Sache und daher auch auf deren bestimmte Eigenschaften.[23]

---

15 JuS 1994, 721, 724.
16 BGH NJW 1988, 2364; 1994, 1275; 1994, 1470; Palandt/Ellenberger § 138 Rdnr. 75.
17 Staudinger/Sack § 138 Rdnr. 225.
18 BGH ZIP 1997, 931.
19 BGHZ 115, 123, 130; 122, 115, 122.
20 Jauernig JuS 1994, 721, 724; Haferkamp Jura 1998, 511, 512; Grigoleit AcP 199, 379, 404 ff.
21 BeckOK/Wendtland § 142 Rdnr. 7; Haferkamp Jura 1998, 511, 513.
22 Grigoleit AcP 199, 379, 397 ff.
23 MünchKomm/Oechsler § 929 Rdnr. 33

1. Teil: Rechtsgeschäfte

1. Abschnitt: Die Willenserklärung

19 Eine Willenserklärung ist die **Äußerung** jedes **auf die Herbeiführung einer Rechtsfolge gerichteten Willens.**[24]

- Es muss der äußere Erklärungstatbestand gegeben sein. Die Erklärung muss auf einen Handlungswillen, Rechtsbindungswillen und einen Geschäftswillen schließen lassen.
- Bei der fehlerfreien Willenserklärung ist ein dem äußeren Erklärungstatbestand entsprechender innerer Erklärungstatbestand gegeben, d.h. der Erklärende hat tatsächlich den zum Ausdruck gekommenen Handlungswillen, Rechtsbindungswillen und Geschäftswillen. Für den Mindesttatbestand einer Willenserklärung ist diese Entsprechung nicht erforderlich. Es reicht, wenn die Erklärung dem Erklärenden zurechenbar ist.

Die empfangsbedürftige Willenserklärung wird erst mit ihrem Zugang wirksam (§ 130 Abs. 1 S. 1).

In aller Regel sind Willenserklärungen empfangsbedürftig. Beispiele für nicht empfangsbedürftige Willenserklärungen sind die Auslobung nach § 657 und die Bestätigung nach § 144. Im Falle der Entbehrlichkeit des Zugangs einer Annahmeerklärung gemäß § 151 wird die Annahme teilweise als nicht empfangsbedürftige Willenserklärung angesehen.[25]

A. Der Tatbestand der Willenserklärung

I. Der äußere Erklärungstatbestand

20 Die Willenserklärung muss den Schluss auf

- einen Handlungswillen,
- einen Rechtsbindungswillen und
- einen bestimmten Geschäftswillen zulassen.

Für den äußeren Erklärungstatbestand spielt es keine Rolle, ob der Erklärende den zum Ausdruck gekommenen Willen tatsächlich hatte. Entscheidend ist lediglich, ob die Erklärung aus der Sicht des Empfängers auf den Willen des Erklärenden, eine Rechtsfolge herbeizuführen, schließen lässt (normative Auslegung).

Mit der normativen Auslegung wird die objektive Erklärungsbedeutung ermittelt. Gegenbegriff ist die natürliche Auslegung, die auf den wahren Willen des Erklärenden abstellt. Bei letztwilligen Verfügungen ist der wirkliche Wille des Erblassers zu ermitteln.

---

24 Palandt/Ellenberger Einf v § 116 Rdnr. 1; Wolf/Neuner § 31 Rdnr. 2; Petersen Jura 2006, 178, 179.

25 Vgl. dazu unten Rdnr. 113.

1. Der erforderliche – geäußerte – tatsächliche Handlungswille

Nur willensgesteuerte Verhaltensweisen können rechtlich erheblich sein. Daher mangelt es schon am äußeren Tatbestand einer Willenserklärung, wenn der „Erklärende" erkennbar nicht willensgesteuert tätig geworden ist. 21

Beispiel: In einer Versteigerung gilt Kopfnicken als Angebot zum Kaufabschluss. A ist erkennbar eingeschlafen.
Auch wenn der Auktionator dem A den Zuschlag erteilt, ist kein Kaufvertrag zustande gekommen, weil A kein Angebot zum Abschluss eines Kaufvertrags gemacht hat. Sein Kopfnicken ist wegen des erkennbar fehlenden Handlungswillens keine Willenserklärung.

2. Der erforderliche – geäußerte – Rechtsbindungswille

Die Erklärung muss aus der Sicht des Empfängers darauf schließen lassen, dass das Erklärte rechtlich verbindlich sein soll. Ob der Erklärende einen Rechtsbindungswillen geäußert hat, muss im Wege der Auslegung ermittelt werden. 22

Die Auslegungsregeln der §§ 133 und 157 greifen nicht nur dann ein, wenn eine Willenserklärung vorliegt und nur der Inhalt der Erklärung undeutlich ist, sondern auch dann, wenn fraglich ist, ob überhaupt eine Willenserklärung vorliegt, also ob mit der abgegebenen Erklärung eine Rechtsbindung herbeigeführt werden soll.[26]

- Erklärungen **ohne einen rechtlichen Bezug** wie Stellungnahmen zu politischen Ereignissen, wissenschaftliche Äußerungen, der Gedankenaustausch zwischen Freunden und Bekannten oder Hilferufe lassen nicht auf einen Rechtsbindungswillen schließen und sind rechtlich unbeachtlich.

  Vereinbaren die Partner einer nichtehelichen Lebensgemeinschaft, die Frau solle empfängnisverhütende Mittel nehmen, lässt die Erklärung nicht auf einen Rechtsbindungswillen schließen. Der Mann kann keinen Schadensersatzanspruch wegen einer Vertragsverletzung geltend machen, wenn sich die Frau nicht an diese Vereinbarung hält. Die Partner einer nichtehelichen Lebensgemeinschaft wollen für ihre persönlichen und wirtschaftlichen Beziehungen gerade keine rechtliche Regelung. Erst recht wollen sie ihre persönlichen, intimen Beziehungen nicht zum Gegenstand einer vertraglichen Bindung machen.[27]

- In Erklärungen, die nur einen späteren **Vertragsschluss vorbereiten** sollen, kommt kein Rechtsbindungswille zum Ausdruck. Das gilt insbesondere für die Aufforderung zur Abgabe von Angeboten (invitatio ad offerendum).
- Es wird eine **Auskunft**, ein **Rat** erteilt.
- Es wird eine **Gefälligkeit** erwiesen.
- Es werden Erklärungen zum **Schein** (§ 117 Abs. 1) oder aus **Scherz** (§ 118) abgegeben.

a) Vorbereitung eines Vertrags

Werden Waren angepriesen oder einem unbestimmten Personenkreis im Schaufenster, Geschäft, in Inseraten „angeboten", so liegt mangels Rechtsbindungswillens kein Angebot vor.

26 Palandt/Ellenberger § 133 Rdnr. 3.
27 BGHZ 97, 372, 378; Medicus AT Rdnr. 193a.

23 **aa)** Die **Schaufensterauslage** enthält kein Angebot zum Abschluss eines Kaufvertrags, weil der Verkäufer noch nicht gebunden sein will, die ausgestellte Ware zum ausgeschriebenen Preis an jeden zu verkaufen, der in den Laden kommt und die Annahme erklärt.

Fall 1: Preisgünstige Schaufensterauslage

K sieht im Schaufenster des Radio- und Fernsehgeschäfts des V einen gebrauchten Verstärker zum Preis von 1.300 €. Er geht sofort in das Geschäft und erklärt, er kaufe das Gerät und wolle es sofort bezahlen und mitnehmen. V weigert sich, weil er dieses Gerät kurz zuvor an X verkauft hat und nur noch nicht dazu gekommen ist, es aus dem Fenster zu nehmen. Kann der K Übertragung des Gerätes verlangen?

K hat einen Anspruch auf Übereignung und Übergabe gemäß § 433 Abs. 1 S. 1, wenn er mit V einen Kaufvertrag abgeschlossen hat. Die für das Zustandekommen des Kaufvertrags erforderliche Einigung kann hier durch Angebot und Annahme erzielt worden sein.

I. Das Angebot könnte V gemacht haben, als er das Gerät im Schaufenster ausstellte. Da das Angebot eine Willenserklärung ist, müsste V mit dem Ausstellen des Gerätes erklärt haben (äußerer Erklärungstatbestand), dass er, solange das Gerät ausgestellt ist, mit jedem Kunden, der die Annahme erklärt, einen Kaufvertrag abschließen will. Ob eine Willenserklärung vorliegt oder ein Verhalten gegeben ist, dass der Vertragsanbahnung dient, ist im Wege der Auslegung unter Berücksichtigung der Einzelumstände und der Verkehrssitte zu ermitteln. Es gelten die §§ 133, 157 entsprechend.[28]

Dabei sind empfangsbedürftige Willenserklärungen grundsätzlich aus der Sicht des Empfängers auszulegen. Es ist zu ermitteln, wie ein sorgfältiger – objektivierter – Empfänger die Erklärung verstehen durfte (Auslegung vom Empfängerhorizont).[29]

Würde das Auslegen der Ware im Schaufenster des Verkäufers als Angebot zum Abschluss eines Kaufvertrags gewertet, so ergäbe sich:

- Mit der Einverständniserklärung des Kunden käme der Kaufvertrag unabhängig von dessen Zahlungsfähigkeit zustande, weil sich dann die Parteien über die Kaufsache und den Kaufpreis geeinigt hätten.
- Der Verkäufer wäre verpflichtet, an den Kunden zu liefern, auch wenn er die Ware bereits verkauft hätte. Es bestünde eine wirksame Doppelverpflichtung.
- Der Verkäufer hätte nicht mehr die Möglichkeit, ohne Einverständnis des Käufers weitere Bedingungen in den Kaufvertrag aufzunehmen. Er könnte beispielsweise die Gewährleistungsregeln nicht mehr abbedingen.

Unter Berücksichtigung dieser Einzelumstände, der Interessen des Verkäufers, der Verkehrssitte und Treu und Glauben ergibt sich, dass der Geschäftsinhaber mit der Auslage im Fenster mangels Rechtsbindungswillens kein Angebot zum Ab-

28 BGHZ 21, 106; BGH NJW 1984, 721; Palandt/Ellenberger § 133 Rdnr. 3.

29 Siehe unten Rdnr. 172 ff.

schluss eines Kaufvertrags macht, sondern er den interessierten Kunden auffordert, seinerseits ein Angebot zum Abschluss eines Kaufvertrags zu machen – invitatio ad offerendum.[30]

Da der Geschäftsinhaber lediglich den Vertragsschluss anbahnen will, enthält die Auslage im Fenster mangels Rechtsbindungswillens kein Angebot zum Abschluss eines Kaufvertrags.

II. Das Angebot zum Abschluss eines Kaufvertrags liegt in der Erklärung des K, er wolle das Gerät kaufen, bezahlen und mitnehmen.

III. Da V dieses Angebot nicht angenommen hat, ist kein Vertrag zustande gekommen. K hat gegen V keinen Anspruch auf Übertragung des Gerätes aus § 433 Abs. 1 S. 1.

---

bb) Ein **Zeitungsinserat** enthält kein Angebot zum Abschluss eines Kaufvertrags. Es fehlt erkennbar der Rechtsbindungswille. Wird z.B. ein Auto inseriert, so will der Inserent nicht mit jedem, der sich telefonisch oder nach Besichtigung des Fahrzeuges bereit erklärt, den Wagen zu übernehmen, den Kaufvertrag zu den in dem Inserat aufgeführten Bedingungen abschließen. Er will zuvor wissen, ob der Käufer zur Barzahlung in der Lage ist, evtl. Finanzierungsabreden treffen, regelmäßig auch die Gewährleistung ausschließen. Der Kaufvertrag soll erst nach Klärung der für den Kaufabschluss wesentlichen Umstände abgeschlossen werden. Wenn allerdings der Vertrag zustande kommt, werden die im Inserat genannten Tatsachen regelmäßig Vertragsbestandteil. 24

Beispiel: Der V inseriert: „Gemälde von Adolf Menzel – Der Bücherwurm – für 49.000 € zu verkaufen. Expertise von bekanntem Menzelforscher." K ruft bei V an und erklärt, der Preis gehe in Ordnung. Wann könne das Gemälde abgeholt werden?

I. V hat erkennbar mit dem Inserat noch kein Kaufangebot gemacht. Er wollte nicht mit dem ersten Interessenten abschließen, sondern nach Ablauf einer gewissen Zeit zwischen den verschiedenen Interessenten wählen. Er hat daher nur zur Abgabe von Angeboten aufgefordert.
II. K hat ein Angebot zum Abschluss eines Kaufvertrags gemacht. Wenn V sich auf den Anruf des K einverstanden erklärt, dann kommt der Kaufvertrag zwischen V und K mit dem Inhalt des Inserates zustande.

Beachte: *Das Inserat enthält mangels eines Rechtsbindungswillens zwar kein Angebot zum Abschluss eines Kaufvertrags, kommt jedoch der Kaufvertrag unter Bezugnahme auf dieses Inserat zustande, können die Angaben des Inserats Vertragsinhalt werden.*

cc) Ob das Bereitstellen der Ware im **Selbstbedienungsladen** bereits als verbindliches Angebot anzusehen ist, ist umstritten. 25 Selbstbedieng

- Die früher wohl h.M. hat darin lediglich eine Aufforderung gesehen, ein Angebot abzugeben. Das rechtlich verbindliche Angebot gebe der Kunde erst an der Kasse ab, das Buchen des Preises sei die Annahme.[31] Der Geschäftsinhaber wolle ersichtlich an der Kasse noch eine Liquiditätsprüfung vornehmen.

---

30 BGH NJW 1980, 1388; MünchKomm/Busche § 145 Rdnr. 11; Staudinger/Bork § 145 Rdnr. 7; Palandt/Ellenberger § 145 Rdnr. 2; Brehm Rdnr. 128 u. 515; Muscheler/Schewe Jura 2000, 565, 567.

31 Erman/Armbrüster § 145 Rdnr. 10.

- Heute wird überwiegend angenommen, dass das Auslegen der Ware bereits ein verbindliches Angebot ist, die Annahme erfolge mit dem Vorlegen an der Kasse.[32] Dafür spricht, dass der Verkäufer – anders als bei der Auslage im Schaufenster – seine Leistungsfähigkeit nicht mehr überprüfen muss.

26 **dd)** Wann der Kaufvertrag und die Übereignung an einer **Selbstbedienungstankstelle** zustande kommt, ist ebenfalls umstritten.

- Nach h.M. liegt in dem Bereitstellen der Zapfsäule das Angebot zum Abschluss des Kaufvertrags und zur Übereignung. Die Annahme erfolge durch das Einfüllen seitens des Kunden.[33] Für diese Ansicht spricht, dass durch das Einfüllen in den Tank ein praktisch unumkehrbarer Zustand geschaffen wird. Es entspricht daher dem Interesse beider Parteien, dass bereits zu diesem Zeitpunkt ein Kaufvertrag zustande kommt. Die Übereignung erfolgt unter der konkludent vereinbarten aufschiebenden Bedingung der vollständigen Kaufpreiszahlung.[34]
- Andere sehen in dem Einfüllvorgang das Angebot und in dem Zulassen der Selbstbedienung die Annahme.[35]
- Teilweise wird auch angenommen, dass Kaufvertrag und Übereignung erst an der Kasse stattfinden.[36]

27 **ee)** Bei dem **Versandhandel im Internet** ist die Präsentation der Produkte eine invitatio.[37] Das Angebot gibt der Kunde ab, in der Regel durch das Ausfüllen eines Formulars oder das Versenden einer E-Mail. Gemäß § 312g Abs. 1 Nr. 3 ist beim Internet-Versandhandel der Unternehmer verpflichtet, den Zugang der Bestellung zu bestätigen. Ob in dieser Bestätigung zugleich auch eine Annahmeerklärung zu sehen ist, ist durch Auslegung zu ermitteln.[38] Die Rechtsprechung ist uneinheitlich.[39] Viele Unternehmen sind dazu übergegangen, mit der gemäß § 312g Abs.1 Nr. 3 übersandten Bestätigung klarzustellen, dass eine Annahme erst zu einem späteren Zeitpunkt erfolgt. Ist die Bestätigung des Zugangs der Bestellung nicht als Annahme anzusehen, liegt diese spätestens in dem Versand der Ware.[40]

Fraglich ist, wie das **Bereitstellen von Software oder Informationen aus Datenbanken im Internet** zu bewerten ist. Da der Verkäufer seinen Bestand nicht prüfen muss, weil die Leistungserbringung unbegrenzt möglich ist, wird teilweise von einem verbindlichen Angebot ausgegangen.[41] Die Gegenansicht sieht auch in diesem Fall in dem Bereitstellen eine invitatio. Es könne nicht im Interesse des Verkäufers sein, ein verbind-

---

32 Palandt/Ellenberger § 145 Rdnr. 8; MünchKomm/Busche § 145 Rdnr. 12; BeckOK/Eckert § 145 Rdnr. 43; Soergel/Wolf § 145 Rdnr. 7; Staudinger/Bork § 145 Rdnr. 7; Medicus AT Rdnr. 363.

33 Staudinger/Bork § 145 Rdnr. 8; BeckOK/Eckert § 145 Rdnr. 43; Palandt/Ellenberger § 145 Rdnr. 8; Lange/Trost JuS 2003, 961, 964.

34 BGH, Urt. v. 04.05.2011 – VIII ZR 171/10, Rdnr. 13, NJW 2011, 2871, RÜ 2011, 488; Palandt/Ellenberger § 145 Rdnr. 8; Lange/Trost JuS 2003, 961, 964.

35 OLG Düsseldorf JR 1982, 343 mit Anm. Herzberg.

36 OLG Koblenz NStZ-RR 1998, 364.

37 MünchKomm/Busche § 145 Rdnr. 13.

38 Leible/Sosnitza BB 2005, 725, 726.

39 Überblick bei MünchKomm/Wendehorst § 312g Rdnr. 96.

40 Scherer/Butt DB 2000, 1009, 1012; Taupitz/Kritter JuS 1999, 839, 840.

41 Scherer/Butt DB 2000, 1009.

liches Angebot abzugeben, weil technische Probleme eine Übertragung verhindern könnten und der Verkäufer dann möglicherweise Schadensersatzansprüchen ausgesetzt wäre.[42]

ff) Umstritten ist die Konstruktion des Vertragsschlusses bei **Online-Auktionen**. **28**

Fall 2: Preiswerter Passat

Der V, der nebenberuflich mit EU-reimportierten Kraftfahrzeugen handelt, richtete bei der R, die Online-Auktionen durchführt, unter seinem Benutzernamen eine Angebotsseite für den Verkauf eines Neuwagens VW-Passat ein. Er legte den Startpreis (5 €), die Schrittweiten der Gebote sowie die Dauer der Auktion fest. K gab 8 Sekunden vor Auktionsende mit 13.500 € das letzte und höchste Gebot ab. Der Listenpreis des Fahrzeugs beträgt ca. 29.000 €. R teilte dem K durch eine E-Mail mit, er habe den Zuschlag erhalten. V lehnt die Lieferung des Pkw mit der Begründung ab, es sei noch kein Vertrag zustande gekommen. Vorsorglich erklärt er die Anfechtung seiner Willenserklärung.

Hat K einen Anspruch auf Lieferung zu dem Preis von 13.500 €?

K könnte gegen V einen Anspruch aus § 433 Abs. 1 S. 1 haben.

I. Der Vertrag könnte gemäß § 156 durch Gebot und Zuschlag zustande gekommen sein. Bei Versteigerungen ist das Gebot das Angebot des Bieters und der Zuschlag die Annahmeerklärung des Versteigerers.[43] Fraglich ist aber, ob es sich bei einer Internet-Auktion um eine Versteigerung i.S.d. § 156 handelt. **29**

1. Teilweise wird diese Frage bejaht.[44] Für eine Versteigerung sei typisch, dass jeder Bieter auf die Gebote anderer reagieren könne und die Möglichkeit habe, diese zu überbieten. Diese Voraussetzungen seien auch bei Online-Auktionen gegeben. Ein Zuschlag sei für eine Versteigerung nicht erforderlich.

   Folgt man dieser Ansicht, hat der Bieter in einer Online-Auktion kein Widerrufsrecht gemäß § 312d Abs. 1 S. 1, da dieses gemäß § 312d Abs. 4 Nr. 5 bei Versteigerungen i.S.d. § 156 nicht besteht.

   ***Beachte**: Wird von der Option „Sofort-Kaufen" Gebrauch gemacht, liegt auch nach dieser Ansicht keine Versteigerung vor. In der Wahrnehmung dieser Möglichkeit liegt unstreitig die Annahme eines vom Verkäufer abgegebenen Angebots.*[45]

2. Nach ganz h.M. handelt es sich bei einer Internet-Auktion nicht um eine Versteigerung i.S.d. § 156.[46] Gemäß § 156 S. 1 kommt bei einer Versteigerung der Vertrag erst durch den Zuschlag zustande. Bei dem Zuschlag handelt es sich um eine Wil-

---

42 Taupitz/Kritter JuS 1999, 839, 840.

43 BGHZ 138, 339, 342; Palandt/Ellenberger § 156 Rdnr. 1.

44 Mankowski JZ 2005, 444, 445; Honsell, FS für Ulrich Huber, 355 ff.

45 Mankowski JZ 2005, 444, 445; Hansen ZGS 2005, 455, 458; LG Memmingen NJW 2004, 2389; LG Saarbrücken MMR 2004, 556.

46 BGH, Urt. v. 07.11.2001 – VIII ZR 13/01, BGHZ 149, 129; BGH, Urt. v. 03.11.2004 – VIII ZR 375/03, NJW 2005, 53; Hoeren/Müller NJW 2005, 948, 949; Staudinger/Schmidt-Bendun BB 2005, 732; Hoffmann ZIP 2005, 2337; Deutsch WM 2005, 777.

lenserklärung. Eine Internet-Auktion endet aber nicht mit einer abschließenden Willenserklärung des Versteigerers, sondern durch Zeitablauf. Ein Vertrag zwischen V und K ist nicht gemäß § 156 zustande gekommen.

30 II. Zwischen V und K könnte ein Kaufvertrag durch Angebot und Annahme geschlossen worden sein.

1. Dadurch, dass V auf der Website des R das Auto zur Versteigerung anbot und die Internet-Auktion startete, gab er ein verbindliches Verkaufsangebot ab, das sich an den richtete, der innerhalb der Laufzeit der Auktion das höchste Gebot abgab.[47]

2. Dieses Angebot hat K mit seinem Gebot angenommen.

31 III. Der Vertrag könnte unwirksam sein.

1. Eine Anfechtung des V gemäß § 119 Abs. 1 scheidet aus. V hatte möglicherweise bei Abgabe der Erklärung eine Fehlvorstellung über die Höhe des Höchstgebots. Über den Inhalt seiner Erklärung, dass er ein verbindliches Verkaufsangebot an den Höchstbietenden richtet, befand er sich bei Abgabe nicht im Irrtum.

2. Eine Nichtigkeit gemäß § 134 BGB i.V.m. § 34b Abs. 1 GewO oder § 34b Abs. 6 Nr. 5b GewO scheidet aus, da die genannten Vorschriften keine Verbotsgesetze sind, deren Verletzung die Nichtigkeit gemäß § 134 zur Folge hat. Da diese Regelungen sich nur an den Auktionsveranstalter richten, können sie keine Auswirkungen auf die Wirksamkeit des Vertrags haben.

   Überdies stellen nach h.M. Internet-Auktionen keine Versteigerungen im Sinne des § 34 GewO dar.[48]

3. Die Erklärungen sind auch nicht gemäß § 762 unverbindlich. Die Preisbildung ist nur insoweit zufällig, als die Stärke der Nachfrage im Angebotszeitraum ungewiss ist. Dies macht die Online-Auktion aber ebenso wie eine herkömmliche Versteigerung nicht zum Spiel. In der Auktion wird von den Parteien ein ernsthafter wirtschaftlicher Geschäftszweck verfolgt.

4. Ein eventuelles Widerrufsrecht nach § 312d Abs. 1 S. 1 würde dem K als Verbraucher zustehen. Er hat aber keine Widerrufserklärung abgegeben.

   Da nach h.M. Internet-Auktionen keine Versteigerungen sind, ist bei Verbrauchern das Widerrufsrecht aus § 312d Abs. 1 S. 1 nicht gemäß § 312d Abs. 4 Nr. 5 ausgeschlossen.[49]

K hat einen Anspruch auf Lieferung des VW-Passat zum Preis von 13.500 €.

---

47 BGH, Urt. v. 03.11.2004 – VIII ZR 375/03, NJW 2005, 53.

48 Hollerbach DB 2000, 2001, 2002.

49 BGH, Urt. v. 03.11.2004 – VIII ZR 375/03, NJW 2005, 53.

b) Das freibleibende Angebot

Wer Waren anbietet, die er erst noch erwerben oder herstellen will, und nicht weiß, ob 32
ihm der Erwerb bzw. die Herstellung gelingt, oder sich über den Preis im Unklaren ist, macht nicht selten ein Angebot mit dem Zusatz „freibleibend". Ob in diesen Fällen überhaupt eine rechtliche Bindung gewollt ist und wann das der Fall ist, muss im Wege der Auslegung ermittelt werden.

Beispiel: Der V bietet dem K „freibleibend" 400 Smart-Phones zum Preis von 8.000 € an.

Die Bedeutung der Formulierung „freibleibend" (ebenso „unverbindlich" oder „sine obligo") ist durch Auslegung zu ermitteln.

I. Es bestehen im Wesentlichen zwei Auslegungsmöglichkeiten.
1. Das „freibleibende" Angebot kann so auszulegen sein, dass ein verbindlicher Antrag i.S.d. § 145 vorliegt und sich der Erklärende ein Widerrufsrecht vorbehält. Dabei wird teilweise angenommen, dass dieses Widerrufsrecht nur bis zum Zugang der Annahmeerklärung besteht.[50] Die h.M. geht davon aus, dass die Klausel auch so auszulegen sein kann, dass noch unverzüglich nach Zugang der Annahmeerklärung ein Widerruf bzw. ein Rücktritt möglich ist.[51]
2. Ein „freibleibendes" Angebot kann auch nur eine Einladung zur Abgabe von Angeboten bedeuten (invitatio). In diesem Fall soll allerdings der „frei Anbietende" verpflichtet sein, sich über das in der Antwort auf seine Erklärung liegende Angebot unverzüglich zu äußern. Kommt der „Anbietende" dieser Erklärungspflicht nicht nach, so wird in seinem Schweigen die Annahme des Angebots gesehen.[52]
II. Bestehen – wie im vorliegenden Beispielsfall – keine besonderen Anhaltspunkte für die Auslegung, so ist nach überwiegender Ansicht von einer Aufforderung zur Abgabe eines Angebots auszugehen.[53] Danach kann K ein Angebot abgeben, das auf den Erwerb von 400 Smart-Phones zu einem Preis von 8.000 € gerichtet ist. V kann dieses Angebot ablehnen und z.B. ein Angebot mit einem höheren Kaufpreis abgeben. Äußert sich V aber nicht unverzüglich auf das Angebot des K, kommt der Vertrag durch das Schweigen des V zustande.
Ein „freibleibendes Angebot" ist demgegenüber als verbindlicher Antrag mit Widerrufsvorbehalt anzusehen, wenn es als Antwort auf eine invitatio abgegeben wird.[54]

c) Der Rechtsbindungswille bei Auskunft, Rat und Empfehlung

- § 675 Abs. 2 stellt klar, dass durch die Erteilung einer Auskunft, eines Rates oder einer Empfehlung mangels Rechtsbindungswillens grundsätzlich keine Verbindlichkeit begründet wird.[55]
- Ein rechtlich bindender Auskunfts- oder Beratungsvertrag ist nur ausnahmsweise anzunehmen.

aa) Der fehlende Rechtsbindungswille bei der Auskunft, § 675 Abs. 2

Grundsätzlich will derjenige, der eine Auskunft, einen Rat erteilt oder eine Empfehlung 33
ausspricht, mit der Erklärung keine Rechtsfolgen auslösen, sondern nur über Ereignisse berichten, Tatsachen mitteilen, Überzeugungen kundtun usw. Die Erklärung lässt nicht auf einen bestimmten Rechtsbindungswillen schließen. Mit Rücksicht auf diese Sachla-

50 Palandt/Ellenberger § 145 Rdnr. 4.
51 Soergel/Wolf § 145 Rdnr. 10; Erman/Armbrüster § 145 Rdnr. 17; Wolf/Neuner § 37 Rdnr. 15.
52 MünchKomm/Busche § 145 Rdnr. 7; Palandt/Ellenberger § 145 Rdnr. 4.
53 BGH NJW 1996, 919.
54 BGH NJW 1984, 1885.
55 Palandt/Sprau § 675 Rdnr. 33; Jauernig/Mansel § 675 Rdnr. 13.

ge bestimmt § 675 Abs. 2, dass derjenige, der einen Rat oder eine Empfehlung erteilt, nicht zum Schadensersatz verpflichtet ist, wenn im Falle der Befolgung des Rates bzw. der Empfehlung ein Schaden entsteht.

Beispiel: A hält mit seinem Pkw vor einer unübersichtlichen verkehrsreichen Kreuzung an. Auf der gegenüberliegenden Fahrbahn steht B mit seinem Lkw. A, der vorfahrtsberechtigt ist, winkt dem B zu, um ihn darauf hinzuweisen, dass er ihm die Vorfahrt gewähren will. B fährt an und stößt mit dem Fahrzeug des X zusammen. B verlangt vom A Schadensersatz mit der Behauptung, dass A für den Unfall verantwortlich sei.[56]

I. Ein Anspruch auf Schadensersatz aus Vertrag kommt nicht in Betracht. Mit dem Zuwinken hat A kein Vertragsangebot gemacht. Er hat keine Willenserklärung abgegeben, weil dieses Verhalten keinen Schluss auf einen Rechtsbindungswillen zuließ. Der B durfte unter Berücksichtigung der Einzelumstände, der Verkehrssitte und Treu und Glauben als sorgfältiger Verkehrsteilnehmer nicht annehmen, dass A dafür einstehen wollte, dass B gefahrlos die Kreuzung überqueren konnte und nicht mit anderen Verkehrsteilnehmern zusammenstieß. Auf das Verhalten der übrigen Verkehrsteilnehmer hatte A keinen Einfluss.
II. Ob A, der durch das Winken mitursächlich für die Beschädigung des Lkw des B geworden ist, wegen einer schuldhaften Eigentumsverletzung gemäß § 823 Abs. 1 haftet, ist Tatfrage.

bb) Der Auskunfts- oder Beratungsvertrag

34 Die Parteien können einen rechtlich verbindlichen Auskunfts- oder Beratungsvertrag abschließen. § 675 Abs. 2 schließt auch die Annahme eines konkludenten Vertragsschlusses nicht aus. Für den stillschweigenden Abschluss eines Auskunftsvertrags ist entscheidend, ob die Gesamtumstände unter Berücksichtigung der Verkehrsauffassung den Rückschluss zulassen, dass die Parteien die Auskunft zum Gegenstand vertraglicher Rechte und Pflichten gemacht haben.[57] Bei der Auslegung sind insbesondere folgende Indizien maßgeblich:

- Ein Auskunftsvertrag ist „regelmäßig dann anzunehmen", wenn die Auskunft für den Empfänger **erkennbar von erheblicher Bedeutung** ist und er sie zur **Grundlage wesentlicher Entscheidungen** machen will.
- Indizien „von erheblichem Gewicht" für die Verbindlichkeit der Abrede sind eine **besondere Sachkunde** und ein **eigenes wirtschaftliches Interesse** des Auskunftgebers.[58]
- Auch die **Vereinbarung einer Vergütung** spricht für die Verbindlichkeit der Auskunft.[59]

35 Die Frage, ob ein Beratungsvertrag konkludent abgeschlossen wurde, ist vor allem bei der Anlageberatung und der sonstigen Vermögensberatung von Bedeutung. Sie ist aber nicht auf diese Situationen beschränkt.

Beispiel 1: Der A hatte Aktienfonds im Wert von 600.000 € geerbt. Da er einen Kursverfall befürchtete, erkundigte er sich bei der B-Bank am 01.02., ob ein Verkauf ratsam sei. Der Leiter der Wertpapierabteilung (L) der B-Bank äußerte die Erwartung, dass sich die Börse wieder nach oben entwickeln würde und riet vom Verkauf ab. Als sich der Kursverfall fortsetzte, verkaufte A am 15.11. die Fonds. Er verlangt von der B-Bank den Wertverlust zwischen den genannten Zeitpunkten in Höhe von 164.000 € ersetzt. Be-

---

56 Beispiel nach OLG Frankfurt NJW 1965, 1334.

57 BGH NJW 1992, 2080.

58 BGH NJW-RR 1992, 1011; NJW 1992, 2080; 1993, 3073; 1999, 211; ZIP 1999, 275.

59 Palandt/Sprau § 675 Rdnr. 36.

steht ein Ersatzanspruch, wenn am 01.02. ernst zu nehmende Stimmen vor einem allgemeinen Kurseinbruch warnten, aber keine Anhaltspunkte für eine besonders schlechte Entwicklung der von A gehaltenen Fonds bestanden?

Ein Anspruch des A gegen die B-Bank könnte sich aus § 280 Abs. 1 ergeben.

I. Dann müsste ein Schuldverhältnis zwischen den Parteien bestehen. Hier kommt ein zwischen dem A und der B-Bank geschlossener Beratungsvertrag in Betracht. Tritt ein Anleger an eine Bank heran, um über die Anlage eines Geldbetrags beraten zu werden, liegt darin ein Angebot zum Abschluss eines Beratungsvertrags. Das Gleiche gilt, wenn ein Kunde sich nach einer getroffenen Anlageentscheidung bei der Bank erkundigt, wie er sich angesichts fallender Kurse verhalten soll.[60] Dieses Angebot hat die Bank, vertreten durch den Leiter der Wertpapierabteilung, stillschweigend durch Aufnahme des Beratungsgesprächs angenommen.

II. Die Bank müsste Beratungspflichten verletzt haben. Für die Verletzung der Pflichten durch den Leiter der Wertpapierabteilung haftet sie gemäß § 278. Die Anlageberatung muss anleger- und objektgerecht sein. Maßgeblich sind einerseits der Wissensstand, die Risikobereitschaft und das Anlageziel des Kunden und andererseits die allgemeinen Risiken, wie etwa die Konjunkturlage und die Entwicklung des Kapitalmarkts, sowie die speziellen Risiken, die sich aus den besonderen Umständen des Anlageobjekts ergeben. Während die Aufklärung des Kunden über diese Umstände richtig und vollständig zu sein hat, muss die Bewertung und Empfehlung eines Anlageobjekts unter Berücksichtigung der genannten Gegebenheiten ex ante betrachtet lediglich vertretbar sein. Der L handelte danach nicht pflichtwidrig, als er von einem Wiederanstieg der Kurse ausging und dem A das Halten der Anteile empfahl. Er musste auch nicht auf andere Ansichten hinweisen. Aus der Unsicherheit der künftigen Kursentwicklung folgt zwangsläufig, dass hierzu unterschiedliche Ansichten vertreten werden.

Es besteht kein Anspruch des A gegen die B-Bank aus § 280 Abs. 1.

Beispiel 2: Der V betreibt einen Fachhandel für Farben und Lacke. K handelt mit Gartenmöbeln aus Kunststoff. Als K einen größeren Auftrag über Gartentische und -stühle in Holz für einen Biergarten (B) erhielt, wandte er sich an den V, da er selbst über keine Erfahrungen mit der Beschichtung von Holz verfügte. V holte Erkundigungen bei verschiedenen Farbherstellern ein und empfahl dem K bestimmte Lasuren, die K von V erwarb und am 05.01.2010 erhielt. Am 02.03.2010 lieferte K die fertigen Möbel an B aus. Im Oktober 2010 traten dunkle Verfärbungen auf, die auf einen Pilzbefall zurückzuführen waren, vor dem die Lasur keinen Schutz bot. Mit einer am 02.05.2012 eingereichten Klage verlangt K von V Schadensersatz in Höhe von 30.000 €. Dieser Schaden ist ihm aufgrund seiner Haftung gegenüber B entstanden. V beruft sich auf Verjährung.

I. Anspruch aus §§ 437 Nr. 3, 280 Abs. 1

1. Die Anspruchsvoraussetzungen liegen vor. Die von V gelieferten Lasuren waren mangelhaft, da sie nicht vor Pilzbefall schützten. Aufgrund des Mangels ist dem K ein Haftungsschaden entstanden.

2. Der Anspruch könnte jedoch verjährt sein. Gemäß § 438 Abs. 1 Nr. 3 beträgt die Verjährungsfrist zwei Jahre. Sie beginnt gemäß § 438 Abs. 2 mit der Ablieferung der Sache, d.h. am 05.01.2010. Sie endete daher am 05.01.2012. Bei Klageerhebung war die Frist abgelaufen.

II. Ein Anspruch könnte sich aus § 280 Abs. 1 wegen der Verletzung von Pflichten aus einem Beratungsvertrag ergeben.

1. Dann müsste zwischen V und K ein selbstständiger Beratungsvertrag zustande gekommen sein. Regelmäßig ist die beratende Tätigkeit des Verkäufers lediglich als Teil seiner Absatzbemühungen anzusehen. Für die Annahme eines selbstständigen Beratungsvertrags bedarf es besonderer und außergewöhnlicher Umstände. Die beratende Tätigkeit muss sich so sehr verselbstständigt haben, dass sie als eigenständige Verpflichtung erscheint. Ein Beratungsvertrag ist um so eher anzunehmen, je größer der Wissensvorsprung des Verkäufers ist, je intensiver die Beratung erfolgt und je bedeutsamer sie für die Kaufentscheidung des Beratenen und deren erkennbare wirtschaftliche Folgen ist.[61] Danach ist hier ein selbstständiger Beratungsvertrag zu bejahen.

---

60 BGH, Urt. v. 21.03.2006 – XI ZR 63/05, NJW 2006, 2041.

61 BGH, Urt. v. 16.06.2004 – VIII ZR 258/03, DB 2004, 2472.

2. V hat seine Beratungspflicht verletzt. Vom Vertretenmüssen ist gemäß § 280 Abs. 1 S. 2 auszugehen.

3. Der Anspruch verjährt in der Regelverjährung. Die Verjährungsfrist beträgt gemäß § 195 drei Jahre. Sie beginnt gemäß § 199 Abs. 1 mit dem Ende des Jahres, in dem der Anspruch entstanden ist und der Gläubiger von den anspruchsbegründenden Umständen und der Person des Schuldners Kenntnis erlangt (oder ohne grobe Fahrlässigkeit erlangen müsste). Hier hat V im Oktober 2010 Kenntnis erlangt. Verjährungsbeginn ist daher der 31.12.2010. Die Verjährung würde damit am 31.12.2013 enden, sie ist allerdings gemäß § 204 Abs. 1 Nr. 1 durch Erhebung der Klage unterbrochen.

d) Der Rechtsbindungswille bei der Gefälligkeit

36 Nach dem allgemeinen Sprachgebrauch erweist derjenige einem anderen eine Gefälligkeit, der für diesen tätig wird, ihm seine Sache überlässt oder dessen Sache aufbewahrt, ohne dafür ein Entgelt zu erhalten. Bei der rechtlichen Beurteilung dieser Gefälligkeit ist zu unterscheiden:

- Der Gefällige kann eine bloße **alltägliche Gefälligkeit** zugesagt oder ausgeführt haben. Dann lässt sein äußeres Verhalten erkennen, dass er keinerlei Rechtsbindung will. Er gibt mit dem Zusagen oder der Ausführung der Gefälligkeit keine Willenserklärung ab und es kommt zwischen den Beteiligten auch kein schuldrechtlicher Vertrag zustande.

- Die Parteien schließen einen **Gefälligkeitsvertrag**, wenn der Gefällige zur Leistung verpflichtet ist, also derjenige, dem die Gefälligkeit erwiesen wird, einen Anspruch auf Erfüllung erlangen soll.

- In der Literatur wird weiterhin ein **Gefälligkeitsverhältnis** bejaht, in dem keine Leistungspflichten sondern ausschließlich Rücksichtnahmepflichten i.S.d. § 241 Abs. 2 bestehen. Das Gefälligkeitsverhältnis sei ein rechtsgeschäftsähnliches Schuldverhältnis, in dem Regelungen für Rechtsgeschäfte wie § 278 gelten würden und Haftungsmilderungen oder Haftungsverschärfungen aus rechtsgeschäftlichen Schuldverhältnissen analog angewendet werden könnten.
  In der Rechtsprechung wird ein solches Gefälligkeitsverhältnis abgelehnt.[62] Eine ohne Rechtsbindungswillen eingegangene Gefälligkeit könne eine an das Vertragsrecht angelehnte Haftung nicht begründen. Wenn die Parteien keinen Gefälligkeitsvertrag abschließen würden, wollten sie ihre Rechtsbeziehungen auch nicht den gesetzlichen Bestimmungen über Rechtsgeschäfte unterstellen.

aa) Die alltägliche Gefälligkeit

37 **(1)** Die rechtlich irrelevante Gefälligkeit

Nicht jedes Versprechen, eine Sache zu überlassen, nicht jede Zusage, für einen anderen eine Angelegenheit zu erledigen, rechtfertigt den Schluss, dass der Erklärende sich zur Leistung verpflichten oder im Falle der Durchführung der Gefälligkeit Sorgfaltspflichten beachten will. Die alltäglichen Gefälligkeiten unter Familienangehörigen, Nachbarn, Freunden, Bekannten, Vereinsmitgliedern usw. können und sollen regelmäßig rechtlich unverbindlich sein, sodass die Zusage oder Durchführung einer Gefälligkeit nicht darauf

62 BGH, Urt. v. 04.08.2010 – XII ZR 118/08, Rdnr. 13, NJW 2010, 3087, RÜ 2010, 616.

schließen lässt, dass der Gefällige eine Rechtsbindung will. Der Gefällige gibt keine Willenserklärung ab. Es besteht zwischen dem Gefälligen und dem Begünstigten keine schuldrechtliche Beziehung.

Beispiel 1: Der Nachbar N, der dem Nachbarn A zusagt, für ihn aus der Stadt ein gekauftes Kinderrad mitzubringen, haftet dem A nicht auf Erfüllung oder Schadensersatz, wenn er vergisst, das Fahrrad mitzubringen.

Beispiel 2: Der A, der den B zum Abendessen eingeladen hat, kann vom B nicht Schadensersatz wegen nutzloser Aufwendungen verlangen, wenn B zum Abendessen nicht erscheint.

Beispiel 3: Der A lädt zur Treibjagd ein, u.a. den B. B schießt infolge Unachtsamkeit den Jagdgast X an. X verlangt von A Schadensersatz.

I. Ein vertraglicher Anspruch scheitert daran, dass zwischen A und X keine vertragliche Beziehung zustande gekommen ist. RGZ 128, 39, 42: „Eine Treibjagd ist in aller Regel eine gesellschaftliche Veranstaltung, bei der es sich beiderseits um Gefälligkeiten ohne rechtlichen Charakter handelt."
II. Ein Anspruch aus § 831 scheitert daran, dass B nicht Verrichtungsgehilfe des A ist.
III. Ein Anspruch aus § 823 Abs. 1 greift nicht durch, weil A nicht durch schuldhaftes Verhalten die Körperverletzung des X verursacht hat.

Beispiel 4: Der N erklärt sich bereit, während des Urlaubs seines Nachbarn Z auf dessen Haus „Acht zu geben". Aufgrund starken Dauerfrostes fror während der Abwesenheit des Z dessen Heizungsanlage ein und wurde beschädigt.

I. Es besteht kein vertraglicher Anspruch, da N lediglich eine rechtlich unverbindliche Gefälligkeit zugesagt hat. LG Hamburg VersR 1989, 468: „Durch eine derartige Bereitschaft zu einer nachbarschaftlichen und verwandtschaftlichen Hilfeleistung wurde jedoch für den Kl. keine mit dem Risiko einer Haftung verbundene Verpflichtung zur Kontrolle der Heizungsanlage begründet. Aus der Bereitschaft, auf das Haus eines abwesenden Nachbarn oder Verwandten Acht zu geben, lässt sich eine derart weitreichende, mit einer Haftpflicht verbundene Kontrollpflicht, mithin ein Rechtsbindungswille unter Übernahme einer Haftung, nicht herleiten. Durch derartige, bei Gelegenheit getroffene Absprachen zwischen Nachbarn und Verwandten soll letztlich lediglich Vorsorge für den Fall unvorhergesehener Vorkommnisse getroffen werden."
II. Auch ein Anspruch aus § 823 Abs. 1 ist nicht gegeben, da keine Kontrollpflicht des N bestand.

(2) Die Verantwortlichkeit des Gefälligen nach den Regeln der unerlaubten Handlung und der Gefährdungshaftung 38

Wenn der Gefällige geschützte Rechtsgüter des Partners verletzt, so stellt sich die Frage, ob er wie jeder Dritte für die Rechtsgutverletzung oder aufgrund einer stillschweigend vereinbarten Haftungsmilderung bzw. analog §§ 521, 599, 690 nur für Vorsatz und grobe Fahrlässigkeit haftet.

Beispiel: Der G nimmt an einer Tankstelle den ihm unbekannten Anhalter B mit. Auf der Fahrt verursacht G infolge leichter Fahrlässigkeit einen Unfall, bei dem B verletzt wird. Haftet G dem B auf Schadensersatz gemäß § 823 Abs. 1?

I. G hat durch sein Verhalten den Körper des B verletzt.
II. Er hat leicht fahrlässig gehandelt. Doch da der G den B aus Gefälligkeit mitgenommen hat, könnte der Verschuldensmaßstab sich auf Vorsatz und grobe Fahrlässigkeit beschränken.
1. Nach h.M. kann ein Haftungsausschluss für leichte Fahrlässigkeit **nicht** aufgrund einer **konkludenten Vereinbarung** angenommen werden. Da die Beteiligten bei einer Gefälligkeit überhaupt keine rechtsgeschäftlichen Vereinbarungen treffen, können auch nicht konkludent Haftungsmilderungen vereinbart werden.[63]

63 Medicus AT Rdnr. 187.

2. Die Rechtsprechung bejaht in Ausnahmefällen einen Haftungsausschluss für leichte Fahrlässigkeit aufgrund **ergänzender Vertragsauslegung**. Allerdings kann eine solche Haftungsbeschränkung nur ganz ausnahmsweise angenommen werden; sie stellt eine künstliche Rechtskonstruktion aufgrund einer Willensfiktion dar, da sie von einem Haftungsverzicht ausgeht, an den beim Abschluss der Vereinbarung niemand gedacht hat. Eine Haftungsmilderung setzt grundsätzlich voraus, dass für den Schädiger, der **keinen Versicherungsschutz** genießt, ein nicht hinzunehmendes **Haftungsrisiko** gegeben wäre und darüber hinaus **besondere Umstände** vorliegen, die einen Haftungsverzicht als besonders naheliegend erscheinen lassen.[64] Besondere Umstände sind z.B. familiäre oder freundschaftliche Verbindungen zwischen den Beteiligten.[65] Da für den Mitfahrer B Haftpflichtversicherungsschutz besteht, scheidet eine Haftungsmilderung schon aus diesem Grund aus.
3. Auch aus § 242 lässt sich keine generelle Haftungsfreistellung des Gefälligen entnehmen. Die Unentgeltlichkeit und der mit einer Gefälligkeit verbundene Altruismus lassen für sich allein die Geltendmachung von Schadensersatzansprüchen durch den Begünstigten nicht als treuwidrig oder rechtsmissbräuchlich erscheinen.[66]
4. Zum Teil wird in der Literatur die Auffassung vertreten, dass der Gefällige analog §§ 521, 599, 690 nur für Vorsatz und grobe Fahrlässigkeit haftet.[67] Der BGH hat eine analoge Anwendung dieser Vorschriften abgelehnt.[68] Bei diesen Regelungen handele es sich um besonders ausgeformte Vertragsverhältnisse. Im Rahmen dieser Vertragsgestaltung stelle die Einschränkung des vertraglichen Haftungsmaßstabs ein Äquivalent für die Unentgeltlichkeit der Gebrauchsüberlassung dar. Die Haftungsbeschränkung könne nicht auf das Deliktsverhältnis übertragen werden, dem dieser Äquivalenzgedanke fremd sei.

bb) Der Gefälligkeitsvertrag

39 **(1)** Beim Gefälligkeitsvertrag haben sich die Parteien darüber geeinigt, dass eine Partei zu einem bestimmten Verhalten verpflichtet sein soll, also eine Leistung erbringen soll, und dass dafür keine Gegenleistung geschuldet wird. Dem forderungsberechtigten Gläubiger wird ein Erfüllungsanspruch zuerkannt, der notfalls mit gerichtlicher Hilfe durchgesetzt werden kann.

- Beim Schenkungsvertrag einigen sich die Parteien darüber, dass der Schenker verpflichtet sein soll, aus seinem Vermögen einen Vermögenswert auf den Beschenkten zu übertragen, und dass der Beschenkte nicht verpflichtet sein soll, dafür eine Gegenleistung zu erbringen (§ 516).

  Rechtsverbindlich ist diese Einigung jedoch nur, wenn das Schenkungsversprechen notariell abgegeben worden ist (§ 518).
- Beim Leihvertrag verspricht der Verleiher, dem Entleiher unentgeltlich den Gebrauch einer Sache zu gestatten (§ 598).
- Beim unentgeltlichen Verwahrungsvertrag haben sich die Parteien darüber geeinigt, dass der Verwahrer verpflichtet sein soll, für den Hinterleger eine bewegliche Sache kostenlos aufzubewahren (§ 688).
- Der Auftragsvertrag setzt eine Einigung darüber voraus, dass der Beauftragte verpflichtet sein soll, für den Auftraggeber ein Geschäft unentgeltlich zu besorgen (§ 662).

---

64 BGH, Urt. v. 10.02.2009 – VI ZR 28/08, Rdnr. 16, NJW 2009, 1482.
65 OLG Bamberg OLG-Report 1999, 202.
66 BGH NJW 1992, 2474, 2475; VersR 1978, 625.
67 Medicus/Petersen Rdnr. 369 u. Medicus AT Rdnr. 188; Erman/Schiemann Vor § 823 Rdnr. 28; Flume § 7, 6 für den Fall, dass kein Versicherungsschutz besteht.
68 BGH NJW 1992, 2474, 2475.

(2) Für die Abwicklung der Gefälligkeitsverträge gelten zwei Besonderheiten:

Der Gefällige haftet wegen Nichterfüllung der Vertragspflichten außer im Falle des Auftrags nur für Vorsatz und grobe Fahrlässigkeit bzw. Sorgfalt in eigenen Angelegenheiten (§§ 521, 599, 690). Der Verschuldensmaßstab ist gemildert. **40**

Wenn daneben aus unerlaubter Handlung (bzw. aufgrund von Gefährdungstatbeständen) gehaftet wird, so gilt nach h.M. der Haftungsmaßstab der §§ 521, 599, 690 entsprechend.[69] Für den Fall der Anspruchskonkurrenz zwischen vertraglicher und deliktischer Haftung schlägt die gesetzliche Haftungsbeschränkung der Vertragshaftung auf Vorsatz und grobe Fahrlässigkeit auf Ansprüche aus unerlaubter Handlung durch mit der Folge, dass wegen derselben Handlung nach Deliktsrecht keine strengere Haftung stattfindet.

Handelt es sich um einen Auftrag, kann ein stillschweigend vereinbarter Haftungsverzicht für einfache Fahrlässigkeit zu bejahen sein, soweit Schäden eintreten, für die kein Versicherungsschutz besteht.[70]

Zur Problematik der davon abweichenden Haftung bei der „alltäglichen" Gefälligkeit vgl. oben Beispiel Rdnr. 38.

Der Gefällige kann sich unter erleichterten Voraussetzungen einseitig von der vertraglichen Bindung lösen. **41**

- Im Schenkungsrecht besteht gemäß § 530 die Möglichkeit des Widerrufs. Gemäß § 528 kann im Falle des Notbedarfs das Geschenkte zurückgefordert werden.
- Der Verleiher kann gemäß § 604 die verliehene Sache nach Ablauf der vereinbarten Zeit oder, wenn eine solche oder ein Zweck nicht vereinbart ist, jederzeit zurückfordern.
- Gemäß § 696 kann der Verwahrer, wenn eine Zeit für die Aufbewahrung nicht bestimmt ist, jederzeit die Rücknahme der Sache verlangen.
- Der Beauftragte kann seinem Auftraggeber jederzeit – nur nicht zur Unzeit – kündigen.

(3) Ob bei Gefälligkeiten ein Rechtsbindungswille zum Ausdruck kommt, ist durch Auslegung zu ermitteln. Es kommt darauf an, wie sich dem objektiven Betrachter das Handeln des Leistenden darstellt. Auslegungskriterien sind dabei insbesondere: **42**

- der Wert einer anvertrauten Sache,
- die wirtschaftliche Bedeutung einer Angelegenheit,
- ein erkennbares Interesse des Begünstigten.
- Gegen eine rechtliche Bindung spricht, wenn der Gefällige dadurch ein nicht zumutbares Risiko übernehmen würde.

Beispiel: A, B, C und D sind Nachbarn und haben sich zu einer Lottospielgemeinschaft zusammengeschlossen, die wöchentlich mit einem Einsatz von insgesamt 40 € bestimmte festliegende Zahlenreihen tippt. Die Beiträge pro Teilnehmer – wöchentlich 10 € – werden bei B eingezahlt. Dieser füllt dann die Lottoscheine im eigenen Namen aus und bezahlt die 40 € bei der Annahmestelle. In der zweiten Novemberwoche kam B infolge eines späten Termins im Büro bei der Lottoannahmestelle kurz vor Ladenschluss an. Da das Ausfüllen mit der vereinbarten Zahlenreihe etwa eine Stunde in Anspruch genom-

---

69 BGH NJW 1992, 2474, 2475.

70 OLG Frankfurt NJW 1998, 1232; OLG Frankfurt, Urt. v. 28.07.2007 – 13 U 62/05.

men hätte, füllte B andere Wettscheine aus. Dadurch entging der Lottospielgemeinschaft ein Gewinn in Höhe von 50.000 €. Rechtslage?

I. Der B war aufgrund der Abrede berechtigt, von jedem 10 € wöchentlich zu verlangen; soweit bestand ein Leistungsanspruch. Hätte ein Nachbar nicht gezahlt, so hätte B auf Erfüllung klagen können.
II. Wenn ein Gewinn erzielt wurde, musste dieser auf die vier Spieler gleichmäßig verteilt werden, also A, C und D hätten einen schuldrechtlichen (Leistungs-)Anspruch auf ihren Gewinnanteil gehabt.
III. Zweifelhaft ist, ob B verpflichtet war, die Lottoscheine so wie vereinbart auszufüllen, ob also ein Leistungsanspruch auf Ausfüllen der Scheine und rechtzeitige Abgabe bestand. Bei der Auslegung ist hier zu berücksichtigen: Einerseits stehen für A, C, D Interessen wirtschaftlicher Art auf dem Spiel, denn es besteht die, wenn auch geringe Möglichkeit, dass ihnen bei nicht ordnungsgemäßer Ausfüllung oder verspäteter Erstellung ein Gewinn entgeht und sie ihren Einsatz umsonst geleistet haben. Andererseits ist die Gefahr, dass der Zettel nicht ordnungsgemäß ausgefüllt wird, relativ groß und ein dadurch eintretender Schaden kann unter Umständen für den ausfüllenden B existenzbedrohend sein. Mit Rücksicht auf dieses Risiko wird man eine Verpflichtung des B, den Zettel auszufüllen, nicht annehmen können und es besteht weder eine Leistungs- noch eine Sorgfaltspflicht.[71] Danach können A, C, D von B keinen Schadensersatz verlangen.

e) Der Vorbehalt, das Schein- und Scherzgeschäft

aa) Der Vorbehalt gemäß § 116

43 Wenn der Erklärende das mit der Erklärung zum Ausdruck Gebrachte auch erklären wollte, dann hat er eine fehlerfreie Willenserklärung abgegeben.

- Der geheime Vorbehalt, das Erklärte nicht zu wollen, ist rechtlich unerheblich, § 116 S. 1.
- Nach § 116 S. 2 ist die Erklärung „nichtig", wenn der Empfänger den Vorbehalt kennt.

  Diese Formulierung ist ungenau. Wenn der Empfänger den Vorbehalt kennt, erkennt er, dass der Erklärende sich rechtlich nicht binden will. Er gibt **überhaupt keine Willenserklärung** ab, weil es – wie dem Empfänger bekannt – am erforderlichen Rechtsbindungswillen fehlt.

bb) Das Scheingeschäft gemäß § 117

44 In § 117 sind zwei Fälle geregelt:

- das Scheingeschäft gemäß § 117 Abs. 1, das erkennbar ohne Rechtsbindungswillen getätigt wird, und
- das verdeckte Rechtsgeschäft, das tatsächlich von dem Erklärenden gewollt ist (§ 117 Abs. 2).

(1) Das Scheingeschäft gemäß § 117 Abs. 1

45 Ein Scheingeschäft liegt vor, wenn die Parteien einverständlich nur den äußeren Schein eines Rechtsgeschäfts hervorrufen, die mit dem Geschäft verbundenen Rechtsfolgen aber nicht eintreten lassen wollen.[72] Die gesetzliche Anordnung, dass die Scheinerklärung nichtig sei, ist unzutreffend, weil die Erklärung nicht auf den für eine Willenserklärung erforderlichen Rechtsbindungswillen schließen lässt. Es liegt daher schon tatbe-

71 BGH NJW 1974, 1705; Medicus AT Rdnr. 192.

72 BGH, Urt. v. 04.04.2007 – III ZR 197/06, Rdnr. 5, NJW-RR 2007, 1209; OLG Oldenburg MDR 2000, 877; MünchKomm/Armbrüster § 117 Rdnr. 1; Wolf/Neuner § 40 Rdnr. 14; Medicus AT Rdnr. 594.

standlich keine Willenserklärung vor.[73] Beim Scheingeschäft bezwecken die Beteiligten im Regelfall die Täuschung eines Dritten.

Beispiel: Die B-Bank hat gegen die X-GmbH Forderungen über 250.000 €. Der Prokurist der Bank legt der Ehefrau des Geschäftsführers der GmbH einen vorbereiteten Darlehensvertrag über 250.000 € vor und erklärt dabei, dass das Darlehen aus banktechnischen Gründen nur „pro forma" gewährt werde.[74] Zwischen der B-Bank und der Ehefrau ist kein Darlehensvertrag zustande gekommen. Die Darlehenserklärung war ein Scheingeschäft i.S.d. § 117 Abs. 1.

(2) Das verdeckte Rechtsgeschäft gemäß § 117 Abs. 2

Wollen die Parteien zwar nicht das Scheingeschäft, aber ein wirksames anderes Rechtsgeschäft tätigen, so gilt dieses gewollte Rechtsgeschäft selbst dann, wenn es zum Schein falsch bezeichnet worden ist. **46**

Fall 3: Scheingeschäft aus Sparsamkeit

V ist Eigentümer eines größeren Baugrundstücks. Er will dem K einen bestimmten Teil des Grundstücks in der Größe von 1.200 m^2 für 250.000 € verkaufen. Um Steuern und Notariatskosten zu sparen, geben sie im notariellen Vertrag als Kaufpreis jedoch nur 150.000 € an. Das zu übertragende Grundstück wird auf der Katasterkarte rot umrandet und diese Karte wird der Urkunde beigefügt. Die Auflassung soll nach der Vermessung erfolgen. Es kommt zu Unstimmigkeiten. K verlangt die Auflassung, V weigert sich.

K kann gemäß § 433 Abs. 1 von V die Übereignung des Grundstücks und damit die dazu gemäß §§ 873, 925 erforderliche Auflassung verlangen, wenn ein wirksamer Kaufvertrag über dieses Grundstück zustande gekommen ist.

Der Kaufvertrag verpflichtet gemäß § 433 Abs. 1 zur Übereignung; die Übereignung muss gemäß §§ 873, 925 in der Weise erfolgen, dass die Parteien sich vor dem Notar über den Eigentumsübergang einigen und der Eigentumswechsel in das Grundbuch eingetragen wird. Der Kaufvertrag ist das Verpflichtungsgeschäft; die Übereignung das Verfügungsgeschäft.

I. V und K haben sich darüber geeinigt, dass ein bestimmter, auf der Katasterkarte rot umrandeter Teil des Baugrundstücks übereignet werden soll. Da dieser Teil durch Vermessung einwandfrei ermittelt werden kann, ist die Kaufsache hinreichend bestimmt worden. Doch sind bezüglich des dafür zu zahlenden Kaufpreises zwei unterschiedliche Erklärungen abgegeben worden. In der notariellen Urkunde sind als Kaufpreis 150.000 € genannt. Diese Erklärung ist von beiden nur abgegeben worden, um Notariatskosten und Steuern zu sparen. V und K wollten übereinstimmend, dass für das Grundstück nicht nur 150.000 € gezahlt werden sollten. Sie haben diese Erklärung nur zum Schein abgegeben, sodass kein Kaufvertrag über das Grundstück zum Preis von 150.000 € zustande gekommen ist. Allein der Umstand, dass der Kaufpreis in Höhe von 150.000 € beurkundet worden ist, hat rechtlich keine Bedeutung. Mit der Beurkundung soll nur das übereinstimmend von den Parteien Gewollte formgerecht wiedergegeben werden.

---

73 Soergel/Hefermehl § 117 Rdnr. 1; Palandt/Ellenberger § 117 Rdnr. 1.

74 BGH NJW 1993, 2435.

II. Die Parteien wollten die Verpflichtung begründen, dass für das Grundstück 250.000 € gezahlt werden sollen. Wird durch ein Scheingeschäft ein anderes Geschäft verdeckt, so ist dieses Geschäft wirksam, sofern dessen Gültigkeitsvoraussetzungen erfüllt sind, § 117 Abs. 2. Die mündliche Vereinbarung ist hier nicht, wie es § 311 b Abs. 1 S. 1 vorschreibt, beurkundet worden. Sie ist daher gemäß § 125 nichtig. Ergebnis:

- Die formgerechte Vereinbarung ist als Scheingeschäft unwirksam.
- Die mündliche Vereinbarung ist gemäß §§ 117 Abs. 2, 311 b Abs. 1 S. 1, 125 formnichtig.

Es besteht kein Anspruch des K gegen V auf Auflassung.

Abwandlung: V erklärt die Auflassung. K wird als Eigentümer eingetragen, er will nur 150.000 € zahlen.

47 K ist mit der Eintragung in das Grundbuch Eigentümer geworden, weil eine wirksame Auflassung von V an K erfolgt ist. Gemäß § 311 b Abs. 1 S. 2 ist der mündlich vereinbarte Kaufvertrag zu einem Kaufpreis von 250.000 € geheilt worden. K muss somit diese Summe zahlen.

---

cc) Das Scherzgeschäft gemäß § 118

48 Beim Scherzgeschäft handelt es sich um ein misslungenes Scheingeschäft.[75] Der Erklärende geht als sicher davon aus, dass der Erklärungsempfänger erkennt, dass er mit der Erklärung keine Rechtsfolge auslösen will. Erkennt der Empfänger tatsächlich, dass es sich um einen Scherz handeln soll, so fehlt es am äußeren Erklärungstatbestand, da die Erklärung nicht auf einen Rechtsbindungswillen schließen lässt. Erkennt der Erklärungsempfänger die mangelnde Ernstlichkeit nicht, so liegt der äußere Erklärungstatbestand einer Willenserklärung vor. Es fehlt am inneren Tatbestand, weil der Erklärende mit seiner Erklärung keinerlei rechtliche Wirkung auslösen wollte. Die Erklärung ist nach § 118 nichtig. Da es nach dem klaren Wortlaut des § 118 allein darauf ankommt, dass der Erklärende erwartet, der Mangel der Ernstlichkeit werde nicht verkannt, greift diese Vorschrift auch dann ein, wenn die fehlende Ernstlichkeit objektiv nicht erkennbar ist.[76]

Fall 4: Der ahnungslose Verkäufer

Mit notariellem Vertrag verkaufte der E dem K ein Grundstück für 22.200 €. Der Verhandlungsführer des E, der V, hatte mit dem K einen Kaufpreis von 190.000 € vereinbart, der aber aus steuerlichen Gründen nicht beurkundet werden sollte. Von dieser Abrede hatte E bei Abschluss des notariellen Vertrags keine Kenntnis. K verlangt von E Übertragung des Grundstücks.

75 Palandt/Ellenberger § 118 Rdnr. 2.

76 Soergel/Hefermehl § 118 Rdnr. 8; MünchKomm/Armbrüster § 118 Rdnr. 5 f.

Ein Anspruch des K gegen E kann sich nur aus § 433 Abs. 1 ergeben.

I. Der notarielle Vertrag könnte als Scheingeschäft unwirksam sein. Ein Scheingeschäft liegt vor, wenn die Parteien einvernehmlich nur den äußeren Schein eines Rechtsgeschäfts hervorrufen, die tatsächlichen Rechtsfolgen aber nicht wollen. Anders als der K hatte E aber einen Rechtsbindungswillen, der ein einvernehmliches Scheingeschäft ausschließt. Analog § 166 Abs. 1 ist dem E zwar das Wissen seines Verhandlungsgehilfen V zuzurechnen. Hier geht es aber nicht um Wissenszurechnung, sondern um das bei Geschäftsabschluss unter den Beteiligten notwendige Einverständnis, nur den äußeren Schein eines Rechtsgeschäfts hervorrufen zu wollen. Diese tatsächliche Willensübereinstimmung muss zwischen den tatsächlich den Vertrag abschließenden Personen vorhanden sein. Die Willensübereinstimmung kann nicht durch eine Wissenszurechnung ersetzt werden. Es liegt kein Scheingeschäft vor.[77]

II. Das Scherzgeschäft ist ein misslungenes Scheingeschäft. Die Erklärung des K – und damit der Kaufvertrag – könnte gemäß § 118 nichtig sein.

1. Teilweise wird § 118 bei einem beurkundeten Vertrag für unanwendbar gehalten. Es sei mit der Funktion des § 311 b Abs. 1 und dem Gedanken des Verkehrsschutzes nicht zu vereinbaren, wenn eine vor dem Notar nach außen als ernstlich gemeint abgegebene Erklärung allein mit der Begründung nichtig sei, man habe die Erklärung nicht wirklich gewollt und gemeint, der Vertragspartner werde das schon erkennen.[78]

2. § 311 b Abs. 1 S. 1 verfolgt den Zweck, den Veräußerer und den Erwerber von Grundstückseigentum vor übereilten Verträgen zu bewahren, und ihnen reifliche Überlegungsfreiheit sowie sachkundige und unparteiische Beratung durch den Notar zu gewähren (Warn- und Schutzfunktion) sowie den Inhalt der Vereinbarung klar und genau festzustellen, und die Beweisführung zu sichern (Beweis- und Gewährsfunktion). Die Beurkundung schützt aber nicht davor, dass die Erklärungen der Parteien einen anderen Inhalt haben können, als sich nach dem Wortlaut erschließt. § 118 setzt lediglich voraus, dass der Erklärende der Ansicht ist, die mangelnde Ernstlichkeit werde erkannt werden, nicht dagegen auch, dass die Nichternstlichkeit dem Empfänger oder dem Notar hat auffallen müssen. Das Vertrauen in die Gültigkeit der Erklärung wird insoweit allein durch § 122 geschützt. § 118 greift auch bei beurkundeten Erklärungen ein.[79] K hat die notarielle Erklärung in der Erwartung abgegeben, der Mangel der Ernstlichkeit werde von E erkannt. Die Erklärung des K – und damit auch der Kaufvertrag – ist nichtig.

---

3. Der zu äußernde Geschäftswille

Der Erklärende muss deutlich machen, welche Rechtsfolgen er mit der Erklärung herbeiführen will. 49

77 BGH, Urt. v. 26.05.2000 – V ZR 399/99, BGHZ 144, 331; BGH, Urt. v. 07.12.2000 – IX ZR 330/99, NJW 2001, 1062; Thiessen NJW 2001, 3025.

78 OLG München NJW-RR 1993, 1168, 1169; Soergel/Hefermehl § 118 Rdnr. 8.

79 Palandt/Ellenberger § 118 Rdnr. 1.

Bei **einseitigen Willenserklärungen** muss zumindest durch Auslegung zu ermitteln sein, welche Rechtsfolge die Erklärung haben soll.

So muss beispielsweise der äußere Erklärungstatbestand einer Genehmigung i.S.d. § 177 Abs. 1 zum Ausdruck bringen, dass der Erklärende die schwebende Unwirksamkeit kennt oder zumindest mit ihr rechnet und er das getätigte Rechtsgeschäft gleichwohl für und gegen sich gelten lassen will (vgl. unten Rdnr. 316 f.).

Bei **Verträgen** muss bereits das Angebot alle wesentlichen Vertragsbestandteile beinhalten. Für die Annahme reicht die uneingeschränkte Zustimmung zu dem Angebot.

Gerade weil für die Annahme die uneingeschränkte Zustimmung ausreicht, ist erforderlich, dass die wesentlichen Vertragsbestandteile bereits in dem Angebot zum Ausdruck kommen. Es liegt z.B. kein Angebot zum Abschluss eines Flugreisevertrags vor, wenn die Anzahl der Reisenden noch nicht feststeht.[80]

a) Wesentliche Vertragsbestandteile eines schuldrechtlichen Vertrags

50 Bei den **gesetzlich typisierten Verträgen** sind wesentliche Vertragsbestandteile die gesetzlichen Merkmale, die den jeweiligen Vertragstyp kennzeichnen.

- Ein Kaufvertrag erfordert eine Einigung über Verkäufer und Käufer, den Kaufgegenstand und den Kaufpreis.
- Für einen Mietvertrag ist eine Einigung erforderlich über Vermieter und Mieter, Mietgegenstand, -dauer und -preis sowie darüber, dass die Überlassung der Mietsache zum Gebrauch erfolgt.
- Beim Dienst- und Werkvertrag genügt die Einigung über die Parteien und die Leistungspflicht – die Dienste, das zu erstellende Werk. Eine Vergütung gilt als stillschweigend vereinbart, wenn die Dienste bzw. die Erstellung des Werkes nur gegen eine Vergütung zu erwarten ist (§ 612 Abs. 1, § 632 Abs. 1).

Für die **gesetzlich nicht typisierten Verträge** sind wesentliche Vertragsbestandteile: Die Parteien, die Leistung und die Gegenleistung.

Eine Vereinbarung über die Gegenleistung ist auch dann getroffen, wenn die Leistung unentgeltlich, d.h. ohne Gegenleistung erfolgen soll. Die Parteien können aber nicht offen lassen, ob eine Gegenleistung zu erbringen ist oder nicht.

Es genügt, dass die Leistungsverpflichtung **bestimmbar** vereinbart wird, falls vereinbarte oder gesetzliche Wertmaßstäbe vorhanden sind. Es ist also nicht erforderlich, dass im Zeitpunkt der Einigung bereits die Leistungsverpflichtung eindeutig bestimmt ist.

Beim Gattungskauf gilt bei fehlender Vereinbarung die gesetzliche Regelung des § 243 Abs. 1, wonach eine Sache mittlerer Art und Güte geschuldet wird. Die Parteien können vereinbaren, dass einzelne Vertragsbestandteile von einer Partei oder einem Dritten bestimmt werden (§§ 315 ff.).

Ergeben sich aus der Vereinbarung der Parteien oder aus dem Gesetz keine ausreichenden Wertmaßstäbe für die Bestimmung der Leistung, ist die Vereinbarung mangels Bestimmtheit unwirksam.

Beispiel: V verpachtet dem P für zehn Jahre ein Kino. Im § 13 des Pachtvertrags ist bestimmt: „Nach Ablauf der zehn Jahre werden neue Pachtverhandlungen geführt. Kommt eine Einigung nicht zustande, so wird die Industrie- und Handelskammer W ersucht, einen Sachverständigen zu bestellen, dessen Ent-

80 OLG Frankfurt, Urt. v. 22.12.1999 – 21 U 210/98, TranspR 2000, 262.

scheidung bindend ist." Nach Ablauf des Pachtvertrags verlangt P Verlängerung. Es kommt zu keiner Einigung.

Die Verlängerungsklausel ist mangels hinreichender Bestimmtheit unwirksam, weil dem Dritten nicht nur die Bestimmung einzelner Leistungen aus dem Pachtvertrag überlassen worden ist, sondern die Bestimmung des ganzen Vertragsinhalts. Weder aus dem Inhalt der Vereinbarung noch aus einer dispositiven Vorschrift lassen sich Wertmaßstäbe für die Inhaltsbestimmung des Vertrags herleiten, sodass es an der erforderlichen Bestimmbarkeit fehlt.
BGHZ 55, 248, 249: „Nach § 535 BGB muss ein Miet- oder Pachtvertrag die Bezeichnung des Miet- oder Pachtgegenstands, die Angabe der Miet- oder Pachtzeit und eine Vereinbarung über den Miet- oder Pachtzins enthalten … Nichts anderes gilt auch für eine Vereinbarung über die Verlängerung eines laufenden Miet- oder Pachtverhältnisses … Allerdings ist anerkannt, dass nicht notwendigerweise eine genaue und ins Einzelne gehende einschlägige Regelung vereinbart zu sein braucht, sondern dass es genügt, wenn Gegenstand und Dauer der geschuldeten Leistung bestimmbar sind. Es fehlt indes an einer wirksamen Bindung, wenn zwar ein Weg angegeben ist, um den Gegenstand der geschuldeten Leistung zu bestimmen, auf diese Weise in Wirklichkeit der Inhalt aber doch nicht bestimmt werden kann … Der Sachverständige soll nach dem Wortlaut und Sinn der Vereinbarung nicht nur die Höhe des Pachtzinses festlegen, sondern er soll auch die Dauer der Verlängerung bestimmen. Da der Vertrag 16 Jahre gelaufen war, hätte es der Sachverständige in der Hand, ihn um weitere 14 Jahre zu verlängern, ohne dass eine der Parteien sich durch Kündigung von dem Vertrage lösen könnte (vgl. § 567 BGB). Der Sachverständige hätte aber auch die Möglichkeit, nur eine kurzfristige Verlängerung des Mietvertrags beispielsweise um ein Jahr anzuordnen."

b) Im Sachenrecht ist der Inhalt der Einigung und damit auch der Inhalt des Angebots **51**
gesetzlich abschließend geregelt. Es besteht keine Vertragsfreiheit. Es muss mit der Einigung eindeutig zum Ausdruck gebracht werden, an welcher bestimmten Sache welche Rechtsänderung eintreten soll, ob also das Sachenrecht übertragen, belastet, inhaltlich verändert oder aufgegeben werden soll.

Die Zahl der Sachenrechte ist abschließend geregelt und darüber hinaus ist auch der Inhalt der Sachenrechte gesetzlich festgelegt (numerus clausus der Sachenrechte; Typenzwang).

II. Der innere Erklärungstatbestand, die Zurechnung

Bei einer fehlerfreien Willenserklärung stimmen der tatsächliche innere Erklärungstat- **52**
bestand und der äußere Erklärungstatbestand überein. Der innere Wille hat korrekt in der Erklärung Ausdruck gefunden.

Tatbestand einer fehlerfreien Willenserklärung

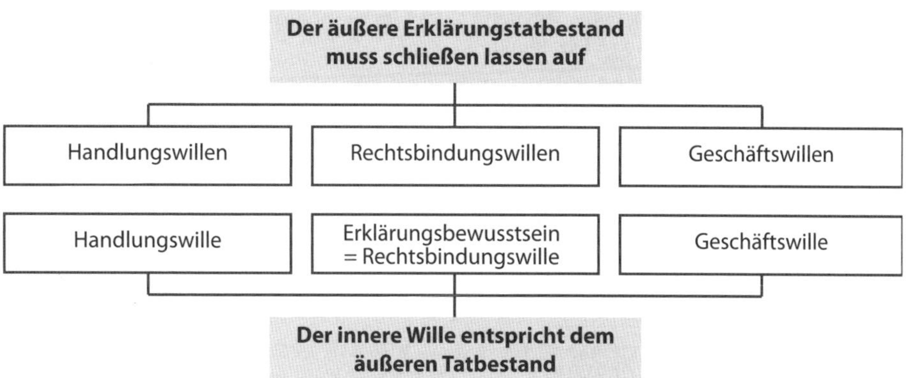

Fehlerhaft ist die Willenserklärung, wenn der innere und der äußere Erklärungstatbestand nicht übereinstimmen. Auch eine fehlerhafte Willenserklärung kann dem Erklärenden zurechenbar sein. Dabei gelten folgende Grundsätze:

- Eine Zurechnung scheidet aus, wenn dem Erklärenden der **Handlungswille** fehlt.
- Weicht der erklärte **Geschäftswille** von dem inneren Geschäftswillen ab, ist dies ein Inhaltsirrtum i.S.d. § 119 Abs. 1. Aus dieser Regelung ergibt sich, dass die Willenserklärung dem Erklärenden zugerechnet wird, wenn er sie nicht (fristgerecht) anficht.
- Fehlt dem Erklärenden das **Erklärungsbewusstsein**, ist nach h.M. die Erklärung zuzurechen, wenn der Erklärende hätte erkennen können, dass sein Verhalten als Willenserklärung aufgefasst wird.
- Besonderheiten gelten bei der Zurechnung der Blankoerklärung.

1. Keine Willenserklärung bei fehlendem tatsächlichem Handlungswillen

53 Wenn derjenige, der nach dem äußeren Erklärungstatbestand als „Erklärender" erscheint, die Erklärung nicht willensgesteuert oder überhaupt nicht abgegeben hat, so liegt keine Willenserklärung vor. Für die Zurechnung des äußeren Tatbestands ist zumindest ein Handlungswille erforderlich.[81]

Beispiel: S führt dem A gewaltsam die Hand und zwingt ihn so, eine Bürgschaft über 150.000 € zu übernehmen. Der S übergibt dem Gläubiger G die Erklärung. Später verlangt G von A Zahlung aus der Bürgschaft.

I. Der G konnte zwar aus der ihm übergebenen Erklärung auf das Vorhandensein des Willens des A schließen, sich als Bürge zu verpflichten, sodass der äußere Erklärungstatbestand einer Bürgschaftserklärung vorliegt.
II. Doch fehlte dem A der Handlungswille, denn er wurde nicht willensgesteuert tätig. Der Empfänger der Erklärung, der G, trägt also das Risiko dafür, dass der Erklärende mit Handlungswillen tätig geworden ist. Der Handlungswille ist bei unwiderstehlicher Gewalt, also bei vis absoluta, nicht gegeben; anders bei vis compulsiva, z.B. bei der Drohung mit einer vorgehaltenen Pistole.

54 Hat ein Dritter die Willenserklärung formuliert, wird diese Erklärung demjenigen, der als Erklärender erscheint, grundsätzlich nicht zugerechnet. Dies gilt selbst dann, wenn er es durch fahrlässiges Verhalten ermöglicht hat, dass die Erklärung in den Verkehr gelangt ist. Derjenige, der als Erklärender erscheint, kann die Erklärung entsprechend § 177 Abs. 1 genehmigen.

Beispiel: Der Nachbar N bestellt unter dem Namen des E im Versandhaus X Waren für 1.500 €. X bringt sie zum Versand und verlangt von E Bezahlung.

I. Das Versandhaus konnte der zugegangenen Bestellung entnehmen, dass E die Ware kaufen wollte, dass E also einen bestimmten auf den Abschluss eines Kaufvertrags gerichteten Geschäftswillen hatte.
II. Doch diese – äußere – Erklärung, das Angebot zum Abschluss des Kaufvertrags, hat E nicht mit Handlungswillen abgegeben. Es liegt keine dem E zurechenbare Willenserklärung vor.
III. Der N hat unter fremdem Namen gehandelt. E hat die Möglichkeit, durch eine Genehmigung entsprechend § 177 Abs. 1 das Rechtsgeschäft an sich zu ziehen.

81 Erman/Arnold Vor § 116 Rdnr. 3; Palandt/Ellenberger Einf v § 116 Rdnr. 16; Soergel/Hefermehl Vor § 116 Rdnr. 15; MünchKomm/Armbrüster Vor § 116 Rdnr. 8.

2. Der innere Geschäftswille weicht von dem erklärten Geschäftswillen ab

Wenn der Erklärende mit seiner Erklärung rechtsgeschäftlich etwas anderes erklären wollte, als er tatsächlich erklärt hat, wenn also der geäußerte Geschäftswille und der innere Geschäftswille unbewusst nicht übereinstimmen, so gilt die Erklärung mit dem Inhalt des äußeren Erklärungstatbestands. Es liegt eine wirksame Willenserklärung vor. Da der Erklärende aber einen anderen Geschäftswillen zum Ausdruck bringen wollte, besteht die Möglichkeit der Anfechtung gemäß § 119 Abs. 1. 55

Beispiel 1: Der A will beim Versandhaus X eine Stereo-Anlage X 45 bestellen. Beim Ausfüllen unterläuft ihm ein Fehler. Er schreibt: „Stereo-Anlage X 54". Diese ist 150 € teurer.

I. Der A hat mit dem Ausfüllen der Bestellkarte den äußeren Erklärungstatbestand eines Kaufangebots mit bestimmtem Inhalt formuliert. Da er mit der Erklärung einen Kaufvertrag zustande bringen wollte, hat er eine wirksame Willenserklärung abgegeben.
II. Der mit der Erklärung geäußerte Geschäftswille – Kaufvertrag über X 54 – und der innere Geschäftswille – ein Kaufvertrag über X 45 – fallen auseinander. Da dies dem A nicht bewusst war, kann er seine Kaufvertragserklärung gemäß § 119 Abs. 1 anfechten. Soweit X einen Vertrauensschaden erlitten hat, ist der A ihm gemäß § 122 nach wirksamer Anfechtung zum Schadensersatz verpflichtet.

Beispiel 2: Der M besichtigt drei Wohnungen im Neubau des V und erklärt, er werde sich in den nächsten Tagen entscheiden. M will die angebotene 3-Zimmer-Wohnung mieten. Er schreibt dem V, er nehme die Wohnung im Obergeschoss. Als M einziehen will, stellt er fest, dass es sich bei der Wohnung im Obergeschoss um eine 4-Zimmer-Wohnung handelt. Sie ist dem M zu teuer.

I. Der M hat dem V mitgeteilt, er miete die Wohnung im Obergeschoss. Diese Erklärung konnte V nur so verstehen, dass M die 4-Zimmer-Wohnung mieten wollte. Da der M mit der Erklärung einen Mietvertrag, wenn auch über eine andere Wohnung, abschließen wollte, hat er eine wirksame Willenserklärung abgegeben.
II. Der M hat mit der Erklärung einen anderen Willen geäußert, als er äußern wollte. Der geäußerte Geschäftswille und der innere Geschäftswille, der in der Erklärung Ausdruck finden sollte, fallen auseinander. M kann gemäß § 119 Abs. 1 seine Willenserklärung anfechten. Soweit dem V ein Vertrauensschaden entstanden ist, muss M nach der Anfechtung gemäß § 122 Schadensersatz leisten.

3. Der Erklärende wollte keine Willenserklärung abgeben

Wollte der Erklärende keine Willenserklärung abgeben, so fehlt ihm das Erklärungsbewusstsein. Unter dem **Erklärungsbewusstsein** versteht man das Bewusstsein, eine rechtsgeschäftliche Erklärung abzugeben.[82] Dem Erklärungsbewusstsein im inneren Tatbestand entspricht der Rechtsbindungswille im äußeren Erklärungstatbestand. Es wird wegen dieser inhaltlichen Übereinstimmung auch im inneren Tatbestand vom mangelnden Rechtsbindungswillen gesprochen, also nicht scharf getrennt zwischen dem Rechtsbindungswillen im äußeren und dem Erklärungsbewusstsein im inneren Tatbestand. 56

BGHZ 109, 171: „Trotz fehlenden Erklärungsbewusstseins (Rechtsbindungswillens, Geschäftswillens) liegt eine Willenserklärung vor, wenn der Erklärende ...".

Der Erklärende, der mit seiner Erklärung nur einen Vertrag vorbereiten oder bestätigen will, der glaubt, sich im gesellschaftlichen Bereich zu äußern oder eine bloße Gefälligkeit zusagen will, will überhaupt keine Willenserklärung abgeben, also überhaupt nicht im rechtsgeschäftlichen Bereich handeln. Es fehlt ihm das Erklärungsbewusstsein.

82 BGHZ 91, 324, 329; Wolf/Neuner § 32 Rdnr. 20.

Welchen Einfluss das fehlende Erklärungsbewusstsein auf die abgegebene Erklärung hat, ist umstritten.

Fall 5: Trierer Weinversteigerung

Auf einer Weinversteigerung in Trier bedeutet das Handheben die Abgabe eines Gebots. Der K, dem dieses nicht bekannt ist, hebt die Hand, um seinen Freund F zu begrüßen. Der Auktionator A erteilt dem K den Zuschlag. Ist damit der Kaufvertrag zustande gekommen?

Ein Kaufvertrag ist zustande gekommen, wenn die Parteien sich wirksam über die Kaufvertragsbestandteile geeinigt haben.

I. Diese Einigung könnte durch Angebot und Annahme zustande gekommen sein.

1. Das Angebot ist von K ausgegangen, wenn er mit dem Handaufheben zum Ausdruck gebracht hat, dass er kaufen will, und ihm diese Kauferklärung zugerechnet werden kann.

a) Da der Auktionator A nach den Umständen und den örtlichen Gepflogenheiten in der Versteigerung davon ausgehen konnte, dass K kaufen wollte, liegt der äußere Erklärungstatbestand eines Kaufangebots vor. Das Handheben lässt auf einen bestimmten Geschäftswillen schließen.

b) Fraglich ist, ob ein für eine Willenserklärung ausreichender innerer Erklärungstatbestand gegeben ist. Der K ist mit Handlungswillen tätig geworden. Er hat aber nicht das Bewusstsein gehabt, rechtsgeschäftlich tätig zu werden; ihm fehlte das Erklärungsbewusstsein. Ob trotz fehlenden Erklärungsbewusstseins eine Willenserklärung vorliegen kann, ist umstritten.

57 aa) Nach einem Teil der Lehre muss der Erklärende den Erklärungstatbestand mit aktuellem Erklärungsbewusstsein gesetzt haben: Der Erklärende muss also das Bewusstsein gehabt haben, eine Willenserklärung – wenn auch mit anderem Inhalt – abzugeben. Fehlt das Erklärungsbewusstsein, will er also überhaupt keine Willenserklärung abgeben, so fehlt der innere Erklärungstatbestand; es liegt keine Willenserklärung vor.[83]

Es werden folgende Argumente geltend gemacht:

- Bewerte man eine ohne Erklärungsbewusstsein abgegebene Erklärung als Willenserklärung, so verletze dies die Privatautonomie. Wenn jemand überhaupt nicht rechtsgeschäftlich tätig werden wolle, dürfe sein Verhalten nicht als Willenserklärung gewertet werden.
- § 118 ordne für den einzigen gesetzlich geregelten Fall fehlenden Erklärungsbewusstseins die Nichtigkeit an. Aus dieser Regelung ergebe sich, dass sogar derjenige, der bewusst den äußeren Tatbestand einer Willenserklärung setzt, ohne Erklärungsbewusstsein eine von vornherein un-

83 Canaris NJW 1974, 528; 1984, 2281; Thiele JZ 1969, 407; OLG Düsseldorf OLGZ 1982, 240; weitere Nachweise bei BGHZ 91, 324, 327.

wirksame Erklärung abgebe. Erst recht müsse eine ohne Erklärungsbewusstsein abgegebene Erklärung unwirksam sein, wenn der äußere Erklärungstatbestand unbewusst gesetzt werde.

bb) Nach h.A. ist bei fehlendem Erklärungsbewusstsein eine Willenserklärung auch dann gegeben, wenn der Erklärende bei Anwendung der im Verkehr erforderlichen Sorgfalt hätte erkennen können, dass seine Erklärung als Willenserklärung aufgefasst wird. Da dieses „Erkennenkönnen" als potenzielles Erklärungsbewusstsein kein aktuell vorhandener innerer Erklärungstatbestand ist, spricht man davon, dass die Erklärung dem Erklärenden unter der genannten Voraussetzung als Willenserklärung zugerechnet wird. Diese Willenserklärung ist dann wie die mit fehlendem oder abweichendem Geschäftswillen geäußerte Erklärung anfechtbar gemäß § 119 Abs. 1.[84] **58**

Für diese Ansicht sprechen folgende Argumente:

- Da der Erklärungsempfänger schutzwürdig ist, muss das in § 119 Abs. 1 enthaltene Prinzip der Verantwortung für die zurechenbare Bedeutung des Erklärten auch bei fehlendem Erklärungsbewusstsein gelten. Es besteht „zwischen dem, der rechtsgeschäftlich gar nichts will, und dem, der rechtsgeschäftlich etwas ganz anderes will, kein Unterschied".[85]
- Die Privatautonomie des Erklärenden ist nicht beeinträchtigt; der Erklärende hat vielmehr die Wahlfreiheit zwischen der Anfechtung des Vertrags, § 119 Abs. 1, und der Erfüllung, § 362. Überdies schützt das Recht der Willenserklärung nicht nur die Selbstbestimmung des Erklärenden, sondern auch das Vertrauen des Erklärungsempfängers und die Verkehrssicherheit.
- Die in § 118 geregelte Situation ist mit der des fehlenden Erklärungsbewusstseins nicht vergleichbar. Im Fall des § 118 hat der Erklärende im Unterschied zum fehlenden Erklärungsbewusstsein bewusst die Nichtgeltung seiner Erklärung gewollt.

2. Der Auktionator A hat dem K den Zuschlag erteilt und damit dessen Angebot angenommen (§ 156 S. 1). Es ist ein wirksamer Kaufvertrag zustande gekommen.

II. K kann jedoch seine Kaufvertragserklärung gemäß § 119 Abs. 1 anfechten, weil sein geäußerter Erklärungstatbestand nicht mit der Äußerung übereinstimmt, die er mit dem Handheben abgeben wollte. **59**

Eine ohne Erklärungsbewusstsein abgegebene Erklärung, die dem Erklärenden als Willenserklärung zugerechnet wird, ist gemäß § 119 Abs. 1 anfechtbar. Nicht ganz geklärt, aber für das Ergebnis ohne Bedeutung ist die Frage, ob in diesem Fall § 119 Abs. 1 direkt[86] oder analog[87] anwendbar ist.

---

84 BGH, Urt. v. 05.10.2006 – III ZR 166/05, Rdnr. 18, NJW 2006, 3777; BGH, Urt. v. 14.12.2000 – IX ZR 300/98, ZIP 2001, 410; BGH ZIP 1999, 1847; NJW 1995, 953 mit Anm. Habersack JuS 1996, 585; BGHZ 109, 171; BGHZ 91, 324, 327 ff.; so auch Bydlinski JZ 1975, 1; Erman/Arnold Vor § 116 Rdnr. 15; Palandt/Ellenberger Einf v § 116 Rdnr. 17; MünchKomm/Armbrüster § 119 Rdnr. 99; Soergel/Hefermehl Vor § 116 Rdnr. 13; Medicus AT Rdnr. 607 f.

85 Bydlinski, Privatautonomie und objektive Grundlagen des verpflichtenden Rechtsgeschäfts, 1967, S. 163.

86 So Bydlinski JZ 1975, 1 ff.; OLG Dresden WM 1999, 949, 951.

87 Palandt/Ellenberger Einf v § 116 Rdnr. 17.

Wenn K fristgerecht die Anfechtung erklärt, ist gemäß § 142 Abs. 1 seine Erklärung und damit auch der Kaufvertrag nichtig.

III. Falls der Veranstalter der Auktion dadurch, dass er auf die Wirksamkeit der Erklärung des K vertraut hat, einen Schaden erleidet, ist K bei einer wirksamen Anfechtung gemäß § 122 zum Ersatz des Vertrauensschadens verpflichtet.

Beispiel 1: G, ein Gläubiger des S, verhandelt mit der B-Bank über eine Bürgschaft. Bald darauf schreibt die Zweigstelle Z der B-Bank an G: „Zugunsten des S haben wir Ihnen gegenüber die selbstschuldnerische Bürgschaft in Höhe von 100.000 € übernommen…" Als G die B-Bank auf Zahlung aus der Bürgschaft in Anspruch nimmt, macht diese geltend, die Zweigstelle sei irrtümlich davon ausgegangen, dass anlässlich der Verhandlungen der Bürgschaftsvertrag schon abgeschlossen worden sei. Die Zweigstelle habe lediglich den bereits getätigten Bürgschaftsabschluss bestätigen wollen, also keine Willenserklärung abgeben wollen.[88]

I. Das Schreiben der Zweigstelle der B konnte G als Angebot zum Abschluss eines Bürgschaftsvertrags (§ 765) verstehen. G hatte mit der B über eine Bankbürgschaft verhandelt und konnte davon ausgehen, dass die B nunmehr die erstrebte Bürgschaftserklärung abgebe. Das Schreiben ließ einen Schluss auf einen bestimmten Geschäftswillen, nämlich den Willen zum Abschluss eines Bürgschaftsvertrags zu. Der äußere Erklärungstatbestand einer Willenserklärung ist gegeben.
II. Zurechnung der Erklärung?
Der Leiter der Zweigstelle hätte bei pflichtgemäßer Sorgfalt erkennen können, dass dieses Schreiben vom Empfänger G als Bürgschaftserklärung, also als Willenserklärung aufgefasst wird. Es liegt ein potenzielles Erklärungsbewusstsein vor. Der Erklärungstatbestand wird der B-Bank gemäß § 166 Abs. 1 zugerechnet. Der Bürgschaftsvertrag ist zustande gekommen.
III. Die B-Bank kann ihre Erklärung gemäß § 119 Abs. 1 anfechten mit der Folge, dass die Bürgschaftserklärung gemäß § 142 Abs. 1 nichtig ist. Doch kann G gemäß § 122 Schadensersatz verlangen.

60 **Beispiel 2:** V unterschreibt in einer Unterschriftsmappe eine vorbereitete Bestellkarte an K. Bei der Unterschrift nimmt V an, er unterschreibe eine Glückwunschkarte für ein Betriebsmitglied, das 25 Jahre im Betrieb tätig ist.

V hat den äußeren Erklärungstatbestand einer Willenserklärung gesetzt; die Bestellkarte lässt auf einen bestimmten Geschäftswillen schließen. Diese Erklärung wird dem V, der mit Handlungswillen unterschrieben hat, auch zugerechnet, weil er potenzielles Erklärungsbewusstsein hatte. Er hätte bei Anwendung der im Verkehr erforderlichen Sorgfalt erkennen können, dass er ein Kaufangebot unterschreibt und damit eine Willenserklärung abgibt.

61 **Mindesttatbestand einer Willenserklärung**

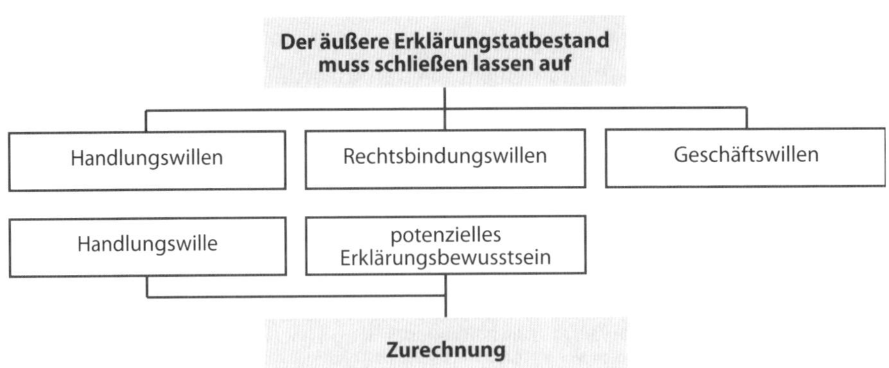

---

88 BGHZ 91, 324 nachgebildet.

4. Die unvollständige und von einem Dritten ausgefüllte Erklärung

Wer eine unvollständige Urkunde – ein Blankett – herstellt und in Kenntnis der Unvollständigkeit einem anderen mit der Ermächtigung zur Vervollständigung aushändigt, muss die vervollständigte Urkunde so gegen sich gelten lassen, wie sie später – wenn auch abredewidrig – vervollständigt worden ist.[89] **62**

Fall 6: Blankettvervollständigung

K kauft von V einen gebrauchten Lastzug für 50.000 €. K zahlt 10.000 € an und übergibt dem V einen Kleintransporter, den V für K verkaufen soll. Der Kaufpreis soll verrechnet werden. Der Restkaufpreis soll von der Hausbank B des V finanziert werden. K füllt einen von V überlassenen Darlehensantrag der Bank aus. Der Darlehensbetrag wird offengelassen und soll nach Verkauf des Kleintransporters vom V eingesetzt werden. V gerät in Vermögensschwierigkeiten und setzt in den Darlehensantrag den Betrag von 50.000 € ein. Später verlangt die B-Bank von K Rückzahlung des Darlehens. K weigert sich unter Berufung auf die abredewidrige Ausfüllung.

A. Der Anspruch der B-Bank gegen K auf Rückzahlung von 50.000 € aus § 488 Abs. 1 S. 2 besteht, wenn K mit dem von V vervollständigten Darlehensantrag ein Angebot über diesen Betrag gemacht hat, das von der B-Bank angenommen worden ist.

I. Angebot des K

1. Die Bank hat einen über 50.000 € ausgestellten und mit der Unterschrift des K versehenen Darlehensantrag erhalten. Daraus konnte die Bank als sorgfältige Empfängerin nur entnehmen, dass K diesen Betrag, der an V ausgezahlt werden sollte, zurückzahlen wollte. Es liegt also der äußere Erklärungstatbestand eines Darlehensantrags über die Darlehenssumme von 50.000 € vor.

2. Doch K hat diesen vervollständigten, der B-Bank zugegangenen Darlehensantrag nicht selbst gestellt. Er hat nur ein unvollständiges Formular an V weitergegeben. Erst durch die Vervollständigung dieses Darlehensformulars ist eine Willenserklärung in Form des Darlehensantrags geschaffen worden. Bezüglich der zugegangenen Erklärung hatte K überhaupt keinen Handlungswillen, sodass es sich bei dem zugegangenen Darlehensantrag nicht um eine Willenserklärung des K handeln könnte. Doch K hat in Kenntnis der Unvollständigkeit das Darlehensformular aus der Hand gegeben und V die Befugnis zur Vervollständigung bis in Höhe des noch offenstehenden Kaufpreises eingeräumt.

a) Es ist anerkannt, dass der Aussteller eines Blanketts, der es weitergibt, damit der Empfänger des Blanketts dieses vervollständige, eine ihm zurechenbare Willenserklärung abgegeben hat.

89 BGHZ 132, 119; Bülow ZIP 1996, 1694.

Dieses Ergebnis kann mit der entsprechenden Anwendung der Vertretungsregeln, §§ 164 ff., begründet werden. Im Vertretungsrecht gibt der Vertreter im Namen eines anderen – des Geschäftsherrn – eine eigene Willenserklärung ab, die für und gegen den Geschäftsherrn wirkt, wenn der Vertreter vertretungsberechtigt ist. Im Fall der Blankoerklärung ist der Skripturakt zwar keine Willenserklärung, sondern eine tatsächliche Handlung – Realakt. Der Sinn und Zweck der Vertretungsregeln erfasst jedoch auch die Fälle der Blankoerklärung, sodass in den Fällen, in denen die Blankoerklärung entsprechend der Ermächtigung vervollständigt wird, der Ermächtigte mit „Vertretungsmacht" tätig wird und die Erklärung dem Blankettgeber zugerechnet wird.[90]

b) V hat den Darlehensantrag jedoch abredewidrig ausgefüllt. Er war nur berechtigt, den tatsächlich noch offenen Restkaufpreis einzutragen, sodass der V nicht zur „Vertretung" berechtigt gewesen sein könnte. Wer jedoch ein Blankett mit seiner Unterschrift in Kenntnis der Unvollständigkeit aus der Hand gibt, muss den dadurch geschaffenen Rechtsschein analog § 172 Abs. 2 einem gutgläubigen Dritten gegenüber gegen sich gelten lassen. Da die Bank von der abredewidrigen Ausfüllung keine Kenntnis hatte, muss sich K der Bank gegenüber so behandeln lassen, als hätte er einen Darlehensantrag in Höhe von 50.000 € gestellt.

II. Die Bank hat dieses Angebot angenommen. Damit ist der Darlehensvertrag über 50.000 € zustande gekommen.

63 B. Der Anspruch ist auch nicht nachträglich durch Anfechtung erloschen. Eine Anfechtung wegen eines abredewidrig ausgefüllten Blanketts ist ausgeschlossen, weil es sich bei der Haftung analog § 172 Abs. 2 um eine Rechtsscheinshaftung handelt, die nicht angefochten werden kann.[91]

K ist also zur Rückzahlung verpflichtet, weil die Bank ihm das Darlehen in der Weise gewährt hat, dass die Auszahlung an V vorgenommen worden ist.

Beachte: *Soweit eine Bürgschaft der Form des § 766 bedarf, ist diese Form auch für die Ausfüllungsermächtigung bei einer Blankobürgschaft einzuhalten.*[92]

---

90 BGHZ 40, 65 und 297; MünchKomm/Schramm § 172 Rdnr. 14 f.; Staudinger/Schilken § 172 Rdnr. 8.

91 BGHZ 40, 65 u. 297; 132, 119, 127; Wolf/Neuner § 50 Rdnr. 106; Wurm JA 1986, 577; a.A. Reinicke/Tiedtke JZ 1984, 550 f.; Staudinger/Singer § 119 Rdnr. 112.

92 BGHZ 132, 119; BGH, Urt. v. 16.12.1999 – IX ZR 36/98, NJW 2000, 1179.

Tatbestand der Willenserklärung

Äußerer Erklärungstatbestand der Willenserklärung

Der Erklärungstatbestand muss schließen lassen auf:

- Handlungsbewusstsein
- Rechtsbindungswillen

  Die Erklärung muss darauf schließen lassen, dass das Erklärte rechtlich verbindlich sein soll.

  Der Rechtsbindungswille fehlt bei Erklärungen ohne einen rechtlichen Bezug (politische, wissenschaftliche, gesellschaftliche Äußerungen).

  Die Aufforderung zur Abgabe eines Angebots (invitatio) ist kein verbindliches Angebot (Schaufensterauslage, Zeitungsinserat usw.). Beim „freibleibenden" Angebot bestehen mehrere Auslegungsmöglichkeiten, i.d.R. liegt eine invitatio vor.

  Auskunft, Rat und Empfehlung sind gemäß § 675 Abs. 2 grundsätzlich unverbindlich. Ein verbindlicher Auskunftsvertrag liegt vor, wenn die Auskunft erkennbar von erheblicher Bedeutung ist und zur Grundlage wesentlicher Entscheidungen gemacht wird.

  Bei Gefälligkeiten ist zu unterscheiden. Alltägliche Gefälligkeiten sind rechtlich unverbindlich. Gefälligkeitsverträge (Schenkung, Leihe, Auftrag, Verwahrung) begründen Leistungspflichten. Bei dem Gefälligkeitsverhältnis bezieht sich der Rechtsbindungswille lediglich auf das Entstehen von Sorgfaltspflichten.

  Beim erkannten Vorbehalt i.S.d. § 116 S. 2 liegt keine Willenserklärung vor. Auch das Scheingeschäft gemäß § 117 Abs. 1 lässt nicht auf einen Rechtsbindungswillen schließen. Es gilt aber das gewollte Rechtsgeschäft gemäß § 117 Abs. 2.

- Geschäftswillen

  Der Erklärende muss deutlich machen, welche Rechtsfolgen er mit der Erklärung herbeiführen will.

Innerer Erklärungstatbestand bzw. Zurechenbarkeit

- Handlungswille
- Erklärungsbewusstsein (Rechtsbindungswille)

  Das Erklärungsbewusstsein ist das Bewusstsein, eine rechtlich erhebliche Erklärung abzugeben. Nach h.M. liegt der Tatbestand einer Willenserklärung auch bei fehlendem Erklärungsbewusstsein dann vor, wenn der Erklärende hätte erkennen können, dass seine Erklärung als Willenserklärung aufgefasst wird (potenzielles Erklärungsbewusstsein). Die so zugerechnete Willenserklärung ist (entsprechend) § 119 Abs. 1 anfechtbar.

- Geschäftswille

  Weicht der erklärte Geschäftswille (äußerer Erklärungstatbestand) von dem tatsächlichen Geschäftswillen ab, liegt eine Willenserklärung vor, die gemäß § 119 Abs. 1 anfechtbar ist.

B. Das Wirksamwerden der Willenserklärung

64 Empfangsbedürftige Willenserklärungen werden gemäß § 130 Abs. 1 S. 1 durch Abgabe und Zugang wirksam. Nicht empfangsbedürftige Willenserklärungen werden mit Abgabe wirksam.

I. Die Abgabe der Willenserklärung

65 Die Abgabe einer empfangsbedürftigen Willenserklärung liegt vor, wenn die Erklärung vom Erklärenden willentlich so in den Verkehr gebracht wird, dass ohne sein weiteres Zutun der Zugang der Erklärung eintreten kann.[93]

Nicht empfangsbedürftige Willenserklärungen sind nicht auf den Zugang bei einem Erklärungsempfänger gerichtet. Sie werden mit der Äußerung wirksam.[94]

Die mündliche Erklärung ist abgegeben, wenn der Erklärende sie ausgesprochen hat. Bei schriftlichen Erklärungen ist die Erklärung nicht schon mit Abschluss der Niederschrift, sondern erst dann abgegeben, wenn der Erklärende alles getan hat, damit das Schriftstück an den Empfänger gelangt. Mit der Abgabe wird die Willenserklärung rechtlich existent. Eine mittels EDV-technischer Mittel niedergelegte und übermittelte (elektronische) Willenserklärung ist mit der Eingabe des Sendebefehls abgegeben.[95]

Die Abgabe setzt **willentliche Entäußerung** voraus. Die Erklärung muss vom Erklärenden willentlich in den Verkehr gebracht worden sein. Eine Abgabe liegt unstreitig nicht vor, wenn die Erklärung nicht von dem Erklärenden in den Verkehr gebracht wurde, sondern abhandengekommen ist. Umstritten ist aber, ob eine Erklärung auch dann „als abgegeben angesehen" werden kann, wenn sie zwar nicht willentlich vom Erklärenden in den Verkehr gebracht wurde, der Erklärende das Inverkehrbringen aber zu vertreten hat.

Fall 7: Abhandengekommene Willenserklärung

V hat ein Angebot zum Verkauf eines Bildes für 5.000 € an den K formuliert. Er druckt dieses Schreiben aus, unterschreibt es und lässt es auf seinem Schreibtisch liegen, um es noch einmal zu überdenken. V verlässt das Büro. Seine Sekretärin sieht dieses Schreiben auf dem Schreibtisch und nimmt an, es sei der Unterschriftsmappe entfallen. Daher schickt sie dieses Schreiben an K ab. K erklärt die Annahme des Angebots. V lehnt die Lieferung ab, da er das Bild für einen höheren Preis an D verkaufen kann. Er beruft sich darauf, dass er die Erklärung nicht abgegeben hat.

Welche Ansprüche hat K gegen V?

I. K könnte gegen V einen Anspruch aus § 433 Abs. 1 auf Lieferung des Bildes haben. Dann müssten V und K einen Kaufvertrag abgeschlossen haben.

---

93 BGH NJW 1979, 2032, 2033; Palandt/Ellenberger § 130 Rdnr. 4.

94 Palandt/Ellenberger § 130 Rdnr. 1; zum Fall des § 151 vgl. unten Rdnr. 107 ff.

95 Petersen Jura 2002, 389.

1. Das Schreiben des V könnte ein wirksames Angebot enthalten. V hat ein Angebot zum Abschluss eines Kaufvertrags formuliert. Fraglich ist aber, ob er die Erklärung abgegeben hat oder ob zumindest die Erklärung als abgegeben gelten kann.

   a) Eine Abgabe liegt vor, wenn eine Erklärung willentlich so in den Verkehr gebracht wurde, dass ohne weiteres Zutun des Erklärenden der Zugang erfolgen kann. V hat die Erklärung nicht willentlich in den Verkehr gebracht. Eine Abgabe liegt nicht vor.

   b) Die Erklärung könnte jedoch als abgegeben gelten.

      aa) In der Literatur wird vertreten, dass eine Erklärung auch dann als abgegeben anzusehen ist, wenn der Erklärende das Inverkehrbringen zwar nicht zielgerichtet veranlasst, aber doch zu vertreten hat.[96] Das Abhandenkommen einer Willenserklärung sei den Fällen fehlenden Erklärungsbewusstseins so ähnlich, dass eine Gleichbehandlung gerechtfertigt sei.[97] Habe der Erklärende das Abhandenkommen zu vertreten, sei ihm die Erklärung als wirksame Willenserklärung zurechenbar. Der Erklärende könne analog § 119 Abs. 1 anfechten. **66**

      Im vorliegenden Fall hat der V das Inverkehrbringen des Angebots zu vertreten. Er hätte das Schreiben nicht unterschrieben auf seinem Schreibtisch liegen lassen dürfen, da er damit rechnen musste, dass seine Sekretärin einen bereits unterschriebenen Brief versendet. Ein eventuelles Fehlverhalten der Sekretärin ist dem V entsprechend § 278[98] zurechenbar. Nach dieser Ansicht gilt das Angebot des V als abgegeben.

      bb) Nach der Gegenansicht hat das Vertretenmüssen des Inverkehrbringens nicht zur Folge, dass die Erklärung als abgegeben gilt.[99] Das Vertretenmüssen könne einen Anspruch auf Ersatz des Vertrauensschadens begründen, aber keinen Anspruch auf Erfüllung eines Vertrags. Eine gesteigerte Vertrauenshaftung auf Erfüllung sei im Gesetz nicht vorgesehen. Der Fall fehlender Abgabe sei dem des fehlenden Erklärungsbewusstseins nicht gleichzustellen, da kein willentliches Verhalten des Absenders gegenüber der Außenwelt vorliege. Die Tatsache, dass V das Inverkehrbringen durch seine Sekretärin zu vertreten hat, rechtfertigt es danach nicht, die Erklärung als abgegeben anzusehen. **67**

      cc) Der erstgenannten Ansicht ist zu folgen. Es besteht kein Grund, die abhandengekommene Willenserklärung anders zu behandeln, als die ohne Erklärungsbewusstsein abgegebene Erklärung. Auch in der Rechtsprechung ist anerkannt, dass das Vertretenmüssen zu einer Erfüllungshaftung führen kann. **68**

---

96 MünchKomm/Einsele § 130 Rdnr. 13; Palandt/Ellenberger § 130 Rdnr. 4; Staudinger/Singer Vorbem. zu §§ 116–144 Rdnr. 49.

97 Zum fehlenden Erklärungsbewusstsein vgl. oben Rdnr. 56 ff.

98 § 278 ist nicht direkt anwendbar, da noch kein Schuldverhältnis besteht (vgl. unten Rdnr. 71).

99 BGH, Urt. v. 08.03.2006 – IV ZR 145/05, Rdnr. 29, NJW-RR 2006, 847; Brox/Walker Rdnr. 147; Bork Rdnr. 615; Lange JA 2007, 687, 690.

Dies ist einmal der Fall bei der Willenserklärung ohne Erklärungsbewusstsein. Diese wird zugerechnet, wenn der Erklärende hätte erkennen und verhindern können, dass sein Verhalten als Willenserklärung aufgefasst wird.

Aber auch in den Fällen der Duldungs- und Anscheinsvollmacht führt das zurechenbare Veranlassen des Rechtsscheins einer Vollmacht zu einer Erfüllungshaftung des Vertretenen.

Diese Ansicht ist auch in den Rechtsfolgen flexibler. Der Erklärende kann wegen der fehlenden Abgabe die Anfechtung erklären. Er kann aber auch das Rechtsgeschäft gelten lassen.

Das Inverkehrbringen der Willenserklärung durch die Sekretärin ist dem V zurechenbar. Die Erklärung gilt als abgegeben.

c) Die Erklärung ist K zugegangen und damit wirksam geworden.

2. K hat die Annahme erklärt.

69 3. Der Kaufvertrag ist unwirksam, wenn V seine Erklärung wirksam angefochten hat.

a) Als Anfechtungsgrund kommt § 119 Abs. 1 in Betracht. Die Voraussetzungen einer direkten Anwendung sind nicht gegeben, denn V irrte sich weder über den Inhalt der Erklärung noch über die Erklärungshandlung. § 119 Abs. 1 kann aber entsprechend angewendet werden, wenn der Erklärende – wie hier – eine Erklärung überhaupt nicht abgeben wollte.[100]

b) Eine Anfechtungserklärung muss deutlich machen, dass der Erklärende das Rechtsgeschäft wegen eines Willensmangels nicht gelten lassen will. V hat erklärt, dass er das Geschäft wegen fehlender Abgabe nicht gelten lassen will. Da die fehlende Abgabe wie ein Willensmangel behandelt wird, beruft sich V auf einen Anfechtungsgrund. Eine wirksame Anfechtungserklärung liegt vor.

c) Das Angebot des V ist gemäß § 142 Abs. 1 nichtig. Der Kaufvertrag ist damit unwirksam.

II. K hat gegen V einen Anspruch aus **§ 122**, da V seine Willenserklärung entsprechend § 119 Abs. 1 angefochten hat.

Lehnt man mit der Gegenmeinung ab, dass eine Willenserklärung als abgegeben gilt, wenn ihr Inverkehrbringen vom Erklärenden zu vertreten ist, kommt – da danach keine Anfechtung erforderlich ist – eine analoge Anwendung des § 122 in Betracht. Bork[101] lehnt dies ab. Anders als in den Fällen der Anfechtung liege kein zurechenbares Verhalten des Erklärenden gegenüber der Außenwelt vor. Eine Haftung sei nur bei Verschulden nach §§ 311 Abs. 2, 241 Abs. 2, 280 Abs. 1 gerechtfertigt.

---

100 MünchKomm/Einsele § 130 Rdnr. 13; Palandt/Ellenberger § 130 Rdnr. 4; Staudinger/Singer Vorbem. zu §§ 116–144 Rdnr. 49.

101 BGB AT Rdnr. 615.

III. Es kommt ein Anspruch des K gegen V aus **§§ 311 Abs. 2, 241 Abs. 2, 280 Abs. 1** in Betracht, weil V den Brief unsorgfältig aufbewahrt hat. **70**

1. Im Falle der Anfechtung ist der vom Vertretenmüssen abhängige Anspruch aus §§ 311 Abs. 2, 241 Abs. 2, 280 Abs. 1 nicht durch einen Anspruch aus § 122 ausgeschlossen. Beide Ansprüche sind nebeneinander anwendbar, weil es sich um unterschiedliche Haftungssysteme handelt.[102] Der Ersatzanspruch aus §§ 311 Abs. 2, 241 Abs. 2, 280 Abs. 1 ist verschuldensabhängig und gegebenenfalls gemäß § 254 beschränkt. Demgegenüber setzt der Anspruch aus § 122 einen (angefochtenen) Vertrag voraus. § 254 ist auf diesen Anspruch nicht anwendbar.

2. Es müsste in dem Zeitpunkt, als V den Brief auf dem Schreibtisch liegen ließ, ein rechtsgeschäftsähnliches Schuldverhältnis bestanden haben. **71**

   a) § 311 Abs. 2 Nr. 1 greift nicht ein. Vertragsverhandlungen setzen ein beiderseitiges Tätigwerden voraus.[103]

   b) Formulierung und Aufbewahrung des Briefes gehören zur Vertragsanbahnung. Ein Schuldverhältnis gemäß § 311 Abs. 2 Nr. 2 setzt weiterhin voraus, dass der eine Teil dem anderen **Einwirkungsmöglichkeiten** auf Rechte, Rechtsgüter oder Interessen gewährt oder ihm diese anvertraut. K hat keine Einwirkungsmöglichkeiten gewährt. Es besteht auch kein Schuldverhältnis gemäß § 311 Abs. 2 Nr. 2.

   c) Auch ein Schuldverhältnis aufgrund „ähnlicher geschäftlicher Kontakte" gemäß § 311 Abs. 2 Nr. 3 setzt voraus, dass der eine Teil Einwirkungsmöglichkeiten auf die Rechte, Rechtsgüter oder Interessen der Gegenseite hat.[104] Da diese nicht bestehen, ist kein Schuldverhältnis gemäß § 311 Abs. 2 Nr. 3 entstanden.

3. Mangels eines Schuldverhältnisses besteht kein Anspruch aus §§ 311 Abs. 2, 241 Abs. 2, 280 Abs. 1.

Das Angebot ist abgegeben, wenn ohne weiteres Zutun der Zugang eintreten kann. Der Anbietende braucht das formulierte Angebot nicht persönlich zu überbringen. Er kann, um den Zugang zu bewirken, Familienmitglieder, Angestellte, Freunde oder die Post einschalten – Erklärungsboten. **72**

Beispiel: V übergibt seinem Angestellten A ein schriftliches Angebot an K, damit dieser den Brief sofort bei der Post aufgebe.
Mit der Aushändigung des Briefes an den Angestellten hat V das Angebot abgegeben. Es kann nunmehr ohne sein weiteres Zutun der Zugang der Erklärung beim Empfänger K eintreten.

---

102 MünchKomm/Armbrüster § 122 Rdnr. 6; Palandt/Ellenberger § 122 Rdrn. 6; Erman/Arnold § 122 Rdnr. 11; BeckOK/Wendtland § 122 Rdnr. 12.

103 Palandt/Grüneberg § 311 Rdnr. 22.

104 BeckOK/Gehrlein/Sutschet § 311 Rdnr. 49.

II. Der Zugang der Willenserklärung

73 Nach § 130 Abs. 1 S. 1 ist für das Wirksamwerden einer empfangsbedürftigen Willenserklärung der Zugang erforderlich.

Zugegangen ist eine Willenserklärung,

- sobald sie derart in den Machtbereich des Empfängers gelangt,
- dass bei Annahme gewöhnlicher Verhältnisse damit zu rechnen ist, er könne von ihr Kenntnis erlangen.[105]

Die Parteien können abweichende Vereinbarungen treffen. Dies ist aber äußerst selten der Fall. Wird beispielsweise vereinbart, dass eine Kündigung durch einen eingeschriebenen Brief zu erfolgen hat, ist damit die Schriftform i.S.d. § 125 S. 2 vereinbart. Die Versendung als Einschreibebrief soll nur den Zugang der Kündigungserklärung sichern und ist kein Wirksamkeitserfordernis für die Kündigung. Deren Zugang kann auch in anderer Weise als durch einen Einschreibebrief wirksam erfolgen.[106]

1. Der Zugang unter Anwesenden

74 Die oben genannte Definition gilt prinzipiell auch für den Zugang unter Anwesenden. Sie ist jedoch entsprechend zu modifizieren. Eine schriftliche Willenserklärung geht unter Anwesenden mit der Aushändigung des Schriftstücks zu. Für mündliche Erklärungen gilt die **abgeschwächte Vernehmungstheorie**. Die Erklärung geht zu, wenn der Empfänger sie akustisch vernommen hat und der Erklärende damit rechnen konnte, dass der Empfänger seine Erklärung richtig verstanden hat, d.h. abgekürzt: deutliche Vernehmbarkeit der Erklärung.

Beispiel: K bestellt bei dem V telefonisch 50 Ballen Rohbaumwolle. V versteht die Erklärung dahingehend, dass K 15 Ballen bestellen will. Er erklärt, dass er liefern werde. Als V nur 15 Ballen übersendet, verlangt K die Lieferung weiterer 35 Ballen.

I. Der K hat ein Angebot über 50 Ballen Baumwolle abgegeben. Fraglich ist nur, ob das Angebot mit diesem Inhalt zugegangen ist. Die fernmündliche Erklärung ist eine Erklärung unter Anwesenden (§ 147 Abs. 1 S. 2).
1. Nach der früher vertretenen (uneingeschränkten) Vernehmungstheorie muss die Willenserklärung von dem Empfänger akustisch richtig verstanden werden. Danach wäre das Kaufangebot des K nicht zugegangen. Es bestünde kein Kaufvertrag zwischen K und V.
2. Nach heute ganz h.M. ist nicht entscheidend, dass der Empfänger die Erklärung inhaltlich richtig verstanden hat. Es reicht, dass er sie akustisch vernommen hat und der Erklärende damit rechnen konnte, dass der Empfänger seine Erklärung richtig verstanden hat.[107] V hat das Angebot akustisch vernommen und K konnte erwarten, dass er richtig verstanden wurde. Mit der Annahme des V ist ein Kaufvertrag über 50 Ballen Rohbaumwolle zustande gekommen.
II. Bei der Abgabe der Annahmeerklärung hat sich V über den Inhalt seiner Erklärung geirrt. Er kann den Kaufvertrag gemäß § 119 Abs. 1 unverzüglich (§ 121 Abs. 1 S. 1) anfechten, muss dann aber gegebenenfalls Schadensersatz gemäß § 122 leisten.

75 Macht jemand dem (anwesenden) **Empfangsvertreter** eines (abwesenden) Dritten ein Vertragsangebot, liegt ein Angebot unter Anwesenden vor.

---

105 BGHZ 137, 205, 208; BGH, Urt. v. 21.01.2004 – XII ZR 214/00, NJW 2004, 1320; Palandt/Ellenberger § 130 Rdnr. 5.

106 BGH, Urt. v. 21.01.2004 – XII ZR 214/00, NJW 2004, 1320.

107 Palandt/Ellenberger § 130 Rdnr. 14; MünchKomm/Einsele § 130 Rdnr. 28; Soergel/Hefermehl § 130 Rdnr. 20.

Wird ein Schreiben unter Anwesenden übergeben, ist nicht erforderlich, dass dieses dauerhaft in die Verfügungsgewalt des Empfängers gelangt. Ausreichend sind die Aushändigung und Übergabe des Schriftstücks, sodass der Empfänger in der Lage ist, vom Inhalt des Schriftstücks Kenntnis zu nehmen.[108]

Beispiel: Dem Arbeitnehmer A wird das Kündigungsschreiben nur zum Durchlesen überlassen. Die Kündigung ist zugegangen, wenn A Zeit genug hatte, vom Inhalt des Schreibens Kenntnis zu nehmen.

2. Der Zugang unter Abwesenden

Unter Abwesenden kann der Zugang einer schriftlichen oder mündlichen Erklärung bewirkt werden, indem 76

- sie einem Empfangsboten gegenüber abgegeben wird oder
- sie in Empfangsvorrichtungen des Empfängers geschafft wird.

a) Zugang der Willenserklärung unter Einschaltung eines Empfangsboten

Empfangsbote ist derjenige, der vom Empfänger zur Empfangnahme bestellt ist oder nach der Verkehrsanschauung zur Übermittlung geeignet ist und als ermächtigt gilt. 77

- Nach der Verkehrsanschauung gelten als ermächtigt
  - die im Haushalt des Empfängers lebenden Personen: Ehefrau, Angehörige; Kinder nur, wenn sie die für die Übermittlung einer Willenserklärung notwendige Reife besitzen; nicht aber Nachbarn oder in der Wohnung tätige Handwerker;
  - Betriebsangehörige, soweit sie ihrer Stellung nach zur Entgegennahme befugt sind (z.B. Buchhalter, kaufmännischer Angestellter, Pförtner).
  - Bei Schaltung einer Anrufweiterleitung gilt der entgegennehmende Mitarbeiter als ermächtigt, wenn der Inhaber des Anschlusses von dem weitergeleitet wurde, ermächtigt war oder als ermächtigt galt.[109]
- Der Empfangsvertreter ist im Gegensatz zum Empfangsboten mit einer eigenen Empfangszuständigkeit ausgestattet. Diese ergibt sich häufig aus den Umständen, etwa dann, wenn die Empfangsperson erkennbar für den Bereich zuständig ist, auf den sich die Willenserklärung inhaltlich bezieht.[110]

  Die Abgrenzung ist vor allem für den Zugang und die Auslegung von Bedeutung. Wird eine Erklärung dem Empfangsboten gegenüber abgegeben, geht sie erst zu, wenn sie dem Geschäftsherrn übermittelt wird; sie ist vom Empfängerhorizont des Geschäftsherrn auszulegen. Demgegenüber geht bei der Empfangsvertretung die Erklärung mit der Entgegennahme durch den Empfangsvertreter zu; der Zugang erfolgt unter Anwesenden. Die dem Empfangsvertreter gegenüber abgegebene Erklärung ist von seinem Empfängerhorizont und nicht vom Empfängerhorizont des Geschäftsherrn auszulegen.

108 BAG, Urt. v. 04.11.2004 – 2 AZR 17/04, NJW 2005, 1533.
109 BGH, Urt. v. 12.12.2001 – X ZR 192/00, NJW 2002, 1565.
110 MünchKomm/Schramm Vor § 164 Rdnr. 59.

78 Wird die schriftliche Erklärung dem Empfangsboten ausgehändigt oder die mündliche Erklärung diesem gegenüber vernehmbar geäußert, so gelangt die Erklärung in den Machtbereich des Geschäftsherrn. Die Erklärung geht nach h.M. erst dann zu, wenn – wie auch sonst bei der Empfangsvorrichtung – nach dem gewöhnlichen Lauf der Dinge mit der Übermittlung an den Empfänger zu rechnen ist. Der Empfangsbote ist eine „personifizierte Empfangsvorrichtung".[111]

Nach einer differenzierenden Ansicht ist bei der mündlichen Übermittlung einer Erklärung durch einen Empfangsboten der Zugang dann bewirkt, wenn er die Erklärung vernommen hat.[112] Von diesem Zeitpunkt an kann die Erklärung nicht mehr widerrufen werden. Für die Frage der Rechtzeitigkeit der Erklärung soll allerdings der Zeitpunkt entscheidend sein, in dem nach dem regelmäßigen Verlauf der Dinge die Kenntnisnahme des Geschäftsherrn erwartet werden kann.

Beispiel: Der Firmeninhaber V macht dem K am 08.04. ein schriftliches Angebot über 150 Stahlträger zu bestimmten Bedingungen. Die Annahme soll bis zum 12.04. erfolgen. K erklärt am 10.04. schriftlich sein Einverständnis. Doch durch ein Versehen wird der Brief nicht zur Post aufgegeben. Am Nachmittag des 12.04. wird der Brief aufgefunden. Der Angestellte A des K wird damit betraut, den Brief bei der Firma V sofort abzugeben. Ist der Zugang erfolgt, wenn A den Brief
1. Alt.: um 14:00 Uhr bei der Torkontrolle abgibt?
2. Alt.: um 18:00 Uhr bei einer Verkaufsstelle des V abgibt?

1. Alt.: Der Kaufvertrag zwischen V und K ist wirksam zustande gekommen, weil der K das Angebot des V fristgerecht angenommen hat. Wenn der Überbringungsbote A die Annahmeerklärung innerhalb der Geschäftszeit dem Empfangsboten um 14:00 Uhr an der Torkontrolle aushändigt, so gelangt die Erklärung in den Machtbereich des Empfängers, und dieser hat bei Zugrundelegung normaler Verhältnisse die Möglichkeit der Kenntnisnahme. Daher ist der Brief mit der Annahmeerklärung am 12.04. rechtzeitig zugegangen.

2. Alt.: Wird der Brief mit der Annahmeerklärung um 18:00 Uhr in einer Verkaufsstelle des V abgegeben, dann ist der Zugang nicht am 12.04. erfolgt. Zweifelhaft ist schon, ob die Verkaufsstelle als Empfangsbote des V zu behandeln ist, ob sie also als ermächtigt gilt, für V Annahmeerklärungen entgegenzunehmen. Auch wenn das bejaht wird, ist der Zugang der Annahmeerklärung nicht rechtzeitig erfolgt. Die Erklärung ist zwar in den Machtbereich des V gelangt, doch hatte dieser am 12.04. nicht mehr die Möglichkeit der Kenntnisnahme.

b) Der Zugang bei Empfangsvorrichtungen

79 Der Zugang der schriftlichen Willenserklärung kann in der Weise bewirkt werden, dass die Erklärung in Empfangsvorrichtungen geschafft wird.

- Ist die verkörperte schriftliche Erklärung in die Empfangsvorrichtung geschafft worden, so ist sie in den Machtbereich des Empfängers gelangt.
- Die Erklärung geht zu dem Zeitpunkt zu, in dem bei Zugrundelegung normaler Verhältnisse mit der Kenntnisnahme der Erklärung gerechnet werden kann.

Beispiel: Der Mieter M hatte eine Halle fest bis zum 30.06.2012 gemietet. Im Mietvertrag war ihm das Recht eingeräumt, spätestens sechs Monate vor Ablauf der vereinbarten Mietzeit, das Mietverhältnis um fünf Jahre zu verlängern. Mit Schreiben vom 31.12.2011 übt M dieses Optionsrecht aus. Das Schriftstück wirft M am 31.12.2011 um 15:50 Uhr in den Briefkasten der vermietenden Verwaltungsgesellschaft ein. Hat M die Verlängerungsoption wirksam ausgeübt?

Nach dem Mietvertrag musste M die Verlängerungsoption ein halbes Jahr vor Ablauf des Mietvertrags, d.h. spätestens am 31.12.2011, ausüben. An diesem Tag hat M das Schreiben um 15:50 Uhr in den Brief-

111 BGH WM 1989, 852, 853; MünchKomm/Einsele § 130 Rdnr. 25; Palandt/Ellenberger § 130 Rdnr. 9.

112 Flume § 14, 3 d; Staudinger/Singer/Benedict § 130 Rdnr. 35 und 62; Soergel/Hefermehl § 130 Rdnr. 8.

kasten der vermietenden Gesellschaft eingeworfen. Die Erklärung geht zu dem Zeitpunkt zu, in dem bei Zugrundelegung normaler Verhältnisse mit der Kenntnisnahme durch den Empfänger gerechnet werden kann. Üblicherweise wird in einem Bürobetrieb am Silvesternachmittag nicht mehr gearbeitet. Kurz vor 16:00 Uhr ist nicht mehr mit der Briefkastenleerung am selben Tag zu rechnen. Das Schreiben des M ist der Gesellschaft nicht am 31.12.2011, sondern am nächsten Werktag, d.h. am 02.01.2012 zugegangen.[113] M hat die Verlängerungsoption nicht rechtzeitig ausgeübt.

Bei der Einlegung von Post in ein **Postschließfach** geht der Brief dem Empfänger an **80**
dem Tag zu, an dem nach der Verkehrsanschauung mit der Abholung zu rechnen ist. Unter gewöhnlichen Umständen wird ein Postfach täglich geleert.[114]

Für den Zugang eines **Telefax** wird auf den Zeitpunkt abgestellt, in dem das Dokument **81**
vollständig ausgedruckt ist.[115]

Für fristwahrende Schriftsätze ist für die Frage des rechtzeitigen Zugangs bei einem Gericht auf den Zeitpunkt abzustellen, in dem das Fax vollständig in den Speicher des Empfangsgeräts gelangt ist.[116]

Ein OK-Vermerk im Sendebericht ist nur ein Indiz für den Zugang, begründet aber keinen Anscheinsbeweis für den tatsächlichen Zugang.[117] Der OK-Vermerk belegt nur das Zustandekommen der Verbindung, aber nicht die erfolgreiche Übermittlung.

Werden Willenserklärungen per **E-Mail** versandt, ist zu differenzieren: **82**

- Bei geschäftlicher Nutzung gehen E-Mails während der Geschäftszeiten regelmäßig sofort zu, spätestens aber mit Geschäftsschluss.
- Bei privater Nutzung kann vom Zugang erst am nächsten Tag ausgegangen werden.[118]

Der Nachweis des Zugangs einer E-Mail bei ihrem Adressaten kann mit Eingangs- und Lesebestätigungen der E-Mail-Programme geführt werden.[119]

Die objektive **Möglichkeit der Kenntniserlangung** ist im abstrakten Sinn zu verstehen. **83**
Ist die Willenserklärung in den Machtbereich des Empfängers gelangt und besteht nach der Verkehrsanschauung (abstrakt) die Möglichkeit der Kenntnisnahme, so ist sie zugegangen, auch wenn im konkreten Fall der Empfänger nicht von ihrem Inhalt Kenntnis nehmen kann. Eine Willenserklärung geht auch dann zu, wenn der Empfänger durch **Krankheit** oder **Urlaub** daran gehindert ist, von dem Inhalt der Erklärung Kenntnis zu nehmen.[120]

3. Der Widerruf der Willenserklärung

Gemäß § 130 Abs. 1 S. 2 kann eine empfangsbedürftige Willenserklärung widerrufen **84**
werden, wenn der Widerruf vorher oder gleichzeitig mit ihr zugeht.

---

113 BGH, Urt. v. 05.12.2007 – XII ZR 148/05, NJW 2008, 843.
114 BGH, Urt. v. 31.07.2002 – III ZR 353/02, NJW 2003, 3270.
115 BGH, Urt. v. 21.06.2011 – II ZB 15/10, Rdnr. 15, NJW-RR 2011, 1184; Paland/Ellenberger § 130 Rdnr. 7.
116 BGH, Beschl. v. 25.04.2006 – IV ZB 20/05, Rdnr. 15 ff.; BGHZ 167, 214.
117 BGH, Beschl. v. 21.07.2011 – IX ZR 148/10, Rdnr. 3, IBR 2011, 733.
118 Vehlage DB 2000, 2004.
119 Mankowski NJW 2004, 1901, 1906.
120 BGH, Urt. v. 21.01.2004 – XII ZR 214/00, NJW 2004, 1320.

Fall 8: Hingegeben – abgegeben

Der Kaufmann V aus Würzburg unterschreibt ein Angebot an den Teppichhändler K in Fulda über den Verkauf von 30 Berber-Teppichen zu je 400 € und gibt seiner Sekretärin die Unterschriftenmappe zurück. Bald darauf telefoniert V mit K wegen einer anderen Angelegenheit, es kommt zu Unstimmigkeiten. Daraufhin ordnet V an, den Brief an K nicht abzuschicken. Versehentlich wird der Brief dann doch abgesandt. K nimmt das Angebot an und verlangt Lieferung.

85 Anspruch K gegen V auf Lieferung der Teppiche gemäß § 433 Abs. 1

I. Der Lieferungsanspruch ist entstanden, wenn V und K einen wirksamen Kaufvertrag abgeschlossen haben. Die Einigung kann erzielt worden sein, indem V ein Angebot abgegeben und K dieses angenommen hat.

1. V hat ein hinreichend bestimmtes Angebot, das Kaufgegenstand und Kaufpreis enthielt, formuliert.

2. Dieses Angebot ist nur wirksam geworden, wenn V es abgegeben und den Zugang bewirkt hat (§ 130).

a) V hat den unterschriebenen Brief mit der Unterschriftenmappe an die Sekretärin übergeben. Er hat dies getan, damit der Brief in den Besitz des K kam und damit der Zugang eintrete. V konnte bei Zugrundelegung normaler Verhältnisse davon ausgehen, dass der Brief dem K ohne sein weiteres Zutun zugehen würde. Mit der Aushändigung des Briefes an die Sekretärin hat V zum Ausdruck gebracht, dass er sich endgültig entschieden hat, dem K dieses Angebot zu machen. Damit liegt eine wirksame Abgabe des Angebots vor.

b) V könnte sein Angebot widerrufen haben. Er hat eindeutig zum Ausdruck gebracht, dass der Zugang des Briefes verhindert werden soll. Dieser Widerruf ist gemäß § 130 Abs. 1 S. 2 nur wirksam, wenn er vor oder gleichzeitig mit dem Zugang des Angebots zugegangen ist. Da K überhaupt kein Widerruf zugegangen ist, ist das Angebot – trotz des erklärten Widerrufs – mit Zugang bei K wirksam geworden.

3. K hat das Angebot uneingeschränkt angenommen und dies auch dem V gegenüber erklärt. Damit ist der Kaufvertrag zustande gekommen und der Lieferungsanspruch entstanden.

86 II. Das Angebot ist nach § 142 Abs. 1 nichtig, wenn V es gemäß §§ 119 ff. anfechten kann. Dann entfällt rückwirkend der Kaufvertrag und die Lieferverpflichtung des V.

1. Ein Anfechtungsgrund könnte sich aus § 119 Abs. 1 oder § 120 ergeben.

a) Nach § 119 Abs. 1 kann V das Angebot jedoch nicht anfechten, weil er im Zeitpunkt der Abgabe der Erklärung das, was er mit der Erklärung zum Ausdruck bringen wollte, auch wirklich erklärt hat. Bei der Abgabe wollte V dem K ein Angebot machen.

b) Auch eine Anfechtung nach § 120 scheidet aus, weil das Angebot nach der Abgabe nicht unrichtig übermittelt worden ist. Es ist am Angebot keine inhaltliche Veränderung vorgenommen worden.

2. Auch eine analoge Anwendung der §§ 119 Abs. 1, 120 scheidet aus, weil keine Regelungslücke besteht. Der Gesetzgeber hat in § 130 Abs. 1 eindeutig bestimmt, dass der Erklärende, der nach Abgabe seiner Willenserklärung den Willen ändert, das Wirksamwerden der Erklärung nur dann noch verhindern kann, wenn er den Zugang verhindert oder bewirkt, dass vor oder mit dem Zugang der abgegebenen Erklärung ein Widerruf zugeht. Geschieht das nicht, wird die zugegangene Erklärung wirksam. K kann Lieferung der Teppiche verlangen.

Abwandlung:

Der Brief des V wird morgens gegen 8:30 Uhr vom Angestellten des K aus dem Postfach des K abgeholt. Als V gegen 9:00 Uhr anruft und erklärt, dass das Angebot keine Gültigkeit habe, weil er angeordnet habe, den Brief nicht abzusenden, hat K den Brief noch nicht gelesen. K lässt sich den Brief vorlegen und erklärt die Annahme. Den Widerruf will er nicht gelten lassen.

I. Das Angebot des V ist abgegeben worden und K gegen 8:30 Uhr zugegangen, weil der Brief mit der Einordnung in das Postfach des K in dessen Machtbereich gelangt war und K die **Möglichkeit der Kenntnisnahme** hatte. Bei Zugrundelegung normaler Verhältnisse konnte K den Brief nach dem Abholen lesen. **87**

II. Das Angebot ist nicht wirksam geworden, wenn K vor oder mit Zugang des Angebots der Widerruf des V zugegangen ist.

1. Der Widerruf ist K gegenüber mit dem Telefonanruf erklärt worden und damit zugegangen, doch war zu diesem Zeitpunkt der Zugang des Angebots bereits erfolgt.

2. K hat aber erst nach dem Zugang des Widerrufs Kenntnis von dem Angebot erhalten, sodass er wegen des Angebots noch keinerlei Maßnahmen getroffen hat. Mit Rücksicht darauf könnte der Widerruf als rechtzeitig erfolgt gelten. Doch nach dem eindeutigen Wortlaut des § 130 Abs. 1 S. 2 wird die zugegangene Willenserklärung nicht wirksam, wenn dem Empfänger vorher oder gleichzeitig ein Widerruf zugeht. Es ist also allein auf den Zeitpunkt des Zugangs und nicht auf den der tatsächlichen Kenntnisnahme abzustellen. Unbeachtlich ist also die Reihenfolge, in der der Empfänger von den Erklärungen – Willenserklärung oder deren Widerruf – Kenntnis nimmt.[121]

   Der Empfänger kann aber den verspäteten Widerruf gelten lassen, da dies dem Willen des Absenders entspricht.[122]

III. K hat das Angebot angenommen. Damit ist der Kaufvertrag zustande gekommen.

---

121 BGH NJW 1975, 382, 384; Palandt/Ellenberger § 130 Rdnr. 11; MünchKomm/Einsele § 130 Rdnr. 40; Staudinger/Singer/Benedict § 130 Rdnr. 99.

122 Wolf/Neuner § 33 Rdnr. 27 f.

88 Unabhängig von der Regelung in § 130 Abs. 1 S. 2 kann ein Angebot auf Abschluss eines Vertrags auch widerruflich erklärt werden.

Beispiel:[123] V bietet dem K ein Grundstück in notarieller Form zum Preis von 500.000 € an. In dem Angebot heißt es u.a.: „An das Angebot hält sich der Anbietende bis einschließlich 31.12. gebunden. Nach Ablauf dieser Frist kann das Angebot schriftlich widerrufen werden."

Die im Angebot enthaltene Erklärung hat zur Folge, dass K das Angebot annehmen kann, solange es nicht widerrufen worden ist. Andererseits kann V nach dem 31.12. den Widerruf erklären, wenn K das Angebot noch nicht angenommen hat.

4. Die Verhinderung des Zugangs

89 Wenn der Empfänger oder dessen Vertreter die Entgegennahme der Erklärung verweigert, der Empfangsbote sie nicht entgegennimmt, die verkörperte Erklärung dem Empfänger nicht ausgehändigt werden kann, weil er den Wohnsitz bzw. Geschäftssitz verlegt, seinen Briefkasten entfernt hat, so ist die Erklärung tatsächlich nicht in den Machtbereich des Empfängers gelangt.

- Nach h.M. wird der Zugang fingiert, wenn eine grundlose Annahmeverweigerung oder eine arglistige Zugangsverhinderung vorliegt.
- Bei sonstigen, vom Empfänger zu vertretenden Zugangshindernissen ist ein erneuter Zustellungsversuch erforderlich, der auf den Zeitpunkt der ersten Zustellung zurückwirkt.

Beachte: *Das Problem der Zugangsverhinderung besteht nicht beim Angebot, denn niemand ist gezwungen, ein ihm gemachtes Angebot entgegenzunehmen, sodass die Zugangsverhinderung nur dann rechtliche Bedeutung erlangt, wenn der Zugang der Annahmeerklärung oder der Zugang einer einseitigen empfangsbedürftigen Willenserklärung verhindert wird.*

Fall 9: Nicht abgeholtes Einschreiben

V und K verhandelten über den Kauf eines VW-Campingbusses. Am 08.09. gab K gegenüber dem V ein schriftliches Angebot zum Kauf für 7.500 € ab. In dem von ihm unterzeichneten Bestellformular heißt es u.a.: „Der Käufer ist an diese Bestellung zehn Tage gebunden." Am 10.09. erklärte V die Annahme des Angebots in einem an den K gerichteten Übergabe-Einschreiben. Die Postbotin traf den K beim Zustellungsversuch am 11.09. nicht an. Sie hinterließ deshalb im Briefkasten des K die schriftliche Mitteilung, für ihn sei ein eingeschriebener Brief bei dem näher bezeichneten Postamt niedergelegt. K holte das Schreiben nicht ab. Der Einschreibebrief ging nach Ablauf der Lagerfrist an V zurück. V verlangt Zahlung des Kaufpreises Zug um Zug gegen Lieferung des Campingbusses.

90 Das Übergabe-Einschreiben wird bei der Einlieferung registriert und der Absender erhält einen datierten Einlieferungsnachweis. Der Zusteller der Deutschen Post AG liefert den Brief persönlich an den Empfänger, seinen Ehegatten oder einen Ersatzempfänger und lässt sich die Übergabe durch eine Unterschrift bestätigen. Dieses Dokument wird von der Post archiviert. Wird kein Empfänger angetroffen,

123 Nach BGH, Urt. v. 26.03.2004 – V ZR 90/03, NJW-RR 2004, 952.

hinterlässt der Postzusteller eine Benachrichtigung mit dem Hinweis, dass die Sendung für sieben Werktage bei der genannten Filiale der Deutschen Post AG zur Abholung bereitgehalten wird. Sendestatus und Auslieferungsbeleg können auf der Internetseite der Deutschen Post eingesehen werden.

V hat einen Anspruch auf Zahlung des Kaufpreises aus § 433 Abs. 2, wenn zwischen ihm und K ein Kaufvertrag zustande gekommen ist. K hat ein Angebot zum Kauf des Campingbusses abgegeben und dabei gemäß § 148 eine Annahmefrist von zehn Tagen bestimmt. V müsste dieses Angebot fristgerecht angenommen haben. V hat am 10.09. eine Annahmeerklärung abgegeben. Diese Erklärung könnte fristgerecht zugegangen sein oder als fristgerecht zugegangen zu behandeln sein.

I. Zugegangen ist eine Willenserklärung, wenn sie in den Machtbereich des Empfängers gelangt ist und die Möglichkeit der Kenntnisnahme besteht. In den Briefkasten eingeworfen wurde nicht das Schreiben mit der Annahmeerklärung, sondern lediglich der **Benachrichtigungsschein**. Dieser ersetzt den Zugang des Einschreibebriefs nicht, denn er enthält keinen Hinweis auf den Absender oder den Inhalt des Schreibens.[124]

Auch der Einlieferungsnachweis begründet nach ständiger Rechtsprechung keine tatsächliche Vermutung für den Zugang des Einschreibebriefes.[125]

II. Der Einschreibebrief könnte zu dem Zeitpunkt zugegangen sein, in dem mit seiner Abholung zu rechnen war.

1. In der Literatur wird vertreten, dass eine Einschreibesendung, die nicht zugestellt **91** werden kann, zu dem Zeitpunkt zugeht, von dem ab das Einschreiben vom Postamt hätte abgeholt werden können und dies normalerweise auch zu erwarten war. Dabei wird überwiegend angenommen, dass regelmäßig am folgenden Werktag mit der Abholung des Einschreibens zu rechnen ist, auch wenn das Schreiben schon am gleichen Tag abgeholt werden kann.[126] Bei der Ermittlung des Zugangszeitpunktes gehe es darum, eine angemessene Risikoverteilung zu treffen. Wann eine Einschreibesendung tatsächlich abgeholt werde, läge allein in der Sphäre des Empfängers. Der Empfänger habe die „Macht", das Schreiben bei der Post abzuholen. Deshalb habe er auch die Risiken zu tragen, wenn sich die Abholung verzögere oder ganz unterbleibe. Danach wäre hier ein Zugang des Einschreibens am 12.09. anzunehmen.

2. Dagegen wird zu Recht geltend gemacht, dass der Transport der Willenserklärung **92** zum Empfänger allein dem Erklärenden obliegt. Wenn sich der Erklärende des Transportmittels des eingeschriebenen Briefes bedient, weil er sich davon Vorteile in Beweisfragen verspricht, muss er auch das Risiko der Verzögerung wegen des Erfordernisses der persönlichen Übergabe an den Empfänger tragen. Auf eine Mitwirkungshandlung des Adressaten soll nach der gesetzgeberischen Konzeption möglichst verzichtet werden. Es reicht nicht aus, dass der Empfänger irgendeine Möglichkeit gehabt hätte, den Inhalt der Erklärung zur Kenntnis zu nehmen. Ein Zugang kann nur bejaht werden, wenn die Erklärung dem Adressaten räum-

---

124 BGHZ 137, 205, 208; OLG Brandenburg, Beschl. v. 03.11.2004 – 9 UF 177/04, NJW 2005, 1585; KG, Beschl. v. 10.06.2010 – 8 U 11/10, ZMR 2010, 954.

125 BGHZ 24, 308, 312; OLG Köln MDR 1987, 405; OLG München OLG-Report 1995, 238.

126 Wolf/Neuner § 33 Rdnr. 16; Heiderhoff JA 1998, 529, 530; Weber JA 1998, 593, 597.

lich so nahe gebracht worden ist, dass die Kenntnisnahme nur noch von seinem Willen abhängt.[127]

Das Einschreiben ist dem K nicht zugegangen.

93 III. Das Schreiben könnte nach den Grundsätzen von **Treu und Glauben** als rechtzeitig zugegangen gelten.

1. Der Empfänger muss gegen die Obliegenheit verstoßen haben, den Zugang zu ermöglichen. Grundsätzlich besteht eine solche Obliegenheit nicht. **Im Rahmen bestehender oder angebahnter vertraglicher Beziehungen** muss aber derjenige, der mit dem Zugang rechtserheblicher Erklärungen zu rechnen hat, geeignete Vorkehrungen treffen, dass ihn derartige Erklärungen auch erreichen.[128]

   Ein Arbeitnehmer, der Kenntnis davon hat, dass ihm eine fristlose Kündigung zugehen wird, kann sich nicht auf den verspäteten Zugang berufen, wenn er das Kündigungsschreiben nicht oder nicht zeitnah von der Postdienststelle abgeholt hat, obwohl ihm ein Benachrichtigungsvermerk der Post zugegangen ist.[129]

   Hier hatten Vorverhandlungen über den Kauf stattgefunden. K handelte im Rahmen angebahnter Geschäftsbeziehungen und musste, da er ein befristetes Angebot abgegeben hatte, mit dem Zugang einer Annahme rechnen.

2. Der Erklärende muss alles Erforderliche und ihm Zumutbare getan haben, damit seine Erklärung den Adressaten erreichen kann. Dazu gehört grundsätzlich auch, dass er nach Kenntnis von dem nicht erfolgten Zugang unverzüglich einen **erneuten Zustellungsversuch** unternimmt.

94 a) Ein solcher ist nach h.M. **entbehrlich** bei einer **grundlosen Annahmeverweigerung** oder einer **arglistigen Zugangsverhinderung**.[130]

   Ein Teil der Literatur hält auch bei grundloser Annahmeverweigerung und Arglist einen erneuten Zustellungsversuch für erforderlich. Im Interesse des Absenders könne der Zugang nicht fingiert werden. Dem Absender müsse die Entscheidung erhalten bleiben, ob er die Willenserklärung für und gegen sich gelten lassen will. Anderenfalls könne sich der arglistige Adressat im Nachhinein auf die Erklärung berufen, obwohl der Absender selbst daran nicht festhalten will.[131]

   K hat weder die Annahme verweigert noch arglistig den Zugang verhindert. Der Benachrichtigungszettel enthielt keine Angabe über den Absender. K musste daher die Einschreibesendung nicht notwendig mit der Annahme des Kaufangebots in Verbindung bringen.

95 b) Eine **erneute Zustellung wirkt** auf den Zeitpunkt des ersten Zustellungsversuchs **zurück**. Dem Empfänger ist nach Treu und Glauben der Einwand abgeschnitten, das Schreiben sei nicht rechtzeitig zugegangen.[132] V hat aber kei-

---

127 MünchKomm/Einsele § 130 Rdnr. 21; Looschelders VersR 1998, 1198, 1199 f.; Franzen JuS 1999, 429, 439 f.; BAG NJW 1997, 146, 147; Höland Jura 1998, 352, 355.

128 MünchKomm/Einsele § 130 Rdnr. 36.

129 BAG, Urt. v. 07.11.2002 – 2 AzR 475/01, NZA 2003, 719.

130 BGHZ 137, 205, 209; Franzen JuS 1999, 429, 431; Palandt/Ellenberger § 130 Rdnr. 18; MünchKomm/Einsele § 130 Rdnr. 36; Erman/Arnold § 130 Rdnr. 27 ff.; Wolf/Neuner § 33 Rdnr. 54.

131 Soergel/Hefermehl § 130 Rdnr. 27, 28; Staudinger/Singer/Benedict § 130 Rdnr. 80–82.

132 BGHZ 137, 205, 211; BAG NZA 2006, 204; Palandt/Ellenberger § 130 Rdnr. 18; Erman/Arnold § 130 Rdnr. 30.

nen erneuten Zustellungsversuch unternommen. Er hat das Angebot des K nicht angenommen. Da zwischen den Parteien kein Kaufvertrag zustande gekommen ist, hat V keinen Anspruch auf Kaufpreiszahlung.

Abwandlung:

V erklärt die Annahme am 10.09. in einem an den K gerichteten Einwurf-Einschreiben. Als K vor dem Landgericht den Zugang bestreitet, legt V den von der Postzustellerin ausgefüllten und unterzeichneten Auslieferungsbeleg vor. Wird das Gericht den Zugang bejahen?

Wie das Übergabe-Einschreiben wird auch das Einwurf-Einschreiben bei der Einlieferung registriert und der Absender erhält einen Einlieferungsnachweis. Das Einwurf-Einschreiben wird von dem Zusteller der Deutschen Post AG in den Briefkasten oder das Postfach eingeworfen und die Einlieferung dokumentiert. Der Sendestatus und der Auslieferungsbeleg können online auf der Internetseite der Deutschen Post eingesehen werden. **96**

Überwiegend wird angenommen, dass der Auslieferungsbeleg bei einem Einwurf-Einschreiben eine tatsächliche Vermutung für den Zugang des Schreibens begründet. Der Auslieferungsbeleg ist zwar keine öffentliche Urkunde im Sinne der §§ 415 ff. ZPO, sondern nur eine technische Aufzeichnung, da in ihr keine verkörperte Gedankenerklärung liegt. Er ist aber ein Augenscheinsobjekt im Sinne von § 371 ZPO. Bei Vorlage des Einlieferungsbelegs und des Auslieferungsnachweises kann nach den Regeln des Anscheinsbeweises regelmäßig darauf geschlossen werden, dass die Einschreibesendung tatsächlich durch Einlegen in den Briefkasten zugegangen ist.[133]

---

133 Reichert NJW 2001, 2523, 2524; AG Paderborn NJW 2000, 3722, 3723.

Wirksamwerden der Willenserklärung

Abgabe

- Abgabe einer empfangsbedürftigen Willenserklärung liegt vor, wenn die Erklärung vom Erklärenden so in den Verkehr gebracht wird, dass ohne sein weiteres Zutun der Zugang eintreten kann.
- Nicht empfangsbedürftige Willenserklärungen werden mit ihrer Äußerung wirksam.

Zugang

- Gelangen in den Machtbereich des Empfängers

  Unter Anwesenden geht die schriftliche Willenserklärung mit Aushändigung zu; die mündliche Erklärung geht zu, wenn der Empfänger sie akustisch vernommen hat und der Erklärende damit rechnen konnte, dass sie verstanden wurde (abgeschwächte Vernehmungstheorie).

  Unter Abwesenden gelangt die Erklärung in den Machtbereich, wenn sie einem Empfangsboten ausgehändigt wird oder in eine Empfangsvorrichtung verbracht wird.

  Für den Zugang eines Einschreibens ist nach h.M. das Abholen durch den Empfänger erforderlich.

- Möglichkeit der Kenntnisnahme

  Die Erklärung geht erst dann zu, wenn bei Zugrundelegung gewöhnlicher Verhältnisse mit der Kenntnisnahme durch den Empfänger zu rechnen ist. Auch bei der Übermittlung unter Einschaltung eines Empfangsboten ist der Zugang erst dann bewirkt, wenn mit der Weiterübermittlung vom Empfangsboten an den Geschäftsherrn zu rechnen ist.

- Kein Wirksamwerden der Willenserklärung durch Zugang, wenn dem Empfänger vorher oder gleichzeitig ein Widerruf zugeht (§ 130 Abs. 1 S. 2).

Zugangsverhinderung

- Bei grundloser Annahmeverweigerung oder arglistiger Zugangsverhinderung wird der Zugang fingiert.
- Sonstige Zugangsverhinderung
  - Es muss eine Verpflichtung zur Ermöglichung des Zugangs bestehen (z.B. bestehende Geschäftsverbindung, Betriebsverlegung, kaufmännischer Verkehr).
  - Erforderlich ist ein erneuter Zustellungsversuch, der auf den Zeitpunkt des ersten Zustellungsversuchs zurückwirkt.

2. Abschnitt: Der Vertrag

- Der Vertrag kann durch Angebot und Annahme geschlossen werden. **97**
- Der Vertrag kann auch durch gemeinsame Erklärung oder durch sonstiges Verhalten zustande kommen.

Der Eintritt der mit der Einigung erstrebten Rechtsfolgen kann noch von weiteren Voraussetzungen abhängig sein. So ist für eine Übereignung beweglicher Sachen nach § 929 S. 1 neben der Einigung noch die Übergabe erforderlich. Die Übereignung von Grundstücken erfordert außer der Auflassung noch die Eintragung im Grundbuch (§§ 873, 925). Die Wirksamkeit von Rechtsgeschäften kann auch von der Zustimmung Dritter, einer Behörde oder eines Gerichts abhängen.

A. Vertrag durch Angebot und Annahme

Das Angebot (Antrag) ist eine einseitige Willenserklärung, die auf Vertragsschluss ge- **98**
richtet ist. Die Erklärung muss inhaltlich so bestimmt oder zumindest bestimmbar sein, dass die Annahme durch ein einfaches „Ja" erfolgen kann.[134]

Die Annahme ist die uneingeschränkte Zustimmung zu dem Angebot.

Angebot und Annahme sind Willenserklärungen und müssen als solche deren Anforderungen genügen. Es muss ein Geschäftswille geäußert werden und dieser äußere Tatbestand muss dem Erklärenden zumindest zurechenbar sein. Die Erklärungen werden mit Abgabe und Zugang wirksam.

Doch sind nachstehende Besonderheiten zu beachten:

- Inhaltlich ist die Annahme auf uneingeschränkte Zustimmung zu dem Angebot gerichtet. Eine Annahme unter Änderungen gilt als Ablehnung, verbunden mit einem neuen Angebot (§ 150 Abs. 2).
- Die Annahme des Angebots muss innerhalb der vereinbarten oder gesetzlichen Frist erfolgen, §§ 147–148. Ist die Annahmeerklärung rechtzeitig abgegeben, aber verspätet zugegangen, so gilt § 149. Wird die Annahmefrist versäumt, erlischt das Angebot gemäß § 146. Die verspätete Annahme eines Antrags gilt als neuer Antrag (§ 150 Abs. 1).
- Der Zugang der Annahmeerklärung ist unter den Voraussetzungen des § 151 entbehrlich.
- Verstirbt der Anbietende nach Abgabe des Angebots oder wird er geschäftsunfähig, ist die Annahme gemäß § 153 grundsätzlich weiterhin möglich.

I. Die modifizierte Annahme

Wird ein Angebot nicht uneingeschränkt, sondern in abgeänderter Form angenommen, **99**
so gilt § 150 Abs. 2: Die „Annahme" gilt als Ablehnung des Angebots verbunden mit ei-

134 Palandt/Ellenberger § 145 Rdnr. 1; MünchKomm/Busche § 145 Rdnr. 5.

nem neuen Angebot. Das bedeutet, dass ein Vertrag nur dann zustande kommt, wenn das neue Angebot seinerseits angenommen wird.

Beispiel: K bestellt bei V Waren im Wert von 130.000 €. V bestätigt den Auftrag schriftlich mit dem Hinweis darauf, dass er nur unter Eigentumsvorbehalt liefern werde. Bald darauf werden die Waren von V an K übersandt. Haben die Parteien einen Kaufvertrag mit Eigentumsvorbehalt (§ 449) abgeschlossen?

I. K hat ein Angebot zum Abschluss eines Kaufvertrags mit dem Inhalt abgegeben, dass unbedingtes Eigentum übertragen werden soll (§ 433 Abs. 1).
II. Das Angebot hat V in der Auftragsbestätigung modifiziert, indem er zum Ausdruck gebracht hat, dass er nur unter Eigentumsvorbehalt (§ 449) leisten will. Damit hat V ein neues Angebot zum Abschluss eines Eigentumsvorbehaltskaufes abgegeben und bei der Lieferung seinen Willen, bedingtes Eigentum zu übertragen, zum Ausdruck gebracht.
III. Dieses Angebot hat K mit der widerspruchslosen Entgegennahme der Waren angenommen.
BGH NJW 1995, 1671: „Wie der BGH wiederholt entschieden hat, kann bei einer modifizierten Auftragsbestätigung in der widerspruchslosen Entgegennahme der Vertragsleistung eine stillschweigende Annahme des geänderten Antrags (§ 150 Abs. 2 BGB) insbesondere dann gesehen werden, wenn die Gegenseite vorher deutlich zum Ausdruck gebracht hat, dass sie nur unter ihren Bedingungen zur Leistung bereit ist."

100 **1.** Erklärt der Empfänger eines bestimmten Angebots, dass er einen Vertrag über eine größere Menge erstrebt, gilt grundsätzlich § 150 Abs. 2.

Beispiel: V bietet K 10 t Kohle zum Kauf an. K erklärt, er wolle 15 t Kohle kaufen.
Durch Auslegung kann sich jedoch ergeben, dass in der Annahmeerklärung eine Teilannahmeerklärung hinsichtlich der angebotenen kleineren Menge enthalten ist.[135] Dies ist z.B. der Fall, wenn der Geschädigte gegenüber einem Vergleichsvorschlag der Versicherung erklärt, er nehme an, möchte aber zusätzlich noch die Anwaltskosten erstattet bekommen.

101 **2.** Auch wenn der Empfänger erklärt, dass er nur einen Teil der angebotenen Leistung annehme, fällt dies grundsätzlich unter § 150 Abs. 2.[136] Die Auslegung kann jedoch ergeben, dass eine Teilannahme möglich sein soll.[137]

Beispiel: V will sein Weinlager räumen. Er bietet dem Weingroßhändler K das Lager am 03.07. unter Beifügung der Inventarliste zum Kauf an. Das Angebot soll 20 Tage verbindlich sein. Am 17.07. teilt K dem V mit, er nehme das Angebot bezüglich der deutschen und französischen Weine an. An den italienischen Weinen sei er nicht interessiert. V, der bereits einen anderen Interessenten gefunden hat, der das gesamte Lager abnehmen will, schließt nunmehr den Kaufvertrag mit diesem ab. Als K von V am 26.07. Lieferung verlangt, macht V geltend, dass ein Vertrag nicht zustande gekommen sei, da K sein Angebot nicht angenommen habe.

K kann von V Lieferung verlangen, wenn ein Vertrag über die Teilmenge zustande gekommen ist. Dies muss im Wege der Auslegung ermittelt werden.
I. Wenn V für das Lager einen Gesamtpreis verlangt hat oder erkennbar war, dass er dem K nur ein Angebot gemacht hat, um nicht mit einer Vielzahl von Verkäufern verhandeln zu müssen, dann konnte der K nach den gesamten Umständen nur davon ausgehen, dass V eine Gesamtabnahme des Lagers erstrebte und an einer uneingeschränkten Annahme seines Angebots interessiert war. Für diesen Fall bleibt es bei der Regelung des § 150 Abs. 2. Das neue Angebot des K hat V nicht angenommen, sodass kein Vertrag zustande gekommen ist.
II. Wenn V in seinem Anschreiben oder in den Vorverhandlungen zum Ausdruck gebracht hat, dass er nicht in erster Linie an einer Gesamtabnahme interessiert sei und in der Inventarliste die Einzelpreise angegeben hat, dann durfte K die Erklärung des V dahin verstehen, dass V auch bereit war, über geringere Mengen den Vertrag abzuschließen. Für diesen Fall ergibt also die Auslegung, dass in seinem um-

135 Staudinger/Bork § 150 Rdnr. 11.

136 Medicus AT Rdnr. 381; Staudinger/Bork § 150 Rdnr. 11.

137 BGH NJW 1986, 1983, 1984; Palandt/Ellenberger § 150 Rdnr. 2; Medicus AT Rdnr. 381.

fangreichen Angebot das Angebot über eine geringere Menge enthalten ist. Es ist dann ein Kaufvertrag über die geringere Menge abgeschlossen.

Ist eine Sukzessivlieferung angeboten, stellt der uneingeschränkte Abruf der ersten Lieferung eine Annahme des unterbreiteten Komplettangebots dar.[138]

II. Die fristgerechte Annahme

1. Die vereinbarte Frist gemäß § 148

Der Anbietende kann im Angebot – einseitig – bestimmen, innerhalb welcher Frist die Annahme erfolgen muss. Er kann den Fristbeginn regeln und bestimmen, ob für die Einhaltung der Frist die Annahmeerklärung ausreichend ist oder der Zugang für die Fristwahrung maßgebend ist. Der Anbietende kann die Frist nach seinem Belieben bestimmen. Eine zu kurz bemessene Frist setzt keine angemessene Frist in Lauf. 102

Beispiel: V bietet dem K am 02.04. sein Einzelhandelsgeschäft, zu dem kein Grundstück gehört, zum Kauf an. Kaufpreis: 500.000 €. Frist: 05.04. K fährt zu V und sieht die Bilanz ein, gleichzeitig beantragt er bei seiner Hausbank einen Kredit. Die Bank sagt den Kredit am 08.04. zu. K erklärt danach die Annahme des Angebots.

Der Kaufvertrag ist nicht zustande gekommen, weil K das Angebot nicht innerhalb der Frist angenommen hat. Zwar war die Annahmefrist äußerst kurz, doch wird keine angemessene Frist in Lauf gesetzt. V hätte ja von dem Angebot ganz absehen können. Dann muss er auch berechtigt sein, eine unangemessen kurze Frist zu setzen.

Unter Berücksichtigung des Inhalts und der Bedeutung des Vertrags und der Interessen der Vertragspartner kann eine vertraglich vereinbarte Annahmefrist von vier Wochen bei einem Kaufvertrag über ein hochwertiges technisches Gerät wirksam sein.[139]

2. Die gesetzliche Annahmefrist, § 147

Fehlt eine ausdrückliche oder konkludente Fristbestimmung, gilt Folgendes: 103

- Das Angebot unter Anwesenden kann gemäß § 147 Abs. 1 nur sofort angenommen werden.

  Das Angebot an einen (anwesenden) Vertreter eines (abwesenden) Dritten ist ein Angebot unter Anwesenden. Auch ein Angebot, das an einen vollmachtlosen Vertreter gerichtet ist, kann gemäß § 147 Abs. 1 S. 1 nur sofort angenommen werden.[140] Der Vertrag ist allerdings bis zur Genehmigung durch den Vertretenen schwebend unwirksam (§ 177 Abs. 1).

  Die sofortige Annahme unter Anwesenden setzt voraus, dass die Annahme so schnell wie objektiv möglich erfolgen muss. Auch schuldloses Zögern schadet.[141]

- Der einem Abwesenden gemachte Antrag kann nur bis zu dem Zeitpunkt angenommen werden, in welchem der Antragende den Eingang der Antwort unter regelmäßigen Umständen erwarten darf, § 147 Abs. 2.

  Anders als beim Empfangsvertreter ist die Erklärung gegenüber dem Empfangsboten eine Erklärung unter Abwesenden.

---

138 OLG Köln, Urt. v. 07.03.2003 – 19 U 97/02, NJW-RR 2004, 1693.

139 OLG Düsseldorf, Urt. v. 28.12.2004 – 21 U 68/04, NJW 2005, 1515, 1516.

140 BGH NJW 1996, 1062.

141 Palandt/Ellenberger § 147 Rdnr. 5.

104 Zur Fristwahrung ist der Zugang der Annahmeerklärung erforderlich.

Beispiel: V bietet dem M schriftlich eine von M besichtigte Mietwohnung an. M schreibt nach acht Tagen, dass er die Wohnung zu den angebotenen Bedingungen übernehme. Das Schreiben geht einen Tag später bei V ein. V antwortet nicht, er hat die Wohnung bereits an X vermietet. M meint, V sei ihm gegenüber verpflichtet.

I. Ein Angebot des V ist in seinem Schreiben an M enthalten.
II. M hat dieses Angebot uneingeschränkt angenommen. Doch da die Annahme erst nach acht Tagen erklärt und am neunten Tag zugegangen ist, stellt sich die Frage, ob eine rechtzeitige Annahme vorliegt. V konnte nach den Umständen – Wohnungen sind knapp, V ist an einer alsbaldigen Vermietung interessiert –, unter Berücksichtigung der Verkehrssitte erwarten, dass M spätestens nach vier bis fünf Tagen die Annahme erklärte.[142] Sie ist deshalb nicht rechtzeitig erfolgt.

3. Die verspätet zugegangene, aber rechtzeitig abgesandte Annahmeerklärung

105 Nach § 149 muss der Antragende dem Annehmenden, der die Annahmeerklärung rechtzeitig abgesandt hat, den verspäteten Zugang unverzüglich anzeigen. Anderenfalls gilt die Annahme als nicht verspätet.

Beispiel: V bietet dem K den Kauf eines Gemäldes an und bestimmt eine Annahmefrist bis zum 15.05. Am 23.05. erhält V die Annahmeerklärung des K. Das Schreiben ist von K auf den 10.05. datiert und trägt den Poststempel vom 11.05.

V muss dem K die Verspätung des Schreibens unverzüglich anzeigen. Unterlässt er dies, gilt das Schreiben des K gemäß § 149 als fristgerecht zugegangen.

4. Die verspätete Annahme

106 Eine verspätete Annahmeerklärung gilt gemäß § 150 Abs. 1 als neues Angebot. Insbesondere bei einer nur geringfügigen Überschreitung der Frist kann das Schweigen auf dieses Angebot als konkludente Annahme gewertet werden.[143]

III. Das Wirksamwerden der Annahmeerklärung ohne Zugang, § 151

107 Gemäß § 151 kann der Zugang der Annahmeerklärung entbehrlich sein. Nach dem eindeutigen Wortlaut der Vorschrift ist allerdings **nur der Zugang**, nicht aber die Annahme selbst entbehrlich.[144]

Ein Vertrag kann ausnahmsweise auch durch Schweigen auf ein Angebot zustande kommen. Ob Schweigen als Annahme zu werten ist, ist aber kein Problem des § 151.[145]

1. Entbehrlichkeit des Zugangs

108 Der Zugang der Annahmeerklärung ist gemäß § 151 entbehrlich, wenn der Antragende darauf **verzichtet** hat oder nach der **Verkehrssitte** nicht mit dem Zugang der Annahmeerklärung zu rechnen ist.

---

142 KG, Urt. v. 04.12.2000 – 8 U 304/99, MDR 2001, 685.
143 BGH NJW-RR 1994, 1163, 1165.
144 BGH, Urt. v. 14.10.2003 – XI ZR 101/02; Jauernig/Jauernig § 151 Rdnr. 1.
145 Zum Zustandekommen des Vertrags durch Schweigen vgl. unten Rdnr. 146 ff.

Eine entsprechende Verkehrssitte besteht – nach dem Vorbild des § 516 Abs. 2 – im Allgemeinen bei unentgeltlichen Zuwendungen und für den Antragsempfänger lediglich vorteilhaften Rechtsgeschäften.[146]

Beispiele: Annahme eines selbstständigen Garantieversprechens, eines Schuldbeitritts oder einer Bürgschaft, Annahme eines Angebots zur Abtretung einer Forderung.[147]

Fraglich ist, ob bei der **Buchung eines Hotelzimmers** eine Verkehrssitte dahingehend besteht, dass dem Gast die Annahme seines Angebots nicht mitgeteilt wird. Dies wurde früher bei der Buchung für einen kürzeren Aufenthalt weitgehend bejaht.[148] Das Angebot des Gasts wird danach mit der Reservierung des Zimmers im Zimmerplan angenommen. Diese Verkehrssitte wird „angesichts beschleunigter Kommunikationsmöglichkeiten" durch Telefon, Fax und Email zu Recht bezweifelt.[149] Es ist mittlerweile üblich geworden, auch die Buchung eines kürzeren Aufenthalts zu bestätigen und damit die Annahme des Vertrags gegenüber dem Gast zu erklären. **109**

Ist gesetzlich bestimmt, dass der Zugang erforderlich ist (z.B. § 492 Abs. 1), ist § 151 nicht anwendbar.[150] **110**

2. Annahme

Grundsätzlich ist eine eindeutige, nach **außen erkennbare Willensbetätigung** erforderlich, **die den Schluss auf einen Annahmewillen** zulässt. Dabei ist mangels Empfangsbedürftigkeit der Annahme nicht auf den Empfängerhorizont abzustellen. Entscheidend ist, ob vom Standpunkt des unbeteiligten Dritten aus dem Verhalten des Angebotsempfängers aufgrund aller äußeren Indizien der Annahmewille erkennbar ist.[151] **111**

Für die Annahme eines **lediglich rechtlich vorteilhaften Angebots** (insbesondere: Annahme eines Angebots auf Abtretung einer Forderung) reicht es regelmäßig aus, dass dieses zugeht und nicht durch eine nach außen hin erkennbare Willensbetätigung abgelehnt wird.[152] **112**

Umstritten ist die **Rechtsnatur** der Annahme i.S.d. § 151: Teilweise wird die Auffassung vertreten, es handele sich um eine echte, nicht empfangsbedürftige Willenserklärung bzw. -äußerung.[153] Die Gegenansicht nimmt an, es handele sich um eine Willensbetätigung, auf die jedoch die Regeln der Willenserklärung anzuwenden sind.[154] Der Streit hat keine praktische Bedeutung.[155] **113**

Die Annahme muss in der **Frist** des § 151 S. 2 erklärt werden. Dabei kann die Annahmefrist bei einem Vertragsantrag an eine große Handelsgesellschaft mehrere Wochen betragen.[156]

---

146 BGH NJW 1999, 1329; 2000, 276, 277.

147 BGH NJW 2000, 276, 277.

148 Staudinger/Bork § 151 Rdnr. 7; Medicus AT Rdnr. 382; Soergel/Wolf § 151 Rdnr. 13.

149 Wolf/Neuner § 37 Rdnr. 39; MünchKomm/Busche § 151 Rdnr. 6.

150 OLG Düsseldorf, Urt. v. 20.03.2001 – 24 U 178/00, OLG-Report 2002, 77.

151 BGH, Urt. v. 05.10.2006 – III ZR 166/05, Rdnr. 18, NJW 2006, 3777; Palandt/Ellenberger § 151 Rdnr. 2; Staudinger/Bork § 151 Rdnr. 15; Medicus AT Rdnr. 382.

152 BGH, Urt. v. 12.10.1999 – XI ZR 24/99, NJW 2000, 276; OLG Brandenburg, Urt. v. 14.05.2008 – 3 W 69/07.

153 Palandt/Ellenberger § 151 Rdnr. 1; Staudinger/Bork § 151 Rdnr. 14; Brehmer JuS 1994, 386, 387.

154 BGH, Urt. v. 14.10.2003 – XI ZR 101/02; BGH NJW 2000, 276, 277; Bydlinski JuS 1988, 36, 37.

155 MünchKomm/Busche § 151 Rdnr. 3; Schultz MDR 1995, 1187.

156 BGH, Urt. v. 04.04.2000 – XI ZR 152/99, NJW 2000, 2984.

114 **a)** Wer bei einem **Versandgeschäft** eine Bestellung aufgibt, erwartet nicht, dass er von der Annahme seines Angebots gesondert unterrichtet wird. Er will lediglich, dass die bestellte Ware zugesandt wird. Bringt der Inhaber des Versandgeschäfts die Ware zum Versand, so betätigt er damit seinen Annahmewillen. Daher kommt der Kaufvertrag bereits mit dem Versenden der Ware zustande.

Zugleich mit der Annahme des Kaufangebots macht der Inhaber des Versandgeschäfts auch ein Angebot zum Abschluss des dinglichen Vertrags, durch den der Besteller Eigentümer der Ware wird. Mit der Entgegennahme der Ware und ihrer Billigung nimmt der Besteller dieses Einigungsangebot an. Der Inhaber des Versandgeschäfts seinerseits hat auf den Zugang dieser Annahmeerklärung verzichtet. Der Besteller wird Eigentümer der Ware durch Einigung und Übergabe gemäß § 929 S. 1.[157]

Zum Übergang des Eigentums kommt es nur dann nicht, wenn die Parteien einen Eigentumsvorbehalt vereinbaren. In diesem Fall ist die dingliche Einigung aufschiebend bedingt durch die Zahlung des Kaufpreises, § 449 Abs. 1. Der Besteller wird erst Eigentümer, wenn er den Kaufpreis zahlt.

115 **b)** Die **Zusendung unbestellter Waren** wurde vor Inkrafttreten des § 241 a als Angebot zum Abschluss eines Kaufvertrags und zur Übereignung angesehen. Diese Angebote wurden durch Ingebrauchnahme oder sonstige Aneignungshandlungen angenommen. Nunmehr stellt § 241 a Abs. 1 klar, dass durch die Lieferung einer Sache von einem Unternehmer an einen Verbraucher keine Ansprüche begründet werden. Dies bedeutet, dass auch Aneignungshandlungen nicht als Annahme i.S.d. § 151 gewertet werden können.[158]

IV. Der Tod oder die Geschäftsunfähigkeit des Anbietenden

116 Wenn der Anbietende nach der Abgabe des Angebots, aber vor der Annahme stirbt oder geschäftsunfähig wird, greifen folgende gesetzliche Regelungen ein:

- Das Angebot bleibt gemäß § 130 Abs. 2 wirksam.
- Gemäß § 153 bleibt die Annahme weiterhin möglich, es sei denn, es ist ein anderer Wille des Antragenden anzunehmen.

Fall 10: Tote brauchen keinen Anzug

A bestellt beim Versandhaus V einen Anzug. Einen Tag später stirbt er. Zehn Tage später liefert die Firma V den Anzug aus. Frau A, die Alleinerbin des A ist und von der Bestellung nichts gewusst hat, verweigert Abnahme und Bezahlung. Rechtslage?

117 I. Dem V könnte gegen Frau A ein Anspruch aus § 433 Abs. 2 zustehen.

1. Frau A selbst hat kein Angebot abgegeben. Als Alleinerbin des Mannes tritt sie in dessen Rechtsstellung ein (§§ 1922, 1967), sodass ein von A abgegebenes Angebot auch gegen Frau A wirkt.

---

157 MünchKomm/Busche § 151 Rdnr. 1.

158 Palandt/Grüneberg § 241a Rdnr. 6; MünchKomm/Finkenauer § 241a Rdnr. 30.

a) A hat durch Absenden der Bestellung ein Kaufangebot abgegeben.

b) Dieses Angebot ist V auch zugegangen (§ 130 Abs. 1). Selbst wenn A zu diesem Zeitpunkt schon gestorben war, ist die Willenserklärung wirksam geworden. § 130 Abs. 2 bestimmt, dass es auf die Wirksamkeit der Willenserklärung ohne Einfluss ist, wenn der Erklärende nach der Abgabe stirbt oder geschäftsunfähig wird. Das bedeutet, dass die Willenserklärung auch dem Erben gegenüber wirksam wird.

2. Das Versandhaus V hat mit dem Verpacken und Absenden die Annahme des Angebots erklärt. Ein Zugang der Annahme war entbehrlich, weil nach der Verkehrsanschauung der Besteller nicht erwartet, dass ihm die Annahmeerklärung zugeht. Doch hat die Annahmeerklärung nur dann zum Zustandekommen des Vertrags geführt, wenn im Zeitpunkt der Annahme noch ein annahmefähiges Angebot des A vorgelegen hat. Nach § 153 steht der Tod des A der Annahmefähigkeit seines Angebots grundsätzlich nicht entgegen. Jedoch kommt ein Vertrag dann nicht zustande, wenn „ein anderer Wille des Antragenden anzunehmen ist". Dies ist der Fall bei einer Bestellung für den persönlichen Bedarf. Da es sich bei einem Anzug um eine solche handelt, lag somit hier kein annahmefähiges Angebot mehr vor und es ist kein Vertrag zustande gekommen.

II. V könnte gegen Frau A einen Anspruch auf Ersatz der Kosten haben. **118**

1. Ein solcher Anspruch wird teilweise auf eine Analogie zu § 122 gestützt.[159] Der Verstorbene habe zwar die uneingeschränkte Geltung des Rechtsgeschäfts erklärt, doch werde durch § 153 der hypothetische Wille des Verstorbenen – unabhängig von dessen Erkennbarkeit – berücksichtigt und der erklärte Wille beseitigt. Dies rechtfertige eine Analogie zu der Rechtslage nach der wirksamen Anfechtung.

2. Andere Autoren lehnen eine analoge Anwendung des § 122 grundsätzlich ab. Ein Schadensersatzanspruch analog § 122 soll sich aber ausnahmsweise dann ergeben, wenn der Antragsempfänger unter Berücksichtigung der ihm erkennbaren Umstände von einem wirksamen Vertragsschluss ausgehen durfte.[160]

3. Überwiegend wird jedoch eine analoge Anwendung des § 122 abgelehnt.[161] Die Frage, ob „ein anderer Wille des Antragenden anzunehmen ist", ist durch Auslegung des Angebots zu ermitteln. Nach den Regeln der Auslegung einer empfangsbedürftigen Willenserklärung muss der hypothetische Wille dem Erklärungsgegner somit erkennbar sein. § 153 verwirklicht nur den erklärten Willen des Verstorbenen. Eine „Willensänderung" nach Tod des Erklärenden liegt folglich im Risikobereich des Erklärungsempfängers. Ihm kann kein Vertrauensschaden entstehen. Diese Situation ist mit der Rechtslage nach erfolgter Anfechtung nicht vergleichbar. Ein Anspruch des V besteht daher nicht.

---

159 Palandt/Ellenberger § 153 Rdnr. 2; Erman/Armbrüster § 153 Rdnr. 4.

160 Staudinger/Bork § 153 Rdnr. 8.

161 Flume § 35 I 4; MünchKomm/Busche § 153 Rdnr. 4; Medicus AT Rdnr. 377.

B. Die Willensübereinstimmung zwischen Angebot und Annahme

119 Die Einigung setzt voraus, dass das Angebot mit der Annahme inhaltlich übereinstimmt. Die Annahme setzt eine uneingeschränkte Zustimmung zu dem Angebot voraus. Eine Annahme unter Einschränkungen oder Änderungen gilt als Ablehnung verbunden mit einem neuen Antrag (§ 150 Abs. 2).

- Sind die zum Zustandekommen des Vertrags abgegebenen Erklärungen missverständlich, widersprüchlich oder unvollständig, dann muss der Inhalt der Erklärung durch Auslegung ermittelt werden.

- Stimmen die ausgelegten Erklärungen nicht überein, ist die Einigung infolge Dissenses nicht wirksam zustande gekommen (§§ 154, 155). Haben die Parteien keine Einigung über einen Vertragsbestandteil erzielt, über den nach dem Willen auch nur einer Partei eine Einigung gewollt war, so liegt

  - ein **offener Dissens gemäß § 154** vor, wenn die mangelnde Einigung den Parteien bekannt ist;

  - ein **versteckter Dissens gemäß § 155** vor, wenn der Einigungsmangel den Parteien unbekannt geblieben ist.

Im Falle des Dissenses ist kein Vertrag zustande gekommen.

I. Der offene Dissens gemäß § 154

120 Nach § 154 Abs. 1 S. 1 ist ein Vertrag im Zweifel nicht geschlossen, solange die Parteien sich nicht über alle Punkte geeinigt haben, über die nach dem erklärten Willen zumindest einer Partei eine Einigung erforderlich ist. § 154 Abs. 1 ist eine Auslegungsregel, die nur „im Zweifel" gilt. Diese Zweifel sind widerlegt, wenn sich die Parteien trotz des offengebliebenen Punktes erkennbar vertraglich binden wollen.[162]

1. Fehlende Einigung über andere Punkte als Hauptleistungspflichten

121 Die Vorschrift des § 154 greift immer dann ein, wenn die Parteien sich über die Hauptleistungspflichten geeinigt haben und eine Partei oder beide Parteien eine zusätzliche Abrede über einzelne Vertragspunkte erstrebt bzw. erstreben.

Beispiel: V verkauft dem K notariell ein bebautes Grundstück für 260.000 €. Die Parteien wollten vor dem Notartermin besprechen, in welcher Höhe K dem V eine Anzahlung leisten sollte. Zu dieser Vereinbarung kam es jedoch nicht.

BGH NJW 1998, 3196: „Der Vertrag ist wegen eines offenen Einigungsmangels nicht wirksam geschlossen (§ 154 BGB) … Da die Parteien vor Abschluss des Vertrags darüber, in welcher Höhe die Anzahlung geleistet werden sollte, nicht mehr gesprochen haben, fehlt es an einer Einigung über diesen von den Parteien als Vertragsbestandteil vorgesehenen Punkt."

---

162 BGH NJW 1997, 2671; Palandt/Ellenberger § 154 Rdnr. 2.

2. Die mangelnde Einigung über wesentliche Vertragsbestandteile

Ohne eine Einigung über wesentliche Vertragsbestandteile kommt ein Vertrag nicht zustande. Es handelt sich um einen „Totaldissens" oder „logischen Dissens", weil dieser Dissens den Vertragsschluss mit logischer Notwendigkeit verhindert. **122**

Beispiel: A und B können sich nicht darüber einigen, ob für die Übertragung einer Sache eine Gegenleistung zu erbringen ist.

Es handelt sich um einen Dissens. Ohne die Bestimmung, ob überhaupt eine Gegenleistung zu erbringen ist, kann nicht einmal der Vertragstyp (Schenkung, Tausch- oder Kaufvertrag) bestimmt werden. Eine fehlende Abrede der Parteien über das „Ob" der Gegenleistung ist nur in den Fällen der §§ 612 Abs. 1, 632 Abs. 1 und 653 Abs. 1 unschädlich, da nach diesen Vorschriften eine Vergütung als stillschweigend vereinbart gilt.

Zu beachten ist aber, dass es ausreicht, wenn die Vereinbarung nur bestimmbar ist und eine Leistungsbestimmung durch Auslegung oder die Anwendung dispositiven Rechts getroffen werden kann.

Fall 11: Kaufvertrag ohne Kaufpreisabrede

V und K schließen einen notariellen Kaufvertrag über ein Hotel und vereinbaren dabei, dass das Inventar Gegenstand eines selbstständigen Vertrags sein soll. Später erörtern sie den Verkauf des Inventars einschließlich Computeranlage. V verlangt 60.000 €. K will nicht mehr als 45.000 € aufwenden. Es kommt zu längeren mündlichen Verhandlungen ohne Einigung über den Kaufpreis für das Inventar. Das Hotel wird aber mit dem gesamten Inventar auf K übertragen. V verlangt Zahlung von 60.000 €.

Anspruch V gegen K auf Zahlung des Kaufpreises gemäß § 433 Abs. 2 **123**

V und K müssten sich über die Vertragsbestandteile des Kaufvertrags geeinigt haben. Sie haben sich darüber geeinigt, dass V verpflichtet sein soll, das Inventar gegen Zahlung eines Kaufpreises zu übertragen. Über die Höhe des Kaufpreises ist aber keine Einigung erzielt worden. Eine fehlende Vereinbarung über die **Höhe der Gegenleistung** schließt eine Einigung nicht aus, wenn die Gegenleistung **bestimmbar** ist.

I. Im **Dienst-, Werk- und Maklerrecht** ist bestimmt, dass dann, wenn eine Vereinbarung über die Höhe der Vergütung fehlt, bei Bestehen einer Taxe die taxmäßige Vergütung, ansonsten die übliche Vergütung maßgeblich ist (§§ 612 Abs. 2, 632 Abs. 2, 653 Abs. 2).

II. Im **UN-Kaufrecht** wird gemäß Art. 55 CISG eine stillschweigende Einigung über einen üblichen Preis vermutet.

Art. 55 CISG lautet: „Ist ein Vertrag gültig geschlossen worden, ohne dass er den Kaufpreis ausdrücklich oder stillschweigend festsetzt oder dessen Festsetzung ermöglicht, so wird mangels gegenteiliger Anhaltspunkte vermutet, dass die Parteien sich stillschweigend auf den Kaufpreis bezogen haben, der bei Vertragsabschluss allgemein für derartige Ware berechnet wurde, die in dem betreffenden Geschäftszweig unter vergleichbaren Umständen verkauft wurde."

Das UN-Kaufrecht greift hier schon deswegen nicht ein, weil die Parteien ihre Niederlassung nicht in verschiedenen Staaten haben (vgl. Art. 1 CISG).

124 III. Die Parteien können vereinbaren, dass eine **Leistungsbestimmung nach den §§ 315 ff.** erfolgen soll. Hier könnte § 316 eingreifen. V hätte dann das Leistungsbestimmungsrecht als derjenige, der die Gegenleistung zu fordern hat. § 316 gilt jedoch nur „im Zweifel". Die Vorschrift greift dann nicht ein, wenn die Auslegung des Vertrags ergibt, dass keiner Partei ein Bestimmungsrecht zustehen soll.[163]

K hat deutlich gemacht, dass er nicht mehr als 45.000 € aufwenden will. Mit einer Leistungsbestimmung durch V war er nicht einverstanden.

125 IV. Nach ständiger Rechtsprechung des BGH kommt ein **Mietvertrag** auch ohne Einigung über die Höhe der Miete zustande, wenn sich die Parteien bindend über die entgeltliche Überlassung des Gebrauchs einigen. Es gilt dann die angemessene oder ortsübliche Miete als vereinbart.

Der BGH lässt offen, ob dieses Ergebnis auf ergänzender Vertragsauslegung oder einer analogen Anwendung der §§ 612 Abs. 2, 632 Abs. 2 beruht.[164]

126 V. Es könnte auch im vorliegenden Fall eine analoge Anwendung der §§ 612 Abs. 2, 632 Abs. 2, 653 Abs. 2 gerechtfertigt sein.

1. Die Analogie setzt eine planwidrige Unvollständigkeit des Gesetzes voraus. Diese kann man für den Fall bejahen, dass sich die Parteien auch ohne den offen gebliebenen Punkt erkennbar vertraglich binden wollen. Ein solcher Wille ist i.d.R. zu bejahen, wenn die Parteien – wie hier – einvernehmlich mit der Durchführung des unvollständigen Vertrags begonnen haben.[165]

2. Sinn und Zweck der §§ 612 Abs. 2, 632 Abs. 2, 653 Abs. 2 ist es, einen Dissens der Parteien zu verhindern.

   Dieser Gedanke liegt im Übrigen auch den Regelungen des § 316 und Art. 55 CISG zugrunde.[166]

   Eine analoge Anwendung der genannten Regelungen ist aber nur dann möglich, wenn zumindest eine übliche Vergütung zu ermitteln ist. Für Mietverträge lässt sich eine ortsübliche Miete ermitteln. Für gebrauchtes Hotelinventar ist aber ein üblicher Kaufpreis nicht feststellbar.

127 VI. Eine Bestimmung der Leistung ist daher allenfalls durch ergänzende Vertragsauslegung möglich. Die ergänzende Vertragsauslegung setzt voraus, dass der Vertrag eine Regelungslücke, eine „planwidrige Unvollständigkeit", enthält. Die Vertragslücke ist durch Ermittlung des hypothetischen Parteiwillens zu schließen.

1. Das OLG Hamm[167] hat in einem vergleichbaren Fall angenommen, dass nach dem Grundsatz der Vertragsfreiheit ausnahmsweise auch wesentliche Vertragsbestandteile – wie die Höhe des Kaufpreises – offen gelassen werden können, ohne dass dies einer wirksamen Einigung entgegensteht. Das Gericht hat weiter-

---

163 BGHZ 94, 98, 102; NJW-RR 1992, 142; Palandt/Grüneberg § 316 Rdnr. 2.

164 BGH WM 1992, 240; 1997, 1673; BGH, Urt. v. 06.12.2001 – III ZR 296/00, NJW 2002, 817; BGH, Urt. v. 31.01.2003 – V ZR 333/01, NJW 2003, 1317.

165 BGH NJW 1997, 2671; Soergel/Wolf § 154 Rdnr. 6.

166 Palandt/Grüneberg § 316 Rdnr. 1.

167 NJW 1976, 1212, 1213.

hin einen hypothetischen Parteiwillen dahingehend angenommen, dass im Streitfall das Gericht einen angemessenen Preis bestimmen soll.[168]

2. Diese Entscheidung wird in der Literatur kritisiert. Ohne eine Einigung über den Kaufpreis könne kein Kaufvertrag zustande kommen. Eine richterliche Ergänzung wesentlicher Vertragsbestandteile sei abzulehnen.[169] Auch der BGH hat entschieden, dass bei einer fehlenden Einigung über die Höhe des Kaufpreises kein Kaufvertrag zustande komme.[170] Da kein wirksamer Vertrag bestehe, scheide auch eine ergänzende Vertragsauslegung aus.

3. Stellungnahme: Es ist grundsätzlich richtig, dass bei einer fehlenden Einigung über wesentliche Vertragsbestandteile kein Vertrag zustande kommt und damit eine ergänzende Vertragsauslegung ausscheidet. Allerdings zeigt die Regelung in Art. 55 CISG, dass ein Kaufvertrag ohne Einigung über die Höhe des Kaufpreises bestehen kann. Wenn wie im vorliegenden Fall feststeht, dass sich die Parteien auch ohne Bestimmung der Höhe des Kaufpreises einigen wollen, kann daher ausnahmsweise ein Kaufvertrag ohne Einigung über die Kaufpreishöhe bejaht werden. Es besteht daher ein Kaufvertrag mit einer Regelungslücke. Diese Regelungslücke ist durch Ermittlung des hypothetischen Parteiwillens zu schließen. Dabei liegt es nahe, dass man die Regelung in Art. 55 CISG heranzieht und einen hypothetischen Parteiwillen dahingehend annimmt, dass die Höhe des Kaufpreises sich nach dem Preis bestimmt, der bei Vertragsabschluss allgemein für derartige Ware berechnet wurde, die in dem betreffenden Geschäftszweig unter vergleichbaren Umständen verkauft wurde.

   Den gemäß Art. 55 CISG allgemein üblichen Preis ermittelt im Streitfall das Gericht von Amts wegen,[171] sodass die hier vertretene Ansicht im Ergebnis mit der Entscheidung des OLG Hamm übereinstimmt.

---

3. Die Anwendung des § 154 bei einander widersprechenden AGB

Wenn die wirksam gewordenen AGB der Parteien einander widersprechende Regelungen bezüglich einzelner bestimmter Vertragsbestandteile enthalten, dann ist davon auszugehen, dass die Parteien bezüglich dieser Punkte eine Einigung nicht zwingend wollen. Die Geltung dieser einzelnen Regelungen sollten nicht den ganzen Vertrag in Frage stellen, sodass der Vertrag trotz der widersprechenden Erklärungen wirksam ist. Nur die einander widersprechenden Klauseln sind ungültig. An die Stelle treten dispositive gesetzliche Vorschriften, oder es finden, falls ein hypothetischer gemeinsamer Wille erkennbar ist, die Regeln der ergänzenden Vertragsauslegung Anwendung. **128**

Auch im UN-Kaufrecht (CISG) führen widersprechende AGB nicht zum Dissens.[172]

---

168 Zustimmend: Jauernig/Jauernig § 154 Rdnr. 3; Wolf/Neuner § 37 Rdnr. 5; Soergel/Wolf § 154 Rdnr. 6; Jung JuS 1999, 28, 32. Ähnlich auch BGHZ 94, 98, 104.

169 MünchKomm/Busche § 154 Rdnr. 5; Medicus AT Rdnr. 438; Brox/Walker Rdnr. 254, 257; Staudinger/Bork § 154 Rdnr. 3, 8.

170 BGH, Urt. v. 07.02.2006 – KZR 24/04, NJW-RR 2006, 1139.

171 Staudinger/Magnus Art. 55 CISG Rdnr. 11.

172 BGH, Urt. v. 09.01.2002 – VIII ZR 304/00, NJW 2002, 1651.

II. Der versteckte Dissens gemäß § 155

Def.

129 Ein versteckter Dissens liegt vor, wenn die Parteien von einer Einigung über die Vertragsbestandteile ausgehen, diese Einigung aber in Wirklichkeit nicht erzielt worden ist. Das kann darauf beruhen, dass

- die Einigung unbewusst unvollständig geblieben ist oder
- ein Scheinkonsens gegeben ist, weil objektiv mehrdeutige Erklärungen unterschiedlich verstanden werden.[173]

Ein versteckter Dissens ist also nur dann zu bejahen, wenn die Auslegung weder eine Übereinstimmung des wirklichen Willens der Partner (subjektiv) noch eine Übereinstimmung des Erklärungswertes (objektiv) von Angebot und Annahme ergibt. Der versteckte Dissens hat zur Folge, dass das Vereinbarte nur gültig ist, wenn anzunehmen ist, dass der Vertrag auch ohne die offen gebliebenen Punkte abgeschlossen worden wäre.

1. Die nicht erkannte Unvollständigkeit

130 Ein versteckter Dissens gemäß § 155 liegt vor, wenn ein regelungsbedürftiger Punkt vergessen oder übersehen worden ist. Die Vorschrift des § 155 ist schon dann anzuwenden, wenn nur eine Partei den Vertrag irrtümlich für geschlossen hält, die andere Partei aber vom Einigungsmangel weiß (sogenannter einseitig versteckter Dissens).[174]

Beispiel:[175] K bestellt bei V Acrylglasplatten. Dabei legt er besonderen Wert auf eine spezielle Beschichtung (ESLON-Beschichtung). Im späteren Schriftverkehr fehlt in den Schreiben des V eine Aussage über die Beschichtung, wohingegen die Schreiben des K jeweils den Zusatz „ESLON-Beschichtung" enthalten. Nach Lieferung verweigert K die Bezahlung, weil die Platten keine ESLON-Beschichtung enthalten.

Zwischen den Parteien ist keine Einigung über den Kaufgegenstand zustande gekommen. Das Angebot des K hat V nur abgeändert angenommen, da in seinem Schreiben der Zusatz über die Beschichtung fehlt. Gemäß § 150 Abs. 2 gilt die Annahme mit Abänderung als neuer Antrag. Diesen hat K wiederum nur abgeändert angenommen, was gemäß § 150 Abs. 2 als neuer Antrag gilt. Die jeweiligen Schreiben der Parteien waren daher gemäß § 150 Abs. 2 immer nur als neue Angebote zu werten. Zu einer Annahme ist es auch nicht durch die Entgegennahme der Platten durch K gekommen, da nach dem objektivierten Empfängerhorizont dieses Verhalten nicht als Zustimmung zu einem Vertrag über Acrylglasplatten ohne Beschichtung angesehen werden kann. Da die Materialeigenschaft für K von besonderer Bedeutung war, ist gemäß § 155 nicht davon auszugehen, dass der Kaufvertrag zwischen den Parteien auch ohne eine Bestimmung über diesen Punkt geschlossen worden wäre.

2. Der Erklärungsdissens

131 Ein Erklärungsdissens liegt vor, wenn die Parteien den Vertragsschluss durch Angebot und Annahme erstreben und die Erklärungen nicht deckungsgleich sind.

Beispiel: E telegrafiert an K: „Erbitten Limit über 100 Kilo Weinsteinsäuregries bleifrei." K antwortet: „Weinsteinsäuregrieß bleifrei Kilogramm 128 € netto Kasse bei hiesiger Übernahme." Die Antwort des E lautet: „100 Kilo Weinsteinsäuregrieß bleifrei geordert. Briefliche Bestätigung unterwegs." Als E Erfüllung verlangt, stellt sich heraus, dass beide verkaufen wollten.

173 OLG Köln NJW-RR 2000, 1720.

174 MünchKomm/Busche § 155 Rdnr. 2.

175 Nach OLG München, Urt. v. 18.05.2011 – 7 U 4937/10.

Die Parteien haben sich nicht über die Kaufvertragsbestandteile geeinigt. Es ist aus den gewechselten Telegrammen nicht ersichtlich, wer kaufen und wer verkaufen wollte, deshalb liegt ein versteckter Dissens vor. Der Vertrag ist nicht zustande gekommen.[176]

In aller Regel kann im Wege der Auslegung ein eindeutiger Sinn des Angebots bzw. der Annahmeerklärung ermittelt werden,[177] dann gelten für das Zustandekommen des Vertrags die Regeln der §§ 145–151 und nicht die des § 155. Daher hat der Erklärungsdissens in der Praxis und im Examen kaum eine Bedeutung. **132**

Beispiel: B möchte seine Wohnung und evtl. auch ein Mansardenzimmer anstreichen lassen. Der M macht nach der Besichtigung ein Angebot für die Wohnung – ohne Mansarde – für 1.200 €. B schreibt an M, er sei einverstanden, vorausgesetzt die Mansarde werde auch gestrichen. M überliest den Zusatz bzgl. der Mansarde. Er erledigt die Malerarbeiten in der Wohnung. B verlangt, dass auch die Mansarde gestrichen wird.

Ein Anspruch des B aus einem Werkvertrag besteht nur, wenn sich die Parteien über die Bestandteile des Werkvertrags geeinigt haben.
I. Die Einigung könnte durch Angebot und Annahme zustande gekommen sein.
1. Das Angebot des M war gerichtet auf Malerarbeiten in der Wohnung ohne Mansarde.
2. Dieses Angebot des M hat B nicht uneingeschränkt angenommen. Der M hätte als sorgfältiger Empfänger erkennen können, dass er für 1.200 € auch die Mansarde streichen sollte.
Die Ablehnung des Angebots enthält gemäß § 150 Abs. 2 ein neues Angebot.
3. Dieses neue Angebot des B hat M konkludent durch den Beginn der Arbeiten angenommen. Vom Empfängerhorizont des B ist der Arbeitsbeginn als Zustimmung zum Angebot zu werten. Aus dem Werkvertrag hat B einen Anspruch auf den Anstrich der Mansarde.
II. M kann seine Erklärung – die konkludente Zustimmung durch den Arbeitsbeginn – gemäß § 119 Abs. 1 anfechten. Die Erklärung ist dann gemäß § 142 nichtig, der Werkvertrag unwirksam. Bei einer Anfechtung ist M dem B allerdings nach § 122 zum Ersatz des Vertrauensschadens verpflichtet.

3. Der Scheinkonsens

Ein Scheinkonsens liegt vor, wenn die Parteien vom Zustandekommen des Vertrags ausgehen. Doch stellt sich später heraus, dass das Vereinbarte objektiv mehrdeutig ist und sich im Wege der Auslegung der Erklärungen kein eindeutiger Sinn ermitteln lässt. **133**

Def

Beispiel 1: V verkauft dem K 15 t Schrott. Die Auftragsbestätigung lautet: „Lieferung in zwei Monaten, frei Lagerplatz, Beschaffenheit: Semilodei." Bei Lieferung lehnt K die Abnahme ab, weil der Schrott keinerlei Kupfer enthält. K ist davon ausgegangen, mit der Beschaffenheitsvereinbarung Semilodei sei klargestellt, dass der Schrott mindestens 10% Kupfer enthalte. V hat mit dem Begriff Semilodei den üblicherweise anfallenden Schrott verstanden. Es lässt sich nicht klären, welche Bedeutung dem Begriff Semilodei in diesem Falle zukommt.

Die Parteien wollten eine Vertragsabsprache über die Beschaffenheit der Kaufsache treffen. Doch da der dafür verwandte Begriff objektiv mehrdeutig ist, sich also im Wege der Auslegung kein eindeutiger Sinn ermitteln lässt und jede Partei darunter etwas anderes verstanden hat, ist keine Einigung über einen regelungsbedürftigen Punkt zustande gekommen. Nach den Umständen ist davon auszugehen, dass die Parteien den Vertrag ohne eine Regelung über die Beschaffenheit nicht getroffen hätten. Es ist kein Vertrag zustande gekommen.[178]

Beispiel 2: Der Unternehmer U soll bei einem Bauvorhaben des B laut Vertrag „Naturstein" verwenden. B meint, der Begriff „Naturstein" bezeichne ausschließlich natürlich gewachsenes Material. U sieht auch aus überwiegend natürlichem Material hergestellten Stein (Natursteinagglomerat) als „Naturstein" an.

---

176 RGZ 104, 265.

177 Vgl. BGH, Urt. v. 05.12.2002 – VII ZR 342/01, NJW 2003, 743.

178 RGZ 68, 6.

Das KG[179] hat einen versteckten Dissens bejaht, weil der Begriff „Naturstein" nicht eindeutig ist und von den Parteien unterschiedlich verstanden wurde.

C. Das Zustandekommen der Einigung ohne Angebot und Annahme

134 Der Vertrag kann nicht nur durch Angebot und Annahme zustande kommen, sondern auch in der Weise, dass die Parteien

- gemeinsame übereinstimmende Erklärungen über die erstrebte Rechtsänderung abgeben oder
- durch sonstiges Verhalten den Vertragsschluss zum Ausdruck bringen.

I. Die Einigung durch gemeinsame Erklärung

135 Für das Zustandekommen ist zwar grundsätzlich die Einigung über die Vertragsbestandteile erforderlich, doch wie diese Einigung erzielt wird, ist unerheblich.

Nach § 154 kommt die Einigung über den Vertragsinhalt erst dann zustande, wenn sich die Parteien über alle Punkte geeinigt haben, worüber nach dem erklärten Willen auch nur einer Partei die Einigung erzielt werden sollte. Diese Vorschrift geht somit davon aus, dass die Parteien den Vertrag durch Aushandeln der einzelnen Bedingungen abschließen können und jede Partei der anderen gegenüber zum Ausdruck bringen kann, über welche Punkte sie eine Einigung erstrebt.

Beim Vertragsschluss durch Angebot und Annahme muss der Anbietende alle Punkte, über die er eine Einigung erstrebt, im Angebot aufführen; mit der uneingeschränkten Annahme kommt die Einigung zustande.

Die Einigung ohne Angebot und Annahme kann in der Weise erzielt werden, dass

- die Parteien vorbereitete Vertragsentwürfe unterschreiben oder
- die einzelnen Vertragsbedingungen nach und nach aushandeln.

1. Gemeinsame Zustimmung zu einem Vertragsentwurf

136 Ist ein Vertragsentwurf gefertigt und von den Parteien unterschrieben worden, dann ist die Einigung über den Vertragsinhalt erzielt worden und der Vertrag ist zustande gekommen, obwohl weder ein Angebot noch eine Annahme erklärt werden. Der Vertrag kommt durch die gemeinsame Zustimmung zu dem Vertragsentwurf zustande.[180] Das gilt auch bei der notariellen Beurkundung eines Vertrags.

Beispiel: V und K lassen bei dem Notar N einen Kaufvertrag über ein Grundstück beurkunden.

Gemäß §§ 8 u. 13 Abs. 1 BeurkG erfolgt die Beurkundung dadurch, dass den Parteien einen Niederschrift vorgelesen, von ihnen genehmigt und eigenhändig unterschrieben wird. Nach § 18 Abs. 3 S. 1 BeurKG muss die Niederschrift vom Notar eigenhändig unterschrieben werden. Der Kaufvertrag kommt mit den Unterschriften der Parteien zustande.

---

179 KG, Urt. v. 14.09.2007 – 21 U 242/04, NJW-RR 2008, 300.

180 Bork Rdnr. 701.

2. Die Einigung nach Verhandlungen über einzelne Vertragsbestandteile

Haben die Parteien im Wege der Verhandlung über einzelne Vertragsbestandteile eine Einigung erzielt und wird nach Beendigung der Verhandlungen das Ergebnis – im Regelfall schriftlich – zusammengefasst, dann kommt der Vertrag zustande. Es bedarf nicht der Feststellung, wer das Angebot gemacht und die Annahme erklärt hat. **137**

Beispiel: U soll für K 25 Dieselmotoren herstellen. Die Parteien vereinbaren am 15.04. aus welchem Material im Einzelnen der Motor herzustellen ist, welche Stärke er haben soll und wann geliefert werden kann. Da U erst nach einer Kalkulation über den Preis genauere Angaben machen kann, wird vereinbart, dass am 29.04. die Einzelheiten bezüglich des Preises besprochen werden sollen. Bei diesen Preisverhandlungen am 29.04. erklärt sich K mit dem von U geforderten Preis nach Einräumung eines Zahlungsziels und der Übernahme der Wartungskosten einverstanden. Es wird vereinbart, den Vertrag erst am 14.05. schriftlich abzuschließen, damit jede Partei hinreichend Zeit zur Überlegung hat.

Mit der schriftlichen Festlegung des Inhalts der Vereinbarungen kommt der Vertrag zustande, ohne dass es einer Klärung bedarf, von wem das Angebot gemacht wurde und wer die Annahme erklärt hat.

Für die Wirksamkeit der einzelnen Vertragserklärungen gelten die Regeln über die Willenserklärungen, doch im Regelfall ergeben sich beim Vertragsschluss durch gemeinsame Erklärungen keine Abgabe- und Zugangsprobleme.

II. Der Vertragsschluss durch sonstiges Verhalten

In Ausnahmefällen kann ein Vertrag auch ohne die Einigung über die Vertragsbestandteile geschlossen werden oder fortbestehen, weil **138**

- ein bestehender Vertrag fortgesetzt wird oder
- das Schweigen kraft spezieller gesetzlicher Regelung oder gemäß § 242 als Willenserklärung gewertet wird.

1. Die Fortsetzung des beendeten Vertrags

Wird ein Dauerschuldverhältnis, das durch Zeitablauf oder Kündigung beendet worden ist, von den Parteien fortgesetzt, bleibt der Vertrag im Regelfall bestehen. **139**

Beispiel: Nach Kündigung des Mietverhältnisses zahlt der Mieter weiter und der Vermieter nimmt die Miete entgegen.[181]

a) Die Fortsetzung des beendeten Miet- und Dienstvertrags (§§ 545, 625)

Nach § 545 wird der beendete Mietvertrag fortgesetzt, wenn der Mieter die Mietsache weiter gebraucht und keine Partei Widerspruch erhebt. Die Fortsetzung des Gebrauchs wird nicht als Willenserklärung, sondern als rein tatsächlicher Vorgang angesehen.[182] **140**

181 OLG Düsseldorf, Urt. v. 25.10.2001 – 10 U 122/00, NZM 2001, 1125.
182 Palandt/Weidenkaff § 545 Rdnr. 7.

Vergleichbares gilt bei der Fortsetzung eines Dienstverhältnisses durch den Dienstverpflichteten gemäß § 625. Die Fortführung der Dienste ist keine Willenserklärung, eine Anfechtung ist daher ausgeschlossen.[183]

b) Fortsetzung sonstiger Verträge

141 Auch andere Dauerschuldverhältnisse können nach ihrer Beendigung durch ihre tatsächliche Fortführung als Vertrag fortgesetzt werden. Es sind dann in der Fortführung konkludente Willenserklärungen zu sehen.

Verbleibt ein Patient im Krankenhaus, obwohl er über das Ende der Kostenübernahme durch die gesetzliche Krankenkasse unterrichtet ist, gibt er durch schlüssiges Verhalten seinen Willen zu erkennen, einen Vertrag über die weitere stationäre Aufnahme und Betreuung zu dem dafür üblicherweise festgesetzten Pflegesatz zu schließen.[184]

2. Der Vertragsschluss bei Inanspruchnahme von Leistungen im Rahmen der Daseinsvorsorge

142 Werden im Rahmen der Daseinsvorsorge Leistungen zu bestimmten, nicht aushandelbaren Bedingungen angeboten und wird die Leistung tatsächlich entgegengenommen, so kommt der Vertrag auch dann zustande, wenn der Abnehmende die für die Leistung geforderte Gegenleistung nicht erbringen will.

Beispiel: A fährt auf einen gebührenpflichtigen Parkplatz und erklärt dem Parkplatzwächter ausdrücklich, er weigere sich, die Gebühren zu zahlen. Er sei an einem Vertragsschluss nicht interessiert. Ist ein Vertrag zustande gekommen, der zur Zahlung verpflichtet?

143 **I.** Nach der früher vertretenen **Lehre vom sozialtypischen Verhalten** kommt in den Fällen, in denen Leistungen im Rahmen der Daseinsvorsorge zu festen Bedingungen bereitgestellt werden, der Vertrag nicht durch Abgabe von Willenserklärungen, sondern durch die tatsächliche Inanspruchnahme der Leistung zustande. Der „Bezieher" der Leistung wird aufgrund der tatsächlichen Inanspruchnahme auch dann zur Gegenleistung verpflichtet, wenn er zum Ausdruck bringt, dass er dieses nicht will.[185] Dieser Auffassung liegt der Gedanke zugrunde, dass in den Fällen der Massenversorgung im Rahmen der Daseinsvorsorge ohnehin keine Vertragsfreiheit bestehe und die Vertragsbedingungen nicht ausgehandelt werden können. Für denjenigen, der die Leistung bereitstellt, besteht im Regelfall Kontrahierungszwang und der Bezieher hat keine Möglichkeit, die Leistung abweichend von den Lieferungsbedingungen zu erhalten.

144 **II.** Nach der **heute h.M.** besteht keine Notwendigkeit, einen Vertragsschluss durch sozialtypisches Verhalten anzunehmen, weil ohnehin in diesen Fällen regelmäßig ein Vertrag zustande komme. Das Bereitstellen der Leistung sei als konkludentes Vertragsangebot zu verstehen und die Inanspruchnahme der Leistung sei eine konkludente Annahme des Angebots. Bringe der Nutzer bei der Inanspruchnahme zum Ausdruck, dass er die für die Leistung geforderte Gegenleistung nicht erbringen wolle, so sei dieser Widerspruch unerheblich **(protestatio facto contraria)**.[186]

145 **III.** Die Gegenansicht sieht einen gleichzeitig mit der Annahmehandlung erklärten Protest als erheblich an. Zwar sei die Inanspruchnahme der Leistung grundsätzlich als Annahme zu werten und ein später erklärter Protest unerheblich, da er den abgeschlossenen Vertrag nicht beseitigen könnte. Erfolge der Protest aber vor der Inanspruchnahme oder gleichzeitig mit dieser, mache er die Erklärung wider-

---

183 Palandt/Weidenkaff § 625 Rdnr. 4.

184 BGH, Urt. v. 09.05.2000 – VI ZR 173/99, NJW 2000, 3429.

185 BGHZ 21, 319, 333 ff.; 23, 175; Janke-Weddige BB 1985, 758 ff.

186 BGHZ 95, 393, 399; BGH, Urt. v. 09.05.2000 – VI ZR 173/99, NJW 2000, 3429; Palandt/Ellenberger Einf v § 145 Rdnr. 26; Brox/Walker Rdnr. 194; Brehm Rdnr. 534; Wolf/Neuner § 37 Rdnr. 47.

sprüchlich. Es komme kein Vertrag zustande. Der Anbieter der Leistung könne eine Eingriffskondiktion, ggf. auch Ansprüche aus §§ 987 ff. oder §§ 823 ff. geltend machen.[187]

3. Das Zustandekommen des Vertrags durch Schweigen

Das Schweigen hat grundsätzlich keinen Erklärungswert. Das Verhalten des Schweigenden lässt keinen Schluss auf einen bestimmten Geschäftswillen zu. Auch dann, wenn der Anbietende um Antwort bittet oder erwartet, dass sein Partner für den Fall der Nichtannahme des Angebots antwortet, enthält das Schweigen keine Annahmeerklärung. **146**

Das Schweigen kann im Einzelfall jedoch einen Schluss auf einen bestimmten Geschäftswillen zulassen oder als Willenserklärung zu werten sein:

- Vereinbarung der Bedeutung des Schweigens als Willenserklärung,
- Geltung kraft Gesetzes als Willenserklärung,
- Wertung gemäß § 242 als Willenserklärung,
- Schweigen auf ein kaufmännisches Bestätigungsschreiben.

a) Das Schweigen als Willenserklärung kraft Vereinbarung

Die Parteien können vereinbaren, dass das Schweigen auf ein Angebot als Annahme gelten soll.[188] **147**

Beispiel: K schreibt an V: „Unterbreiten Sie mir ein schriftliches Angebot über die Lieferung von 100 Regenmänteln. Sollte ich in zwei Tagen nach Zugang des Angebots nicht ablehnen, so liefern Sie bitte sofort aus." V schickt dem K ein Angebot und K schweigt.

Zwischen den Parteien ist ein Kaufvertrag zustande gekommen.
I. Der V hat dem K ein Angebot gemacht.
II. Dieses Angebot hat K durch Schweigen angenommen. Er war kraft Vereinbarung zur Gegenerklärung verpflichtet, falls er das Angebot nicht annehmen wollte. Dem Schweigen konnte V nur entnehmen, dass K den Vertragsschluss wollte.

b) Fälle, in denen das Schweigen kraft Gesetzes als Willenserklärung gilt

In einzelnen gesetzlichen Vorschriften wird das Schweigen einer Willenserklärung gleichgestellt, so genanntes normiertes Schweigen. **148**

aa) Das Schweigen gilt als **Annahmeerklärung** in nachstehenden Fällen:

In § 362 Abs. 1 HGB ist bestimmt: „Geht einem Kaufmanne, dessen Gewerbebetrieb die Besorgung von Geschäften für andere mit sich bringt, ein Antrag über die Besorgung solcher Geschäfte von jemand zu, mit dem er in Geschäftsverbindung steht, so ist er verpflichtet, unverzüglich zu antworten; sein Schweigen gilt als Annahme des Antrags."

In § 5 Abs. 3 PflichtversicherungsG ist bestimmt: „Der Antrag auf Abschluss eines Haftpflichtversicherungsvertrags gilt als angenommen, wenn das Versicherungsunternehmen ihn nicht innerhalb einer Frist von zwei Wochen vom Eingang des Antrags an dem Antragsteller gegenüber schriftlich ablehnt."

Nach § 516 Abs. 2 S. 2 BGB gilt das Schweigen als Annahmeerklärung.

---

187 Köhler § 8 Rdnr. 29 und JZ 1981, 466 ff.

188 Palandt/Ellenberger Einf v § 116 Rdnr. 7.

bb) In Einzelfällen gilt das Schweigen als **Genehmigung**, vgl. § 416 Abs. 1 S. 2 BGB, §§ 75 h, 91 a HGB. Schließlich wird in einzelnen Fällen das Schweigen als Ablehnung einer Genehmigung gewertet, vgl. §§ 108 Abs. 2 S. 2, 177 Abs. 2 S. 2, 415 Abs. 2 S. 2.

c) Das Schweigen als Willenserklärung, weil gemäß § 242 eine Rechtspflicht zur Gegenerklärung besteht

149 In Ausnahmefällen kann für einen Vertragspartner gemäß § 242 die Rechtspflicht bestehen, dem anderen gegenüber eine Erklärung abzugeben, wenn sein Schweigen nicht als Annahmeerklärung gewertet werden soll. Insbesondere in folgenden Fallgruppen kann Schweigen gemäß § 242 als Willenserklärung gewertet werden:

- Schweigen als Reaktion auf ein verspätetes oder geringfügig geändertes Annahmeschreiben,[189]
- Schweigen auf ein Angebot nach einverständlichen umfassenden Vorverhandlungen,[190]
- Schweigen auf ein Angebot, das auf ein „freibleibendes" Angebot hin ergeht.

Das „freibleibende" Angebot enthält regelmäßig nur eine Aufforderung zur Abgabe von Angeboten.[191] Erfolgt daraufhin ein Angebot, ist der „frei Anbietende" verpflichtet, sich über das in der Antwort auf seine Erklärung liegende Angebot unverzüglich zu äußeren. Gibt er keine Erklärung ab, wird in seinem Schweigen die Annahme des Angebots gesehen.[192]

Fall 12: Schweigen nach verspäteter Annahme des Versicherungsantrags

A beantragt am 01.06. bei der V-Versicherungsgesellschaft den Abschluss einer Unfallversicherung und zahlt auch sofort die Jahresprämie. Nach dem Antragsformular war das Angebot bis zum 20.06. befristet. Die Annahme und Ausstellung des Versicherungsscheins durch V erfolgt am 21.06. und ging A am 25.06. zu. Vier Wochen später erleidet A einen Unfall und verlangt die Versicherungssumme.
Nach Prüfung der Unterlagen zahlt V die Prämie zurück und verweigert die Auszahlung der Versicherungssumme mit der Begründung, ein Vertrag sei nicht zustande gekommen. A erklärt, er habe an die Fristsetzung in seinem Antrag nicht mehr gedacht und sei der Überzeugung gewesen, die Annahme durch V habe ohne weiteres einen Vertrag zustande gebracht.

150 A hat gegen die Versicherungsgesellschaft V einen Anspruch auf die Versicherungssumme, wenn ein Versicherungsvertrag zustande gekommen und der Versicherungsfall eingetreten ist (§ 1 Abs. 1 S. 2 VVG).

I. Aufgrund des Angebots des A zum 01.06. ist ein Vertrag nicht zustande gekommen. Das Angebot war befristet. Die Annahme erfolgte erst nach Ablauf der Frist.

---

189 Verspätetes Angebot: BGH NJW 1951, 313; NJW-RR 1994, 1163, 1165; Ebert JuS 1999, 754, 756; Schultz MDR 1995, 1187, 1189. Geringfügig geändertes Angebot: OLG Hamm WM 1997, 611; LG Gießen MDR 1996, 781; Staudinger/Bork § 150 Rdnr. 15.

190 BGH LM § 151 Nr. 2; NJW 1995, 1281; 1996, 919, 920; Ebert JuS 1999, 754, 757.

191 Vgl. oben Rdnr. 32.

192 MünchKomm/Busche § 145 Rdnr. 9; Palandt/Ellenberger § 145 Rdnr. 4.

II. Ein Vertrag könnte später zustande gekommen sein.

1. Nach § 150 Abs. 1 gilt die verspätete Annahme eines Antrags als neuer Antrag.

2. Eine Annahme dieses Antrags hat A nicht erklärt. Sie könnte aber in dem Schweigen des A zu sehen sein. Grundsätzlich kommt dem Schweigen keine Erklärungsbedeutung zu. Das Schweigen gilt jedoch als Annahme, wenn nach den Umständen des Einzelfalls unter Berücksichtigung von Treu und Glauben mit Rücksicht auf die Verkehrssitte eine Ablehnungserklärung erwartet werden darf.

   Die Parteien nehmen es häufig mit der Einhaltung der Annahmefrist nicht so genau, obwohl sie weiterhin an dem Abschluss eines Vertrags interessiert sind. Sie erkennen gar nicht, dass in der verspäteten Annahme formell ein neuer Antrag liegt, der wiederum einer Annahme bedarf, sondern gehen als selbstverständlich davon aus, dass der Vertrag geschlossen ist. Unter diesen Umständen ist es nach Treu und Glauben geboten, dass der Empfänger, wenn er den Vertrag nicht gelten lassen will, der verspäteten Annahme widerspricht. Anderenfalls ist sein Schweigen als Zustimmung aufzufassen. Das gilt im vorliegenden Fall umso mehr, als A bereits die Prämie gezahlt hat: Es wäre unverständlich, wenn A an dem Vertragsschluss nicht hätte festhalten wollen, obwohl er die Prämie gezahlt hat und sie auch nicht zurückverlangt.

   Die Entbehrlichkeit einer Annahmeerklärung als Antwort auf eine verfristete Annahme sollte aber nicht als feste Regel aufgefasst werden. Es kann sich aus den Umständen des Einzelfalls durchaus ergeben, dass auch eine als Angebot aufzufassende verspätete Annahmeerklärung der ausdrücklichen Annahme bedarf; so ist z.B. bei Darlehensverträgen über größere Summen eine ausdrückliche Annahme der Bank erforderlich.[193] Der BGH[194] schließt es grundsätzlich aus, bei außergewöhnlichen und besonders bedeutsamen Geschäften Schweigen gemäß § 242 als Willenserklärung zu werten. Schultz[195] will das Schweigen auf eine verspätete Annahmeerklärung nur dann als Annahme ansehen, wenn die exakte Einhaltung der Frist erkennbar nicht von entscheidender Bedeutung und die Verspätung nur geringfügig war.

---

d) Das Schweigen auf ein kaufmännisches Bestätigungsschreiben

Personen, die in erheblichem Umfang wirtschaftlich tätig sind und eine Vielzahl von Verträgen abschließen, begnügen sich häufig damit, in – mündlichen, telefonischen – Verhandlungen die wesentlichen Vertragspunkte festzulegen und im Anschluss daran den Vertragsinhalt im Einzelnen schriftlich zu bestätigen. Der Empfänger eines solchen Bestätigungsschreibens ist gemäß §§ 157, 242 verpflichtet, unverzüglich zu widersprechen, wenn er verhindern will, dass der Vertrag mit dem Inhalt des Bestätigungsschreibens zustande kommt. Schweigt der Empfänger, kommt der Vertrag mit dem Inhalt des Bestätigungsschreibens zustande. Der Bestätigende darf aus dem Schweigen entnehmen, dass der Empfänger mit dem bestätigten Vertragsschluss einverstanden ist.[196] 151

---

193 OLG Köln NJW 1990, 1051.

194 NJW-RR 1994, 1163, 1165.

195 MDR 1995, 1187, 1189.

196 BGH, Urt. v. 25.01.2000 – X ZR 149/97; Staudinger/Singer Vorbem. zu §§ 116–144 Rdnr. 73 ff.; Palandt/Ellenberger § 147 Rdnr. 8; Wolf/Neuner § 37 Rdnr. 48; Brox/Walker Rdnr. 196; Köhler § 8 Rdnr. 31.

Die Grundsätze zum kaufmännischen Bestätigungsschreiben haben sich aus einem Handelsbrauch entwickelt (§ 346 HGB) und sind inzwischen gewohnheitsrechtlich anerkannt. Beim Schweigen auf ein kaufmännisches Bestätigungsschreiben liegt keine echte Willenserklärung vor. Der Schweigende braucht also keinen Handlungswillen und kein Erklärungsbewusstsein zu haben. Ausreichend und erforderlich ist, dass ein Bestätigungsschreiben zugegangen ist und der Empfänger schweigt.

152 Die **Voraussetzungen** des kaufmännischen Bestätigungsschreibens:

- Die Parteien müssen Kaufleute sein oder zumindest wie Kaufleute in größerem Umfang am Wirtschaftsleben teilnehmen.[197]

  Dazu zählen z.B. Makler, auch wenn sie nicht im Handelsregister eingetragen sind;[198] Architekten, die ein größeres Büro haben.[199]

- Die Parteien oder deren Vertreter müssen **Vertragsverhandlungen geführt** haben.[200] Es genügt, dass die Verhandlungen von einem nicht vertretungsberechtigten Vertreter geführt worden sind.[201] Im Regelfall muss es sich um mündliche Verhandlungen handeln, denn nur dann besteht das Bedürfnis nach Klarstellung.

- Es muss der **Vertragsschluss** bestätigt werden. Nach dem Inhalt des Schreibens muss der Bestätigende vom bereits abgeschlossenen Vertrag ausgegangen sein. Das Schreiben muss erkennbar den Zweck verfolgen, das Ergebnis vorausgegangener Vertragsverhandlungen verbindlich festzulegen.[202]

  - Das Schreiben muss den wesentlichen Inhalt des Vertrags wiedergeben, darf jedoch die in den vorangegangenen Vertragsverhandlungen getroffene Regelung ergänzen und um die Vertragspunkte erweitern, die vernünftige Parteien zur ordnungsmäßigen Abwicklung des Vertrags vereinbart hätten und mit deren Billigung der Bestätigende rechnen darf.[203]

    Zulässig ist, dass der Bestätigende seine AGB in den Vertrag einbezieht oder dass er Nebenpflichten konkretisiert, die ohnehin gemäß § 241 Abs. 2 oder § 242 bestehen.

  - Wenn absichtlich etwas Falsches bestätigt wird oder die Vertragsabsprachen derart erweitert werden, dass der Bestätigende nicht mit der Billigung rechnen kann, treten die Wirkungen des Bestätigungsschreibens nicht ein.[204]

    Das Schweigen auf ein solches Bestätigungsschreiben bringt den Vertrag auch nicht mit dem zulässigen Inhalt zustande. Ähnlich wie bei den AGB findet also keine Reduktion auf den zulässigen Inhalt statt.

- Das Bestätigungsschreiben muss dem Partner **alsbald**, d.h. im engen zeitlichen Zusammenhang mit den Verhandlungen **zugegangen** sein, und der Empfänger darf

---

197 BGHZ 11, 1, 3; Lettle JuS 2008, 849, 850.
198 BGHZ 40, 42.
199 OLG Köln OLGZ 1974, 8.
200 BGH, Urt. v. 08.02.2001 – III ZR 268/00, NJW-RR 2001, 680.
201 BGHZ 7, 187; BGH, Urt. v. 10.01.2007 – VIII ZR 380/04, Rdnr. 21, NJW 2007, 987.
202 BGHZ 54, 236, 239; BGH WM 1975, 325; OLG Düsseldorf NJW-RR 1996, 411; 1997, 211.
203 BGH NJW 1994, 1288; Palandt/Ellenberger § 147 Rdnr. 15 u. 16.
204 OLG Köln NJW-RR 2003, 612.

nicht Widerspruch erhoben haben. Es ist nur ein unverzüglicher Widerspruch beachtlich.[205]

Rechtsfolge bei nicht erhobenem Widerspruch: Der Vertrag kommt mit dem Inhalt zustande, wie er im Bestätigungsschreiben niedergelegt ist. **153**

Dabei spielt es im Ergebnis keine Rolle, ob durch das Schweigen auf das Bestätigungsschreiben der Vertrag erst zustande kommt oder ein bereits geschlossener Vertrag geändert wird oder ob das Schreiben den vorherigen Vereinbarungen vollständig entspricht. Durch das Bestätigungsschreiben soll ein Streit über diese Fragen vermieden werden.

Durch Schweigen auf ein Bestätigungsschreiben kommt ein Vertrag auch dann zustande, wenn für den Empfänger ein Vertreter ohne Vertretungsmacht aufgetreten ist.[206]

Fall 13: Bestätigung mit Gegenzeichnung

B beliefert U aufgrund eines Rahmenvertrags regelmäßig mit Stahl, den U für B durch Wärmebehandlung vergütet. Am 29.05. kündigt B an, in den nächsten Wochen 4.700 t Stahl zu liefern. U teilt mit, eine Bearbeitung dieser Mengen sei in dem vorgesehenen Zeitraum nicht möglich. U und B verhandeln über eine Reduzierung der Lieferungen. In einem Schreiben vom 08.06. fasste B das Verhandlungsergebnis mit dem einleitenden Hinweis zusammen, der „nachstehend aufgeführte Vertrag" sei zwischen den Parteien ausgehandelt worden. Die von B erbetene Gegenzeichnung des Schreibens blieb aus. Ob die in dem Schreiben genannte Vergütungsmenge von 2.900 t zuvor mündlich vereinbart wurde, ist zwischen den Parteien streitig.

Ist U verpflichtet, für den B 2.900 t Stahl zu vergüten?

Eine Verpflichtung des U könnte sich aus einem mit K geschlossenen Werkvertrag ergeben. Dann müssten sich U und K über die Bearbeitung von 2.900 t Stahl geeinigt haben. **154**

I. Der Rahmenvertrag enthält darüber keine Vereinbarung. Im Rahmenvertrag werden lediglich die Bedingungen festgelegt, unter denen die einzelnen Werkverträge abgeschlossen werden.

II. In den Verhandlungen zwischen dem 29.05. und dem 08.06. ist keine von U oder B beweisbare Vereinbarung über die Bearbeitung von 2.900 t Stahl getroffen worden.

III. Es könnte nach den Grundsätzen über das kaufmännische Bestätigungsschreiben ein Werkvertrag über 2.900 t Stahl zustande gekommen sein.

   1. U und B sind Kaufleute (§ 1 HGB), sodass die Grundsätze des kaufmännischen Bestätigungsschreibens zwischen den Parteien Gültigkeit haben.

   2. Die Parteien haben Vertragsverhandlungen zwischen dem 29.05. und dem 08.06. geführt, deren Inhalt im Einzelnen streitig ist.

---

205 BGHZ 18, 216; BGH NJW 1962, 246; OLG Hamm NJW 1994, 3172.

206 BGH, Urt. v. 10.01.2007 – VIII ZR 380/04, NJW 2007, 987; BGH, Urt. v. 27.01.2011 – VII ZR 186/09, Rdnr. 23, BGHZ 188, 128; Lettl JuS 2008, 849, 853.

3. Im Schreiben vom 08.06. müsste ein Vertragsschluss bestätigt worden sein. Dafür spricht die Einleitung mit dem Hinweis, der „nachstehend aufgeführte Vertrag" sei ausgehandelt worden. Gegen die Bestätigung eines bereits geschlossenen Vertrags könnte aber die Bitte um Gegenzeichnung sprechen. Wird in einem Bestätigungsschreiben um eine Gegenbestätigung oder Gegenzeichnung gebeten, bestehen zwei Auslegungsmöglichkeiten.

   - Die Bitte um Gegenbestätigung kann zum Ausdruck bringen, dass der Inhalt des Schreibens einen Vertragsinhalt nur dann verbindlich festlegen soll, wenn eine Gegenbestätigung erfolgt.
   - Es kann aber auch beabsichtigt sein, mit der Gegenbestätigung einen urkundlichen Beweis für den Zugang des Bestätigungsschreibens und den Vertragsschluss zu bekommen.

   Bei der Auslegung ist darauf abzustellen, ob das Schreiben von einem wirksamen Vertragsschluss ausgeht. Dann handelt es sich um ein Bestätigungsschreiben und die Gegenbestätigung soll nur Beweiszwecken dienen.[207] Das Schreiben vom 08.06. enthält die Mitteilung, dass von einem bereits geschlossenen Vertrag ausgegangen wird. Es handelt sich daher um ein Bestätigungsschreiben.

4. Das Schreiben ist U in engem zeitlichen Zusammenhang mit den Verhandlungen zugegangen und U hat keinen Widerspruch erhoben.

Nach den Grundsätzen über das kaufmännische Bestätigungsschreiben ist ein Werkvertrag zustande gekommen.

155 II. U ist an den Vertrag nicht gebunden, wenn er seinen unterlassenen Widerspruch, d.h. sein Schweigen, gemäß §§ 119 ff. anfechten kann.

1. Wenn U geltend macht, nicht gewusst zu haben, dass sein Schweigen den Vertrag zustande bringt, dann hat er sich lediglich über die Rechtsfolgen seines Schweigens geirrt und eine Anfechtung nach § 119 Abs. 1 kommt nicht in Betracht.[208]

2. Wenn U in Kenntnis der Bedeutung des Schweigens von einer Gegenerklärung abgesehen und den Inhalt des Bestätigungsschreibens missverstanden, sich also über einzelne Vertragspunkte geirrt hat, dann ist der Tatbestand des § 119 Abs. 1 erfüllt.[209]

   Da U sich allenfalls über die Bedeutung des Schweigens geirrt hat, kommt eine Anfechtung nach § 119 Abs. 1 nicht in Betracht. U ist zur Bearbeitung von 2.900 t Stahl verpflichtet.

---

207 BGH, Urt. v. 24.10.2006 – X ZR 124/03, Rdnr. 27, WM 2007, 303.

208 BGHZ 11, 1; 20, 149; Palandt/Ellenberger § 147 Rdnr. 8; Deckert JuS 1998, 121, 124.

209 Erman/Armbrüster § 147 Rdnr. 14; MünchKomm/Armbrüster § 119 Rdnr. 66 ff.; Deckert JuS 1998, 121, 124.

Vertragsschluss 156

Angebot und Annahme

- Angebot: einseitige Willenserklärung, auf Vertragsschluss gerichtet; inhaltlich so bestimmt oder bestimmbar, dass die Annahme durch ein einfaches „Ja" erfolgen kann
- Annahme: uneingeschränkte Zustimmung zu dem Angebot
  - verspätete Annahme gilt als neues Angebot (§ 150 Abs. 1)
  - Annahme mit Änderungen gilt als Ablehnung und neues Angebot (§ 150 Abs. 2)
  - Zugang der Annahme kann gemäß § 151 entbehrlich sein, es bleibt aber eine Annahme, eine eindeutig nach außen erkennbare Willensbetätigung, erforderlich
  - verstirbt der Anbietende oder wird er geschäftsunfähig, bleibt die Annahme gemäß § 153 möglich

Willensübereinstimmung

- § 154: Vertrag im Zweifel nicht geschlossen, wenn nicht über alle erforderlichen Punkte Einigung erzielt wurde
- § 155: unbewusste Unvollständigkeit oder Scheinkonsens

Sonstiges Verhalten

- Fortsetzung eines Vertrags
- Schweigen hat grundsätzlich keine Erklärungsbedeutung, Ausnahmen:
  - Vereinbarung
  - gesetzliche Anordnung
  - Pflicht zur Gegenerklärung aus § 242

    Schweigen auf verspätetes oder geringfügig geändertes Annahmeschreiben; Schweigen nach einverständlichen, umfassenden Vorverhandlungen; Schweigen auf „Annahme" eines „freibleibenden" Angebots
  - kaufmännisches Bestätigungsschreiben

    Parteien Kaufleute oder in größerem Umfang am Wirtschaftsleben teilnehmend; Vertragsverhandlungen; Bestätigung eines Vertragsschlusses; Zugang alsbald nach Verhandlungen; kein Widerspruch

3. Abschnitt: Das einseitige Rechtsgeschäft und die geschäftsähnlichen Handlungen

A. Die einseitigen Rechtsgeschäfte

157 Eine Person kann im Verhältnis zu einer anderen Person durch einseitige Erklärungen nur dann Rechtsfolgen auslösen, wenn ein vereinbarter oder gesetzlicher Grund vorliegt. Die Person tätigt dann mit der Abgabe der Erklärung ein einseitiges Rechtsgeschäft.

I. Die einseitigen Rechtsgeschäfte im BGB AT

158
- Die Anfechtung

  Die Anfechtungserklärung bewirkt bei Vorliegen eines Anfechtungsgrundes gemäß §§ 119, 120, 123 und fristgerechter formloser Ausübung, §§ 121, 143, die Nichtigkeit der Willenserklärung von Anfang an, § 142 Abs. 1.

- Die Bevollmächtigung zur Vornahme eines Rechtsgeschäfts gemäß § 167

  Der Geschäftsherr kann ohne besonderen Grund eine andere Person zur Vornahme von Rechtsgeschäften bevollmächtigen. Die Wirksamkeit der Vollmacht ist nicht davon abhängig, dass der Bevollmächtigte sich damit einverstanden erklärt. Die Vollmachtserteilung verpflichtet den Bevollmächtigten nicht, tätig zu werden.

  Regelmäßig liegt der Vollmachtserteilung eine schuldrechtliche Vereinbarung zugrunde, aus der sich im Einzelnen die Pflicht des Bevollmächtigten ergibt.

- Die Zustimmung gemäß § 182

  Kraft Vereinbarung oder gesetzlicher Vorschrift kann die Wirksamkeit eines Vertrags oder eines einseitigen Rechtsgeschäfts von der Mitwirkung eines Dritten abhängig sein. Das ohne die vorherige Zustimmung abgeschlossene Geschäft ist schwebend unwirksam und wird erst mit der Genehmigung wirksam bzw. mit der Ablehnung der Genehmigung endgültig unwirksam.

  - Der Minderjährige kann wirksam keine Rechtsgeschäfte tätigen, die für ihn nicht lediglich rechtlich vorteilhaft sind. Der nicht lediglich rechtlich vorteilhafte Vertrag, der ohne die Genehmigung des gesetzlichen Vertreters vorgenommen wird, ist gemäß § 108 schwebend unwirksam.
  - Der Vertrag, den der Vertreter ohne Vertretungsmacht abschließt, ist schwebend unwirksam, § 177, und wird erst mit der Genehmigung durch den Vertretenen wirksam.
  - Damit eine Schuldübernahme wirksam ist, muss die Genehmigung des Gläubigers erbracht werden, § 415.

II. Die einseitigen Rechtsgeschäfte im Schuldrecht

1. Auslobung

Gemäß § 657 kann durch das einseitige Rechtsgeschäft der **Auslobung** eine Verpflichtung begründet werden. Grundsätzlich können rechtsgeschäftliche Verpflichtungen gemäß § 311 Abs. 1 nur aufgrund eines Vertrags entstehen. Davon macht § 657 eine Ausnahme. Das Schuldverhältnis entsteht bei der Auslobung erst mit der Erfüllung der Voraussetzungen, d.h. mit der Vornahme der Handlung für die eine Belohnung ausgelobt wurde. Ähnlich wie bei einem vorvertraglichen Schuldverhältnis kann aber auch schon im Vorfeld der Sachentscheidung ein rechtsgeschäftsähnliches Schuldverhältnis bestehen.[210] **159**

2. Die rechtsgestaltenden Erklärungen

Wenn ein vereinbarter oder gesetzlicher Grund vorliegt, kann eine Partei durch einseitiges Rechtsgeschäft den schuldrechtlichen Vertrag in ein Rückgewährschuldverhältnis umwandeln, den schuldrechtlichen Vertrag beenden oder das Erlöschen eines einzelnen Anspruchs auslösen. **160**

- Wenn die Voraussetzungen eines vertraglichen oder gesetzlichen Rücktrittsrechts vorliegen, kann eine Partei den **Rücktritt** erklären mit der Folge, dass die Leistungsansprüche erlöschen und das Schuldverhältnis in ein Rückgewährschuldverhältnis umgewandelt wird.
- Die Beendigung des schuldrechtlichen Vertrags
  - Dauerschuldverhältnisse können durch ordentliche oder außerordentliche **Kündigung** (§ 314) beendet werden.
  - Schenkungsverträge können durch **Widerruf** beendet werden, wenn ein Widerrufsgrund vorliegt (§ 530).
  - Ein **Widerrufsrecht** enthalten auch verbraucherschützende Normen wie § 312 Abs. 1 S. 1 (Haustürgeschäfte), § 312 d Abs. 1 S. 1 (Fernabsatzverträge), § 485 (Teilzeit-Wohnrechteverträge), § 495 (Verbraucherdarlehensverträge) und §§ 501, 495 (Teilzahlungsgeschäfte).
- Der einzelne Anspruch aus dem Schuldverhältnis erlischt im Falle der **Aufrechnung**, §§ 387 ff.

III. Die einseitigen Rechtsgeschäfte im Sachenrecht

- Die Einigung kann bis zum Vollzug grundsätzlich widerrufen werden (Ausnahme § 873 Abs. 2). **161**
- Der Eigentümer einer beweglichen Sache kann gemäß § 959 sein Eigentum durch Besitzaufgabe und Verzichtserklärung aufgeben.

210 BGH, Urt. v. 23.09.2010 – III ZR 246/09, BGHZ 187, 86, RÜ 2010, 681.

- Vor Aufhebung eines Rechts an einem Grundstück ist gemäß § 875 die einseitige Aufgabeerklärung erforderlich sowie die Eintragung in das Grundbuch.

IV. Die einseitigen Rechtsgeschäfte im Erbrecht

162 Im Erbrecht kann der Erblasser durch einseitige Erklärung ein Testament errichten und bestimmen, wer nach seinem Tod Erbe oder Vermächtnisnehmer sein soll, wer den Nachlass verwalten soll und wie der Nachlass zu verteilen ist (§ 2064).

Der Erbe kann die Erbschaft durch einseitige Erklärung ausschlagen (§ 1946).

B. Die Wirksamkeitsvoraussetzungen des einseitigen Rechtsgeschäfts

I. Die Anwendung der Regeln über Rechtsgeschäfte

163
- Die Erklärung muss den Wirksamkeitsvoraussetzungen der Willenserklärung genügen. Die Erklärung muss auf einen bestimmten Geschäftswillen schließen lassen und der Erklärende muss mit potenziellem Erklärungsbewusstsein tätig geworden sein.
- Die Erklärung muss abgegeben und es muss der Zugang bewirkt worden sein. Die Rechtsfolgen treten grundsätzlich mit dem Zugang der Erklärung ein.
- Dem Schweigen kommt dann ein Erklärungswert zu, wenn dies gesetzlich bestimmt ist (Genehmigungsfiktionen: §§ 416 Abs. 1 S. 2 BGB; 75 h, 91 a HGB; Ablehnung einer Genehmigung: §§ 108 Abs. 2 S. 2, 177 Abs. 2 S. 2, 415 Abs. 2 S. 2).[211]
- Eine besondere Bedeutung kommt der Verhinderung des Zugangs einer einseitig rechtsgestaltenden Willenserklärung zu.
  - Verweigert der Empfänger oder Empfangsvertreter unberechtigt die Annahme, gilt der Zugang als erfolgt.[212]
  - Lehnt der Empfangsbote ohne Anordnung des Vertragspartners oder seines Vertreters die Annahme ab, ist der Zugang nicht erfolgt. Die Erklärung ist nicht in den Machtbereich des Empfängers gelangt.

Beispiel: Der Arbeitgeber A kündigt zu Recht der Angestellten N, die eigenmächtig in Urlaub gefahren ist. Das Kündigungsschreiben wird von der Mutter der N nicht angenommen. Der Brief kommt zurück. Hat A wirksam gekündigt?

Die Kündigung ist nicht erfolgt, weil sie nicht zugegangen ist. Die Mutter als Empfangsbotin hat ohne Willen der Angestellten N die Entgegennahme abgelehnt, sodass die Erklärung nicht in den Machtbereich der N gelangt ist.
BAG NJW 1993, 1093, 1094: „Gleichwohl ist das Kündigungsschreiben der Kl. deshalb nicht zugegangen, weil es ihre Mutter an die Postanstalt zurückgeleitet und damit die Annahme verweigert hat. Lehnt der Empfänger grundlos die Annahme einer Willenserklärung ab, so muss er sich allerdings nach Treu und Glauben gemäß § 242 BGB jedenfalls dann so behandeln lassen, als sei ihm das Schreiben im Zeitpunkt der Ablehnung zugegangen, wenn er im Rahmen vertraglicher Bezie-

211 Vgl. auch oben Rdnr. 148.
212 Vgl. oben Rdnr. 89 ff.

hungen mit rechtserheblichen Mitteilungen ... rechnen muss. Verhindert jedoch ein nur als Empfangsbote in Betracht kommender Dritter durch Annahmeverweigerung den Zugang der Willenserklärung, so kann dies dem Adressaten nicht zugerechnet werden, wenn er hierauf keinen Einfluss hat ... Er muss die Erklärung in diesem Fall nur dann als zugegangen gegen sich gelten lassen, wenn der Dritte im Einvernehmen mit ihm bewusst die Entgegennahme verweigert und damit den Zugang vereitelt."

II. Die Besonderheiten beim einseitigen Rechtsgeschäft

Da beim einseitigen Rechtsgeschäft die Rechtsfolge mit Zugang der Erklärung eintreten soll, müssen die einseitig rechtsgestaltenden Erklärungen eindeutig sein, damit aufseiten des Empfängers keine Unklarheiten auftreten können. 164

- Die rechtsgestaltenden einseitigen Rechtsgeschäfte sind bedingungsfeindlich. Nur so kann verhindert werden, dass beim Empfänger eine Rechtsunsicherheit entsteht. Doch ist es zulässig, die rechtsgestaltende Wirksamkeit davon abhängig zu machen, dass der Empfänger sich in bestimmter Weise verhält, dann kann nämlich für ihn keine Unklarheit auftreten.

Beispiele:

1. V erklärt die Kündigung des Mietvertrags gegenüber M, falls dieser nicht bis zum 15.10. den noch ausstehenden Mietzins entrichtet hat. Die Kündigung ist wirksam.

2. V erklärt die außerordentliche Kündigung des Arbeitsvertrags und verbindet damit die ordentliche Kündigung. Fügt er hinzu, dass die ordentliche Kündigung nur gelten soll, wenn das Gericht die außerordentliche Kündigung verwirft, so liegt eine bedingte ordentliche Kündigung vor. Die ordentliche Kündigung ist unwirksam. Formuliert der V so, dass die ordentliche Kündigung eingreifen soll, falls die außerordentliche Kündigung nach dem Gesetz unzulässig ist, so liegt eine Rechtsbedingung vor, die wirksam ist.

- Tätigt der vertretungsberechtigte Vertreter ein einseitiges Rechtsgeschäft, so empfiehlt es sich mit Rücksicht auf § 174, dass der Vertreter eine Vollmachtsurkunde beifügt. Dabei muss die Vollmachtsurkunde im Original vorgelegt werden.[213]

Nach § 174 ist ein einseitiges Rechtsgeschäft, das einem anderen gegenüber vorzunehmen ist, unwirksam, wenn der Bevollmächtigte keine Vollmachtsurkunde vorlegt und der andere das Rechtsgeschäft aus diesem Grunde unverzüglich zurückweist. Die Zurückweisung ist ausgeschlossen, wenn der Vollmachtgeber den anderen von der Bevollmächtigung in Kenntnis gesetzt hatte.

- Die einseitigen Rechtsgeschäfte des Vertreters ohne Vertretungsmacht sind nichtig, § 180, können also auch nicht genehmigt werden.

- Die einseitigen Rechtsgeschäfte, die der Minderjährige ohne die erforderliche Einwilligung des gesetzlichen Vertreters vornimmt, sind unwirksam, § 111.

Hat der gesetzliche Vertreter in die Vornahme des Rechtsgeschäfts eingewilligt, so sollte der Minderjährige die Einwilligung in schriftlicher Form vorlegen. Anderenfalls kann der Partner das Rechtsgeschäft unverzüglich zurückweisen, es sei denn, der gesetzliche Vertreter hat den anderen von der Einwilligung in Kenntnis gesetzt.

213 Palandt/Ellenberger § 174 Rdnr. 5.

C. Geschäftsähnliche Handlungen

165 Tritt aufgrund einer abgegebenen Erklärung kraft Gesetzes eine Rechtsfolge ein, unabhängig davon, ob der Erklärende sie gewollt hat oder nicht, dann handelt es sich bei der Erklärung um eine geschäftsähnliche Handlung. Darauf finden die Regeln über einseitige Rechtsgeschäfte entsprechende Anwendung.

Beispiel: V hat dem M eine Wohnung vermietet. M zahlt die Miete bei Fälligkeit nicht. V mahnt den geschuldeten Betrag an.

Mit der Mahnung des fälligen Anspruchs tritt gemäß § 286 Abs. 1 S. 1 kraft Gesetzes der Verzug ein, unabhängig davon, ob V dieses gewollt hat oder nicht. Die Mahnung ist eine geschäftsähnliche Handlung, auf die die Regeln über Rechtsgeschäfte entsprechend anwendbar sind.[214]

Die Gewinnmitteilung gemäß § 661a ist nach h.M. eine geschäftsähnliche Handlung, durch die ein gesetzliches Schuldverhältnis entsteht.[215] Anders als bei der Auslobung handelt sich nicht um ein Rechtsgeschäft, da der Versender regelmäßig keinen Anspruch auf den Gewinn begründen will.

4. Abschnitt: Auslegung

166 Bei der Prüfung vertraglicher Ansprüche können sich Auslegungsfragen an verschiedenen Positionen im Prüfungsaufbau stellen.

- Durch Auslegung ist zu ermitteln, ob überhaupt eine Willenserklärung vorliegt, insbesondere ob der Erklärende einen Rechtsbindungswillen zum Ausdruck gebracht hat.[216]
- Bei der Frage, ob ein Vertrag zustande gekommen ist, wird im Wege der Auslegung bestimmt, welchen Inhalt die einzelnen Willenserklärungen haben und ob die Erklärungen übereinstimmen.

  Im Einzelfall kann auch durch Auslegung zu bestimmen sein, ob die Parteien entgegen § 154 Abs. 1 eine vertragliche Bindung wollen, auch wenn sie sich noch nicht über alle Punkte geeinigt haben.
- Ist ein Vertrag zustande gekommen, kann durch Auslegung zu bestimmen sein, welchen Inhalt er hat.

  Nur nach der Bestimmung des Inhalts eines Vertrags kommt eine ergänzende Vertragsauslegung in Betracht.

167 Nach h.M. sind auch eindeutige Erklärungen einer Auslegung zugänglich.

Teilweise wird die Ansicht vertreten, bei eindeutigen Willenserklärungen sei eine Auslegung unzulässig, da diese Erklärungen weder auslegungsbedürftig noch auslegungsfähig seien.[217]

Diese Ansicht widerspricht dem in § 133 enthaltenen Verbot der Buchstabeninterpretation. Auch eindeutige Willenserklärungen sind daher nach heute h.M. auslegungsfähig.[218] Überspitzt kann man formulieren: Ob eine Erklärung auslegungsfähig ist, muss durch Auslegung ermittelt werden.

---

214 BGH NJW 1987, 1547; Palandt/Grüneberg § 286 Rdnr. 16.

215 BGH, Urt. v. 01.12.2005 – III ZR 191/03, BGHZ 165, 172; Lorenz NJW 2006, 472.

216 Vgl. oben Rdnr. 22 ff.

217 Palandt/Ellenberger § 133 Rdnr. 6; so auch die frühere Rechtsprechung: BGH LM § 157 [C] Nr. 6; offen gelassen in BGHZ 80, 246, 249.

218 BGH NJW-RR 1996, 1458; MünchKomm/Busche § 133 Rdnr. 50.

Für die Auslegung gilt gemäß §§ 133, 157: **168**

- Wird der wahre Wille erkannt, so gilt das in Wahrheit Gewollte auch dann, wenn die Erklärung objektiv etwas anderes besagt, wenn also eine Falschbezeichnung vorliegt.

- Wird der wahre Wille nicht erkannt, so wird die wirksam gewordene Vertragserklärung mit dem Inhalt wirksam, wie sie vom sorgfältigen Empfänger verstanden werden durfte – normative Auslegung – Empfängerhorizont.

- Soweit der Empfänger die Erklärung vorformuliert hat, wird sie mit dem vorformulierten Inhalt wirksam.

A. Vorrang des erkannten Willens

Wird der wahre Wille, der innere Geschäftswille erkannt, so wird die Willenserklärung **169**
entsprechend dem erkannten Geschäftswillen wirksam, auch wenn die – äußere – Erklärung etwas Abweichendes besagt.

Das Gleiche gilt, wenn die Vertragsparteien übereinstimmend einen bestimmten Geschäftswillen haben, sie aber in ihrer Vertragserklärung etwas anderes zum Ausdruck bringen (falsa demonstratio non nocet).[219]

Beispiel 1: V und K einigten sich über den Verkauf einer bestimmten Dampferladung Haakjöringsköd (das ist der norwegische Ausdruck für Haifischfleisch). Beide wollten hingegen Walfischfleisch als Kaufgegenstand. Sie irrten über die Bedeutung des Begriffs Haakjöringsköd.[220]

I. Die Parteien haben einen wirksamen Kaufvertrag über die Dampferladung Walfischfleisch geschlossen, weil sie übereinstimmend wollten, dass die Dampferladung Walfischfleisch gegen Zahlung des Kaufpreises übereignet werden sollte. Dass ihr wahrer Wille in der Erklärung überhaupt keinen Ausdruck gefunden hat und von einem Dritten nicht erkannt werden konnte, ist unschädlich. Entscheidend ist, was die Parteien in Wahrheit übereinstimmend gewollt haben. Das gilt selbst dann, wenn die Erklärung für sich genommen eindeutig etwas anderes besagt, „falsa demonstratio non nocet".[221]
II. Ob es sich bei der Ermittlung des wahren Willens der Parteien um Auslegung handelt, ist umstritten.
1. Nach der Rechtsprechung ist für die Auslegung kein Raum, solange sich der wirkliche übereinstimmende Wille der Parteien im Wege des Beweises ermitteln lässt.[222]
2. In der Literatur wird überwiegend angenommen, dass die Ermittlung des wahren Willens Auslegung sei, denn die Feststellung, dass die Parteien übereinstimmend dasselbe gewollt haben, sei eine Sinnerfassung und damit Auslegung.[223]

Beispiel 2: V verkauft dem K nach Besichtigung ein Grundstück. In der notariellen Urkunde wird dieses **170**
Grundstück als Parzelle 18 bezeichnet. In Wahrheit umfasst das besichtigte Grundstück die Parzellen 18 und 19. K wird als Eigentümer der Parzelle 18 eingetragen. Als der Irrtum bemerkt wird, verlangt K auch die Übereignung der Parzelle 19.

Der Anspruch ergibt sich aus § 433 Abs. 1, wenn über diese Parzelle ein wirksamer Kaufvertrag zustande gekommen ist.

---

219 BGH, Urt. v. 18.01.2008 – V ZR 174/06, Rdnr. 12, WM 2008, 1037.

220 RGZ 99, 147.

221 BGH NJW 1994, 1528; Staudinger/Singer § 133 Rdnr. 13; MünchKomm/Busche § 133 Rdnr. 14; Wolf/Neuner § 35 Rdnr. 27.

222 BGH LM § 157 [Gf] Nr. 2.

223 MünchKomm/Busche § 133 Rdnr. 14; Palandt/Ellenberger § 133 Rdnr. 8.

I. Die Einigung der Parteien bezog sich auf das besichtigte Grundstück, das die Parzellen 18 und 19 umfasst, sodass sich die Einigung auch auf die Parzelle 19 bezog. Dass dieses in der Erklärung keinen Ausdruck gefunden hat, ist unschädlich, weil der übereinstimmende – innere – Wille feststeht.
II. Diese Einigung ist jedoch nur wirksam, wenn sie notariell beurkundet ist (§ 311 b Abs. 1). Diese Form ist eingehalten, obwohl die Parzelle 19 irrtümlich in der notariellen Urkunde nicht genannt ist.[224] Denn die Parteien verstehen unter der beurkundeten Bezeichnung übereinstimmend das besichtigte Grundstück und damit auch die Parzelle 19.
Somit kann K von V aus dem Kaufvertrag die Übereignung der Parzelle 19 verlangen.

B. Die normative Auslegung vom Empfängerhorizont

171 Da der Erklärende die Möglichkeit hat, seinen Willen eindeutig und unmissverständlich zu formulieren, muss er auch das Risiko dafür tragen, dass seine Erklärung vom Empfänger im Falle missverständlicher oder undeutlicher Formulierung anders als gewollt verstanden wird.

Empfangsbedürftige Willenserklärungen werden mit dem Inhalt wirksam, wie sie ein sorgfältiger – objektivierter – Empfänger verstehen durfte: **Auslegung aus der Sicht des Empfängers.**[225]

Danach kommt es weder darauf an, was der Erklärende in Wahrheit gewollt hat, noch ist entscheidend, wie der Empfänger die Erklärung tatsächlich verstanden hat.

Bei der normativen Auslegung der einzelnen empfangsbedürftigen Willenserklärung, die zum Zustandekommen des Rechtsgeschäfts abgegeben wird, empfiehlt es sich, wie folgt vorzugehen:

1. Feststellung, dass der wahre – innere – Wille nicht erkannt worden ist,

2. Bestimmung der Auslegungsmöglichkeiten und

3. Ermittlung, welche der in Betracht kommenden Möglichkeiten hier nach der Erklärung gewollt ist. Dabei gilt im Wesentlichen:

- Es ist vom Wortlaut der Erklärung auszugehen.[226]
- Es sind die Beweggründe und Begleitumstände, die zur Abgabe der Erklärung geführt haben, zu berücksichtigen, wie:
    - Äußerungen der Parteien bei den Vorverhandlungen sowie bei den Vorverhandlungen vorgelegte Prospekte,[227]
    - späteres Verhalten der Parteien.[228]
- Weiterhin sind zu berücksichtigen: der Zweck des Rechtsgeschäfts,[229]
- die bestehende Interessenlage,[230]

---

224 BGH, Urt. v. 07.12.2001 – V ZR 90/01, NJW 2002, 2247.
225 BGH NJW 1990, 1913; NJW 1988, 2878, 2879; Palandt/Ellenberger § 133 Rdnr. 9; Wolf/Neuner § 35 Rdnr. 3.
226 BGH, Urt. v. 11.09.2000 – II ZR 34/99, NJW 2001, 144; Soergel/Hefermehl § 133 Rdnr. 22.
227 BGH WM 1971, 40; NJW 1981, 2295; 1999, 3191.
228 BGH WM 1971, 1515; NJW 1988, 2878, 2879; ZIP 1998, 106.
229 BGHZ 2, 379, 385; 20, 109, 110.
230 BGHZ 21, 319, 328; BGH NJW 1981, 1549; 2295; BGH, Urt. v. 16.12.2003 – X ZR 129/01, NJW-RR 2004, 782.

- Treu und Glauben: Das bedeutet, dass ein Auslegungsergebnis anzustreben ist, das die berechtigten Belange beider Parteien angemessen berücksichtigt.
- Verkehrssitte: Dies ist die im Verkehr der beteiligten Kreise herrschende Übung.

Die gesetzliche Grundlage für die Auslegung bilden die Vorschriften der §§ 133 und 157, sodass also auch bei der Auslegung einzelner Willenserklärungen die Vorschrift des § 157 heranzuziehen ist.

Die Vorschrift des § 133 gilt dem Wortlaut nach nur für die Auslegung der einzelnen Willenserklärungen. Sie ist aber auch auf Verträge anzuwenden.[231] Die Vorschrift des § 157 betrifft ihrem Wortlaut nach nur den bereits zustande gekommenen Vertrag. Sie gilt aber auch für das einseitige Rechtsgeschäft und für die einzelne vertragliche Willenserklärung.[232]

I. Auslegung vom Empfängerhorizont des Vertragspartners

Fall 14: Geschenkt oder geliehen?

Den Geschwistern F und M gehören zwei Grundstücke. B, der mit der F befreundet ist, verkauft die Grundstücke im Auftrag der F und der M wirksam an X für 400.000 €. Als B der F die ihr zustehenden 100.000 € bar aushändigen will, gibt die F dem B das Geld zurück. Später, als die freundschaftlichen Beziehungen abgekühlt sind, tritt die F die Forderung an K ab. Dieser verlangt von B Zahlung von 100.000 € mit dem Hinweis darauf, die F habe das Geld dem B nur geliehen. B beruft sich auf Schenkung.

Die von B benannten drei Zeugen sagen aus, dass die F dem B das Geld mit dem Bemerken zurückgegeben habe, er solle es behalten. Ein Zeuge erklärt, die F habe zudem gesagt, sie habe mit nichts gerechnet und sie gebe ihm lieber das Geld als der M.

Ein Anspruch K gegen B auf Rückzahlung von 100.000 € kann sich nur aus abgetretenem Recht ergeben (§ 398). F und K haben sich über die Abtretung einer Forderung geeinigt. Fraglich ist nur, ob F ein Rückzahlungsanspruch zugestanden hat. **172**

I. Ein Rückzahlungsanspruch F gegen B könnte sich aus einem Vertrag ergeben, der zur Rückzahlung des empfangenen Geldes verpflichtet. Ein Vertrag könnte hier durch Angebot und Annahme zustande gekommen sein.

1. F könnte ein Angebot zum Abschluss eines Vertrags abgegeben haben, der eine Rückzahlungspflicht begründet. Als F das ihr von B angebotene Geld nicht entgegennahm, war dem B ihr innerer Wille nicht bekannt, sodass im Wege der normativen Auslegung ermittelt werden muss, was F mit der Überlassung des Geldes aus der Sicht des sorgfältigen B erklären wollte.

    a) F kann mit der Überlassung des Geldes zum Ausdruck gebracht haben (Auslegungsmöglichkeiten bezüglich des Angebots):

    - dass B das Geld für sie aufbewahren soll – also ein Angebot zum Abschluss eines Verwahrungsvertrags (§ 695 S. 1),

231 MünchKomm/Busche § 133 Rdnr. 17; Staudinger/Singer § 133 Rdnr. 3; Palandt/Ellenberger § 133 Rdnr. 1.

232 Palandt/Ellenberger § 133 Rdnr. 1.

- dass sie B ein zinsloses Darlehen gewähren wollte, dass B also das Geld erhalten und es für sich verwenden durfte, ohne dafür Zinsen zu zahlen, B jedoch nach Kündigung einen Geldbetrag in gleicher Höhe zurückzahlen sollte (§ 488 Abs. 1 S. 1),
- dass sie B das Geld schenken, also ihm das Geld zuwenden wollte, ohne dass B dafür eine Gegenleistung zu erbringen hatte (§ 516 Abs. 1).

b) Welche Möglichkeit hier in Betracht kommt, muss aus der Sicht eines sorgfältigen Empfängers ermittelt werden. Die Überlassung des Geldes mit dem von drei Zeugen bestätigten Bemerken, er solle das Geld behalten, durfte B dahin verstehen, dass er das Geld endgültig zur Verfügung haben sollte, ohne dafür eine Gegenleistung zu erbringen, dass ihm also das Geld geschenkt werden sollte. Dafür spricht auch der Umstand, dass F mit B befreundet war und sie überhaupt nicht mit einem Verkaufserlös gerechnet hatte. F wollte nach den gesamten Umständen diesen Betrag nicht wieder zurückhaben. Damit liegt ein Schenkungsangebot vor.

Dagegen ist keine konkludente Schenkung anzunehmen, wenn ein hoher Geldbetrag einer Person übergeben wird, zu der keine enge und länger andauernde Beziehung besteht.[233]

2. Das Angebot hat B konkludent angenommen, sodass eine Einigung über die Vertragsbestandteile des Schenkungsvertrags erzielt worden ist.
3. Die Einigung ist gemäß § 518 Abs. 1 S. 1 nur wirksam, wenn das Schenkungsversprechen notariell beurkundet worden ist. Das ist zwar nicht geschehen, doch ist die Schenkung vollzogen und der Formmangel damit geheilt (§ 518 Abs. 2). Es ist zwischen F und B ein wirksamer Schenkungsvertrag zustande gekommen.

II. Ein Rückzahlungsanspruch aus §§ 530, 531 Abs. 1, 812 Abs. 1 S. 2, 1. Alt. wegen groben Undanks besteht nicht. Allein die Tatsache, dass sich die freundschaftlichen Beziehungen abgekühlt haben, genügt nicht zur Tatbestandsverwirklichung.

II. Die Auslegung, wenn ein Empfangsvertreter eingeschaltet ist

Ist ein Empfangsvertreter eingeschaltet, so ist dieser selbst der Empfänger. Die Auslegung hat aus der Sicht des Empfangsvertreters zu erfolgen.[234]

C. Ausnahmen vom Grundsatz der Auslegung aus der Sicht des Empfängers

173 Die Willenserklärung ist nicht aus der Sicht des Empfängers auszulegen, wenn die Erklärung vom Empfänger vorformuliert worden ist.

233 OLG Koblenz, Beschl. v. 26.07.2002 – 3 W 398/02, MDR 2003, 19.

234 BGH, Urt. v. 29.03.2000 – VIII ZR 81/99, ZIP 2000, 1007; MünchKomm/Schramm Vor § 164 Rdnr. 59; Palandt/Ellenberger Einf v § 164 Rdnr. 12.

I. Der Empfänger hat die Erklärung vorformuliert

Hat der Empfänger die Erklärung vorformuliert, muss er den Inhalt der von ihm vorformulierten Erklärung gegen sich gelten lassen, selbst wenn sein aktueller Empfängerhorizont einen anderen Inhalt nahelegt. **174**

Fall 15: Billiger Urlaub nach Werbeprospekt

Der Hotelier H hat seine Preislisten mit gegenüber dem Vorjahr erhöhten Preisen drucken lassen. Beim Versand des Werbematerials, einschließlich dieser Preislisten, werden zum Teil alte Preislisten beigefügt. A bucht im Sommer für drei Wochen ein Doppelzimmer, das nach der ihm vorliegenden alten Preisliste mit 65 € pro Tag ausgezeichnet ist. Nach Beendigung des Urlaubs will A diesen Preis zahlen. H verlangt 80 € pro Tag unter Hinweis darauf, dass A eine Preisliste des Vorjahres erhalten habe. Dieser Preis könne für ihn nicht verbindlich sein. Welchen Preis muss A zahlen?

Ein Anspruch des H gegen A, den erhöhten Preis zu zahlen, ist gegeben, wenn die Parteien sich über diesen Preis geeinigt haben.

I. Mit der Zusendung des Werbematerials einschließlich der Preislisten hat H den A gebeten, bei ihm den Sommerurlaub zu den dort aufgeführten Bedingungen zu verleben und ihm ein entsprechendes Angebot zu machen. H wollte nach dem Zugang des Angebots des A über die Annahme entscheiden. Das Zusenden der Werbeprospekte einschließlich der Preislisten ist lediglich eine Aufforderung zur Abgabe von Angeboten und enthält noch kein Angebot des Erklärenden.[235]

II. A hat das Doppelzimmer bestellt, ohne jedoch den Preis zu nennen. Da ein Angebot immer nur dann vorliegt, wenn es so bestimmt ist, dass mit der einschränkungslosen Annahme der Vertrag zustande kommt, könnte hier mangels Bestimmung der Gegenleistungsverpflichtung kein hinreichend bestimmtes Angebot gegeben sein. Doch hat A konkludent unter Bezugnahme auf die ihm zugesandten Werbeunterlagen und die Preisliste das Angebot gemacht. Er wollte mit der Erklärung zum Ausdruck bringen, dass er gewillt war, den in der Preisliste aufgeführten Preis zu zahlen, sodass ein hinreichend bestimmtes Angebot des A vorliegt. Da H den wahren – inneren – Willen des A nicht erkannt hat und jede Partei dieses Angebot des A anders versteht, muss eine Auslegung der – äußeren – Erklärung erfolgen.

   1. Willenserklärungen sind grundsätzlich unter Berücksichtigung des Empfängerhorizonts auszulegen. H konnte nach den gesamten Umständen als sorgfältiger Empfänger davon ausgehen, dass A seine Bestellung unter Bezugnahme auf die neue Preisliste vorgenommen hatte.[236]

   2. Doch hatte H dem A eine veraltete Preisliste zugesandt und A hat sein Angebot zum Abschluss des Beherbergungsvertrags unter Zugrundelegung dieser Preisliste gemacht. Die von H vorformulierte Preisliste ist somit Bestandteil des Angebots

---

235 Staudinger/Bork § 145 Rdnr. 5.

236 OLG Bremen, Urt. v. 22.04.1999 – 2 U 140/98, OLG-Report 1999, 321.

des A geworden und der vorformulierende H muss die Erklärung des A nach Treu und Glauben mit dem vorformulierten Inhalt gegen sich gelten lassen.

Es ist Sache desjenigen, der die Willenserklärung formuliert, eindeutige Erklärungen abzugeben. Das Misslingen fällt in seinen Risikobereich. Wer Kataloge versendet, Speisekarten auslegt, durch Preislisten, Bekanntmachungen oder öffentliche Anschläge zum Ausdruck bringt, zu welchen Bedingungen er bereit ist, Angebote entgegenzunehmen, muss diese von ihm vorformulierten Erklärungen so gegen sich gelten lassen, wie sie der Besteller verstehen durfte.[237]

Da der vorformulierende H den Inhalt seiner Erklärung gegen sich gelten lassen muss, hat A ein Angebot zu dem Preis der ihm zugesandten Preisliste, also zu dem alten Preis gemacht.

III. Dieses Angebot hat H einschränkungslos angenommen. Da A auf den Zugang der Annahmeerklärung des H verzichtet hat, ist der Vertrag gemäß § 151 mit der Reservierung des Zimmers für A zustande gekommen. A und H haben einen Beherbergungsvertrag über ein Doppelzimmer zum Preis von 65 € pro Tag geschlossen.

IV. Weil H mit der Annahmeerklärung etwas anderes zum Ausdruck gebracht hat, als er mit der Erklärung zum Ausdruck bringen wollte, liegt ein Anfechtungsgrund nach § 119 Abs. 1 vor. Für den Fall der Anfechtung muss er jedoch nach § 122 Schadensersatz zahlen.

II. Fälschung der vorformulierten Erklärung

175 Die vom Empfänger vorformulierte Erklärung wirkt auch dann gegen den Empfänger, wenn diese Erklärung in seinem Geschäftsbereich gefälscht worden ist.

Beispiel: Unbekannte fälschen in der Gastwirtschaft des G die Speisekarte und setzen erheblich niedrigere Preise ein. Die Gäste bestellen nach der Speisekarte.

I. Das Auslegen der Speisekarte ist noch kein Angebot, sondern lediglich eine invitatio, da sich der Wirt erkennbar eine Annahme vorbehalten will, wenn beschriebenen Speisen nicht mehr vorrätig sind.

II. Der Gast macht ein Angebot, das grundsätzlich vom Empfängerhorizont auszulegen ist. Danach würde der Gast ein Angebot zu dem Normalpreis erklären. Die Annahmeerklärung des Wirtes wäre wiederum von dem Empfängerhorizont des Gastes auszulegen und als Annahme zu dem verfälschten, niedrigen Preis anzusehen sein. Bei konsequenter Anwendung der Auslegung vom Empfängerhorizont würde kein Vertrag zustande kommen und die Leistungen nach Bereicherungsrecht abzuwickeln sein.

III. Bei vorformulierten Erklärungen wird nicht nur auf dem Empfängerhorizont abgestellt. Der Gast erklärt das Angebot unter Bezugnahme auf die Speisekarte. Diese entstammt aus der Sphäre des Wirtes. Der Wirt muss sich daher den Inhalt der Speisekarte (den Inhalt seiner invitatio) bei der Auslegung des Angebots des Gastes zurechnen lassen. Damit hat der Gast ein Angebot zu dem auf der Karte ausgezeichneten Preis abgegeben. Die Annahmeerklärung des Wirts ist vom Empfängerhorizont des Gastes auszulegen und beinhaltet ebenfalls den niedrigen, auf der Karte enthaltenen Preis. Es ist damit ein Vertrag über den auf der Karte ausgezeichneten Preis zustande gekommen.[238]

---

237 Wolf/Neuner § 35 Rdnr.19; Medicus AT Rdnr. 324 ff.; BGH NJW 1983, 1903, 1904.

238 Medicus AT Rdnr. 324 f.

D. Die ergänzende Vertragsauslegung

Ist die vertragliche Regelung der Parteien auch unter Berücksichtigung der Auslegungsregeln und des dispositiven Rechts lückenhaft, kann diese Lücke durch ergänzende Vertragsauslegung zu schließen sein. 176

Für das Verhältnis zwischen dispositiven Vorschriften und ergänzender Auslegung gilt Folgendes: Grundsätzlich ist das dispositive Recht vorrangig, weil es Vertragslücken schließt und insoweit die Voraussetzungen der ergänzenden Vertragsauslegung nicht vorliegen. Das dispositive Recht gibt aber nur einen allgemeinen, auf eine typisierte Interessenabwägung gegründeten Beurteilungsmaßstab. Weist der zu regelnde Sachverhalt oder die von den Parteien getroffene Regelung Besonderheiten auf, ist eine diesen Besonderheiten Rechnung tragende ergänzende Vertragsauslegung vorrangig.[239]

Voraussetzungen für eine ergänzende Vertragsauslegung: 177

- Es muss eine **Vertragslücke**, eine planwidrige Unvollständigkeit des Vertrags, bestehen.[240]
- Die Vertragslücke ist durch **Ermittlung des hypothetischen Parteiwillens** zu schließen. Es ist zu ermitteln, was die Parteien im Falle des Erkennens der Regelungslücke bei einer angemessenen Abwägung ihrer Interessen nach Treu und Glauben als redliche Vertragspartner vereinbart hätten.[241]

Fall 16: Zweitkäufer ohne Gewährleistungsansprüche

D verkaufte formgerecht dem V ein gewerblich genutztes Grundstück. Dieser verkaufte es ebenfalls unter Beachtung der notariellen Form an K. Im Kaufvertrag zwischen V und K ist ein Gewährleistungsausschluss vereinbart. Nachdem das Eigentum auf den K umgeschrieben worden ist, stellt sich heraus, dass D dem V arglistig verschwiegen hat, dass das Grundstück mit Ölrückständen verunreinigt ist, deren Beseitigung einen Aufwand von 180.000 € erfordert. Ansprüche des K gegen V?

I. K hat gegen V keine Gewährleistungsansprüche gemäß §§ 434, 437, da V und K wirksam einen Gewährleistungsausschluss vereinbart haben. 178

Der Ausschluss der Gewährleistung ist nicht gemäß § 444 unwirksam, da dem V ein arglistiges Verschweigen nicht vorzuwerfen ist und er auch keine Garantie übernommen hat. Eine Unwirksamkeit des Gewährleistungsausschlusses gemäß § 475 Abs. 1 S. 1 kommt nicht in Betracht, da bei einem Kaufvertrag über ein Grundstück kein Verbrauchsgüterkauf im Sinne des § 474 Abs. 1 S. 1 vorliegt.

II. Es kommt ein Anspruch K gegen V auf Abtretung der dem V gegen D zustehenden Gewährleistungsansprüche nach den Grundsätzen der Drittschadensliquidation in Betracht. Diese würde voraussetzen, dass V gegen D einen Anspruch, aber keinen Schaden hat. V hat aber einen Schaden, auch wenn er einen Kaufpreis von K erhalten hat, bei dessen Bestimmung die Ölverschmutzung nicht berücksichtigt wurde. Nach

239 BGHZ 74, 370, 373; Wolf/Neuner § 35 Rdnr. 66 ff.
240 BGH, Urt. v. 19.12.2001 – XII ZR 281/99, NJW 2002, 1260; Palandt/Ellenberger § 157 Rdnr. 3.
241 BGH, Urt. v. 18.02.2000 – V ZR 334/98, NJW-RR 2000, 894; Palandt/Ellenberger § 157 Rdnr. 7; Schimmel JA 2001, 339, 341.

dem normativen Schadensbegriff kommt dem D die Tatsache, dass V von K einen ungeschmälerten Kaufpreis erlangt hat, nicht zugute.[242]

III. K könnte gegen V einen Anspruch auf Abtretung der dem V gegen D zustehenden Gewährleistungsansprüche aus ergänzender Vertragsauslegung haben.

1. Die ergänzende Auslegung setzt das Bestehen einer Vertragslücke voraus. Diese könnte man mit dem Argument verneinen, dass die Parteien das Risiko des Bestehens von Mängeln bedacht haben und für diesen Fall einen Gewährleistungsausschluss vereinbart haben. Bei der Vereinbarung des Ausschlusses der Gewährleistung gingen die Parteien aber nur von dem allgemeinen Mängelrisiko bei einem bebauten Grundstück aus. Dieses sollte der K übernehmen. Bezüglich des allgemeinen Mängelrisikos ist eine Vertragslücke zu verneinen.[243] Hier liegt allerdings ein das allgemeine Mängelrisiko übersteigendes zusätzliches Risiko einer Bodenverunreinigung durch Schadstoffe vor.[244] V und K hatten keinen Anlass, das zusätzliche Risiko einer Bodenverunreinigung durch Öl zu bedenken und entsprechend zu regeln.

   Eine Regelungslücke besteht daher für den Umstand, dass Bodenbelastungen durch Öl vorlagen, der D dem V die Verunreinigung arglistig verschwiegen hatte und deshalb dem V gegen D noch Gewährleistungsansprüche zustehen.

2. Diese Vertragslücke ist durch Ermittlung des hypothetischen Parteiwillens zu schließen. Dabei sind die Interessen beider Parteien unter Berücksichtigung von Treu und Glauben und der Verkehrssitte gegeneinander abzuwägen. Eine interessengerechte Auslegung kommt zu dem Ergebnis, dass die Parteien das Risiko einer Ölbelastung jedenfalls mit einer Abtretung etwaiger Gewährleistungsansprüche geregelt hätten.

---

242 OLG Hamm NJW 1974, 2091; Wolter NJW 1975, 622; Büdenbender JuS 1976, 153, 155; Soergel/Huber § 463 Rdnr. 58.

243 BGH, Urt. v. 13.02.2004 – V ZR 225/03, NJW 2004, 1873; a.A. Klimke/Lehmann-Richter NJW 2004, 3672.

244 BGH NJW 1997, 652.

2. Teil: Die Bedingung und Befristung

Wenn der Erklärende will, dass mit Abschluss des Rechtsgeschäfts die erstrebten Rechtsfolgen noch nicht oder nicht endgültig eintreten sollen, so kann das Wirksamwerden oder Wirksambleiben des Rechtsgeschäfts von einer Bedingung oder einer Befristung abhängig gemacht werden.

1. Abschnitt: Die Bedingung

A. Der Begriff der Bedingung

Sollen die mit dem Rechtsgeschäft erstrebten Rechtsfolgen noch nicht oder nicht endgültig mit der Abgabe der Erklärungen eintreten, sondern erst mit dem Eintritt eines zukünftigen ungewissen Ereignisses, so wird das Rechtsgeschäft unter einer Bedingung getätigt. **179**

I. Die aufschiebende und auflösende Bedingung

Bezogen auf den Zeitpunkt des Wirksamwerdens des Rechtsgeschäfts ist zu unterscheiden: **180**

- Will die Partei, dass die Rechtsfolgen der Erklärung erst mit dem Eintritt eines zukünftigen ungewissen Ereignisses eintreten sollen, so vereinbaren sie eine aufschiebende Bedingung, § 158 Abs. 1.
- Soll das Rechtsgeschäft bereits mit Abschluss wirksam werden, aber mit dem Eintritt eines ungewissen Ereignisses enden, dann handelt es sich um eine auflösende Bedingung, § 158 Abs. 2.

Trotz dieser klaren Abgrenzungskriterien kann im Einzelfall fraglich sein, was die Parteien konkret gewollt haben. Ob eine aufschiebende oder eine auflösende Bedingung gewollt ist, muss im Wege der Auslegung ermittelt werden. Teilweise sind im Gesetz hierzu Auslegungsregeln enthalten.[245] **181**

Beispiel: K will von V ein Fertighaus kaufen, sofern er vom Eigentümer E ein passendes Grundstück erwerben kann. Schließen K und V bereits jetzt den Vertrag und vereinbaren, dass K nur dann zur Abnahme und Bezahlung verpflichtet ist, wenn er das Grundstück von E erwerben kann, so kann hierin gesehen werden die Vereinbarung
1. einer aufschiebenden Bedingung dahingehend, dass die Wirksamkeit des Vertrags dann eintreten soll, wenn K von E rechtsverbindlich ein Grundstück zum Erwerb angeboten bekommt, oder
2. einer auflösenden Bedingung dahingehend, dass der Vertrag außer Kraft tritt, wenn es K nicht gelingt, das in Aussicht genommene Grundstück von E zu erwerben.
Aufgrund der Interessenlage, nach der K zunächst überhaupt keine Verpflichtungen aus dem Kaufvertrag übernehmen will, ist – in diesen Fällen regelmäßig – vom Vorliegen einer aufschiebenden Bedingung auszugehen.

245 Vgl. § 449 Abs. 1, § 454 Abs. 1 S. 2, § 2075.

II. Die kasuelle Bedingung, die Potestativbedingung und die Wollensbedingung

182 Bezogen auf die Art und Weise des Eintritts des zukünftigen ungewissen Ereignisses kann unterschieden werden:

- Ist der Eintritt des zukünftigen Ereignisses vom Willen der Parteien unabhängig, so handelt es sich um eine kasuelle, zufällige Bedingung.
- Ist der Eintritt des zukünftigen ungewissen Ereignisses vom Willen einer Partei abhängig, so handelt es sich um eine **Potestativbedingung**. Diese ist unstreitig zulässig, wenn es sich bei der Bedingung um ein objektives Ereignis handelt, das eine Partei gewollt eintreten lassen kann.[246]

  Beispiele:

  V verkauft dem K eine Sache unter Eigentumsvorbehalt. Die Eigentumsübertragung erfolgt unter der aufschiebenden Bedingung vollständiger Kaufpreiszahlung (§ 449 Abs. 1). Diese ist ein objektives Ereignis, das vom Willen einer Partei abhängt.

  Erfolgt die Erbeinsetzung eines Ehegatten unter der auflösenden Bedingung der Wiederverheiratung, handelt es sich um eine gemäß § 2075 zulässige Potestativbedingung.[247]

- Bei den „Wollensbedingungen" handelt es sich um Potestativbedingungen, für deren Eintritt lediglich das Wollen einer Partei entscheidend sein soll. Es steht im Belieben der Partei, ob das Rechtsgeschäft wirksam wird.[248]

  Den gesetzlichen Fall einer solchen Bedingung enthält § 454 Abs. 1 S. 2. Der Kauf auf Probe steht im Zweifel unter der aufschiebenden Bedingung der Billigung, wobei diese im Belieben des Käufers steht.

  Ob Wollensbedingungen über den Fall des § 454 Abs. 1 S. 2 hinaus anzuerkennen sind, ist umstritten.

  Beispiel: V verkauft dem K notariell ein Grundstück für 300.000 € unter der aufschiebenden Bedingung, dass der Kaufvertrag erst dann wirksam werden soll, wenn K dies erklärt (Ankaufsrecht, Kaufoption).

  I. In der Literatur wird die Wollensbedingung teilweise abgelehnt. Wenn es im Belieben einer Partei stehe, ob eine Vereinbarung gelten solle, sei noch kein verbindliches Rechtsgeschäft zustande gekommen. Den Interessen der Parteien könne durch ein Angebot mit verlängerter Bindungswirkung, den Abschluss eines Vorvertrags oder durch die Vereinbarung eines Rücktrittsvorbehalts Rechnung getragen werden.[249]

  II. Die Gegenansicht, insbesondere die Rechtsprechung, lässt die Konstruktion eines verbindlichen Vertrags unter der aufschiebenden Bedingung einer im Belieben einer Partei stehenden Billigung zu. Die Parteien gingen ungeachtet der Bedingung schon mit Abschluss des Vertrags eine Bindung ein. Der Verkäufer binde sich endgültig, der Käufer lege sich bereits auf den möglichen Inhalt des Vertrags fest.[250] Der Vertragsabschlusstatbestand sei bereits vollzogen und die Wollensbedingung stelle nur einen einseitigen Akt außerhalb des Vertragsschlusses dar.[251]

---

246 Staudinger/Bork Vorbem. zu §§ 158 ff. Rdnr. 16; Soergel/Wolf Vor § 158 Rdnr. 23.

247 BGHZ 96, 198, 202.

248 Staudinger/Bork Vorbem. zu §§ 158 ff. Rdnr. 16; Soergel/Wolf Vor § 158 Rdnr. 25 ff.

249 Staudinger/Bork Vorbem. zu §§ 158 ff. Rdnr. 19; MünchKomm/H.P. Westermann § 158 Rdnr. 21.

250 BGH WM 1996, 1734; vgl. auch BGH NJW 1996, 3338.

251 Soergel/Wolf Vor § 158 Rdnr. 28.

III. Die Rechtsbedingung ist keine Bedingung i.S.d. § 158

Keine Bedingungen i.S.d. §§ 158 ff. sind die Rechtsbedingungen, die bereits kraft Gesetzes vorliegen müssen, damit das Rechtsgeschäft überhaupt wirksam wird. 183

Beispiel: Schließt der Minderjährige einen Kaufvertrag unter der „Bedingung" ab, dass seine Eltern zustimmen, so handelt es sich um eine gesetzliche Wirksamkeitsvoraussetzung und nicht um eine Bedingung i.S.d. § 158. Die Aufnahme einer solchen Rechtsbedingung in die vertragliche Vereinbarung ist rechtlich bedeutungslos. Sie hat allenfalls klarstellende Bedeutung in der Weise, dass darauf hingewiesen wird, dass mit der Abgabe der Erklärung als solche das Rechtsgeschäft noch nicht wirksam ist. Im Übrigen kann dadurch die Kenntnis einer Partei von einem bestimmten Umstand nachgewiesen werden.

B. Die Zulässigkeit der Bedingung

Grundsätzlich ist eine Bedingung bei jedem Rechtsgeschäft zulässig, auch bei Verfügungsgeschäften. Bestimmte Rechtsgeschäfte sind jedoch bedingungsfeindlich: 184

- Bedingungsfeindlich kraft gesetzlicher Vorschrift sind beispielsweise die Auflassung (§ 925 Abs. 2) sowie im Familienrecht die Eheschließung (§ 1311 S. 2) und die Anerkennung der Vaterschaft (§ 1594 Abs. 3).

- Bedingungsfeindlich sind i.d.R. auch einseitige Rechtsgeschäfte, z.B. die Ausübung von Gestaltungsrechten (Anfechtung, Rücktritt, Kündigung), da dem Erklärungsempfänger eine Ungewissheit oder ein Schwebezustand nicht zugemutet werden kann. Für die Aufrechnungserklärung ist dies ausdrücklich in § 388 S. 2 geregelt.[252]

  Diese Gründe für die Bedingungsfeindlichkeit sind nicht gegeben, wenn die Ausübung von Gestaltungsrechten mit solchen Bedingungen versehen wird, die den Erklärungsempfänger nicht in eine ungewisse Lage versetzen. Das gilt insbesondere für die in das Belieben des Erklärungsempfängers gestellten Potestativbedingungen.[253]

  Beispiel: Arbeitgeber G kündigt den Arbeitsvertrag mit dem Arbeitnehmer N unter der Bedingung, dass N nicht bereit ist, einen anderen Platz in der Firma einzunehmen, d.h. er spricht eine Änderungskündigung aus.

C. Die Rechtsfolgen des bedingten Rechtsgeschäfts

I. Folgen des Eintritts der Bedingung

Mit Eintritt der Bedingung treten die vereinbarten Rechtsfolgen ein. Das aufschiebend bedingte Rechtsgeschäft wird endgültig wirksam; das auflösend bedingte Rechtsgeschäft wird endgültig unwirksam. Der Eintritt der Bedingung wirkt nicht zurück (§ 158 „mit dem Eintritt"). Die Parteien können aber gemäß § 159 eine schuldrechtliche Rückwirkung vereinbaren. 185

---

252 Staudinger/Bork Vorbem. zu §§ 158 ff. Rdnr. 38 ff.; MünchKomm/H.P. Westermann § 158 Rdnr. 28, 29.

253 BGHZ 97, 264, 267; Palandt/Ellenberger Einf vor § 158 Rdnr. 13.

II. Der Schutz des bedingt Berechtigten nach §§ 160–162

186 Vom Zeitpunkt des Abschlusses des aufschiebend bedingten Vertrags bis zum Bedingungseintritt, dem endgültigen Wirksamwerden des Vertrags, ist der bedingt Berechtigte gemäß §§ 160–162 geschützt.

- Er kann bei verschuldeter Beeinträchtigung seiner Rechtsposition Schadensersatz verlangen (§ 160).
- Er ist vor beeinträchtigenden Verfügungen gemäß § 161 geschützt.
- Er ist gemäß § 162 vor unzulässigen Einwirkungen auf den Eintritt der Bedingung geschützt.

1. Die Haftung des Verpflichteten während der Schwebezeit gemäß § 160

187 Tritt die aufschiebende Bedingung ein und kann der Verpflichtete aus zu vertretenden Gründen seine Vertragspflicht nicht erfüllen, so haftet er gemäß § 160 auf Schadensersatz. Im Regelfall bedarf es jedoch keines Rückgriffs auf § 160, wenn der Verpflichtete Pflichten aus dem zugrunde liegenden Kausalgeschäft verletzt hat. Nur wenn die bedingte Verfügung bei Eintritt der Bedingung durch zu vertretendes Verhalten des Verpflichteten beeinträchtigt wird, greift § 160 ein. Diese Vorschrift begründet ein gesetzliches Schuldverhältnis, aus dem sich Schutzpflichten zugunsten des Erwerbers während der Schwebezeit ergeben.[254]

2. Der Schutz vor Verfügungen gemäß § 161

188
- Derjenige, der aufschiebend bedingt sein Recht – insbesondere das Eigentum an beweglichen Sachen – auf eine andere Person übertragen hat, bleibt auflösend bedingt Berechtigter – Eigentümer –, sodass zwei Rechtsinhaber vorhanden sind. Der bisherige Eigentümer als auflösend bedingt Berechtigter und der Erwerber als aufschiebend bedingt Berechtigter.
- Tritt die aufschiebende Bedingung ein, so erlangt der Erwerber das Vollrecht. Der bisherige auflösend bedingte Rechtsinhaber verliert sein Recht.
- Verfügt der auflösend bedingt Berechtigte zugunsten eines Dritten, so gilt:
  - Ist der Dritte im Hinblick auf die bereits erfolgte aufschiebend bedingte Verfügung bösgläubig, so erwirbt er zwar das Recht, aber gemindert um die aufschiebend bedingte Berechtigung des Dritten, sodass er im Falle des Eintrittes der aufschiebenden Bedingung sein – auflösend bedingtes – Recht verliert.
  - Ist der Dritte im Hinblick auf die Verfügung zugunsten des bedingt Berechtigten gutgläubig, so gelten gemäß § 161 Abs. 3 die Regeln des Erwerbs vom Nichtberechtigten. Er erwirbt das Vollrecht.

---

254 Staudinger/Bork § 160 Rdnr. 1; MünchKomm/H.P. Westermann § 160 Rdnr. 3.

Beispiel: V verkauft dem K ein Gemälde unter der aufschiebenden Bedingung der Kaufpreiszahlung und übergibt ihm das Gemälde. Später verkauft V das Gemälde an X. Er erklärt dem X, er habe das Gemälde dem K geliehen. Die Übereignung an X erfolgt gemäß §§ 929, 931 unter Abtretung des Anspruchs aus der Leihe.

I. X hat das Gemälde gemäß §§ 929, 931 vom verfügungsberechtigten Eigentümer, also vom Berechtigten, erworben.

II. Doch diese Verfügung ist im Falle der Kaufpreiszahlung gemäß § 161 Abs. 1 dem K gegenüber unwirksam. Im Verhältnis zum K ist V noch Eigentümer, sodass K das Eigentum erwirbt gemäß § 929, es sei denn, der X hat gemäß §§ 161 Abs. 3, 932 ff. uneingeschränkt Eigentum erworben.

III. Der X war gutgläubig. Er wusste nichts von der bedingten Verfügung des V an K. Doch da der Herausgabeanspruch aus Leihe nicht bestand, hat X mangels Übergabe nicht gemäß § 934 lastenfreies Eigentum erworben. Der Erwerb hätte erst eintreten können, wenn dem X das Gemälde übergeben worden wäre. Somit hat K mit Zahlung des Kaufpreises – dem Eintritt der Bedingung – das Eigentum erworben. (K ist als bedingt Berechtigter Anwartschaftsberechtigter. Das Anwartschaftsrecht erstarkt zum Vollrecht.)

Examensrelevant ist die bedingte Übereignung beweglicher Sachen, d.h. die Einräumung eines Anwartschaftsrechts. **189**

- Es sind zwei Berechtigte vorhanden: Der (Noch-)Eigentümer, dessen Eigentumsrecht um das Anwartschaftsrecht des bedingt Berechtigten gemindert ist und der bedingt Berechtigte (Anwartschaftsberechtigte), der mit dem Eintritt der Bedingung Volleigentümer wird.
- Der (Noch-)Eigentümer ist im Verhältnis zu Dritten weiterhin Eigentümer und somit auch zur Verfügung berechtigt.
- Nur im Verhältnis zum Anwartschaftsberechtigten ist die Verfügung zugunsten des Dritten gemäß § 161 unwirksam (relative Unwirksamkeit), es sei denn, der Dritte hat uneingeschränkt Eigentum, also das Volleigentum gemäß §§ 161 Abs. 3, 932 ff. erworben.
- Tritt die Bedingung ein und ist der Anwartschaftsberechtigte noch Inhaber des Rechts, wird er Volleigentümer.

3. Der Schutz des Berechtigten gemäß § 162

Der bedingt Berechtigte ist vor unzulässigen Einwirkungen auf den Eintritt der Bedingung geschützt. Die Bedingung gilt als eingetreten, wenn der Eintritt von der Partei, zu deren Nachteil sie gereichen würde, wider Treu und Glauben verhindert wird (§ 162 Abs. 1). Die Bedingung gilt als nicht eingetreten, wenn ihr Eintritt von der Partei, zu deren Vorteil sie gereicht, wider Treu und Glauben herbeigeführt wird (§ 162 Abs. 2). **190**

2. Abschnitt: Die Befristung

A. Der Begriff der Befristung

191 Befristet ist ein Rechtsgeschäft, wenn seine Rechtswirkungen von einem zukünftigen, gewissen Ereignis aufschiebend (Anfangstermin) oder auflösend (Endtermin) abhängig gemacht werden, § 163. Meist ist das Ereignis ein kalendermäßiges Datum, es kann aber jeder sichere Umstand sein, z.B. der Tod einer Person. Der Unterschied zwischen einer Bedingung und einer Befristung besteht darin, dass bei der Befristung eine Gewissheit besteht, während beim Bedingungseintritt die Ungewissheit besteht.

B. Befristet oder betagt?

192 Bei Forderungen ist die Befristung von der Betagung abzugrenzen. Die aufschiebend befristete Forderung entsteht erst in der Zukunft, die betagte Forderung besteht dagegen schon jetzt, ist aber noch nicht fällig.[255] Ob bei Vereinbarung eines Anfangstermins Befristung oder Betagung gewollt ist, ist Auslegungsfrage.

Die Unterscheidung der betagten von der befristeten Forderung hat insbesondere Bedeutung für die Vorschrift des § 813 Abs. 2. Wird eine betagte Verbindlichkeit vorzeitig erfüllt, so ist die Rückforderung danach ausgeschlossen, da ein unnötiges Hin und Her der dem Grunde nach gewissen Leistung vermieden werden soll. Wird dagegen eine Leistung auf eine aufschiebend befristete Forderung erbracht, so kann diese nach h.M. gemäß § 812 zurückverlangt werden.[256]

C. Die entsprechende Anwendung der Regeln der Bedingung

193 Auf die Befristung finden die Regeln über die Bedingung – soweit dies der Natur der Befristung entspricht – entsprechende Anwendung. Die Vorschrift des § 163 verweist jedoch nicht auf die §§ 159 und 162, sodass diese Bestimmungen nicht entsprechend anwendbar sind.

Nach h.M. können die Parteien jedoch im Rahmen der Vertragsfreiheit bestimmen, dass eine obligatorische Rückwirkung eintreten soll.[257]

---

255 Staudinger/Bork § 163 Rdnr. 2; MünchKomm/H.P. Westermann § 163 Rdnr. 3; Palandt/Ellenberger § 163 Rdnr. 1.

256 Palandt/Ellenberger § 163 Rdnr. 2.

257 Staudinger/Bork § 163 Rdnr. 8.

Bedingung und Befristung

Begriff der Bedingung

- jedes zukünftige ungewisse Ereignis
- Soll das Rechtsgeschäft erst mit Eintritt wirksam werden, handelt es sich um eine **aufschiebende** Bedingung; soll es bei Eintritt enden, ist eine **auflösende** Bedingung gegeben.
- Wenn der Eintritt vom Willen der Parteien unabhängig ist, liegt eine kasuelle Bedingung vor. Ist das künftige Ereignis willensabhängig, liegt eine Potestativbedingung vor (Sonderfall: Wollensbedingung).
- Keine Bedingung i.S.d. § 158 ist die Rechtsbedingung.

Zulässigkeit der Bedingung

- Grundsätzlich kann jedes Rechtsgeschäft von dem Eintritt eines künftigen ungewissen Ereignisses abhängig gemacht werden.
- bedingungsfeindlich sind:
  - gesetzlich bestimmte Fälle (z.B.: Auflassung, § 925 Abs. 2; Eheschließung, § 1311 S. 2).
  - einseitige Rechtsgeschäfte (insbesondere Gestaltungsrechte), es sei denn, es entsteht für den Vertragspartner keine Ungewissheit.

Schutz des bedingt Berechtigten

- Schadensersatzanspruch aus § 160
- Schutz des bedingt Berechtigten aus § 161
  - Weitere Verfügungen des Rechtsinhabers sind dem bedingt Berechtigten gegenüber gemäß § 161 Abs. 1 (Abs. 2) unwirksam.
  - Zugunsten des Erwerbers greifen allerdings gemäß § 161 Abs. 3 die Regeln des Erwerbs vom Nichtberechtigten ein.
- Wird der Eintritt der Bedingung wider Treu und Glauben verhindert, gilt die Bedingung gemäß § 162 Abs. 1 als eingetreten. Entsprechendes gilt für die auflösende Bedingung.

Befristung

zukünftiges gewisses Ereignis ist für Beginn oder Ende der Rechtswirkung maßgeblich

- Die Regeln über die Bedingung finden entsprechende Anwendung.
- § 163 verweist nicht auf § 159 und § 162.

3. Teil: Die Vertretung

194 Die mit der Willenserklärung erstrebte Rechtsfolge tritt grundsätzlich in der Person des Erklärenden ein. Wenn der Erklärende jedoch zum Ausdruck bringt, dass er die Willenserklärung für einen anderen abgibt – er also im fremden Namen handelt –, dann treten die Rechtsfolgen in der Person ein, für die gehandelt worden ist, wenn der Erklärende vertretungsberechtigt ist.

Vertretung i.S.d. §§ 164 ff. ist rechtsgeschäftliches Handeln für einen anderen. Im Vertretungsrecht gilt das **Repräsentationsprinzip**, d.h. der Vertreter ist der rechtsgeschäftlich Handelnde. Er formuliert die Willenserklärung und bewirkt den Zugang. Doch die Wirkungen dieser Erklärung treffen denjenigen, für den der Vertreter mit Vertretungsmacht gehandelt hat.[258]

In den Fällen der Vertretung sind also drei Personen am Rechtsgeschäft beteiligt:

- der **Vertreter**, der die Willenserklärung im fremden Namen abgibt, der also das Rechtsgeschäft mit dem anderen tätigt (Aktivvertretung, § 164 Abs. 1) oder die Willenserklärung des anderen entgegennimmt (Passivvertretung, § 164 Abs. 3);
- der **Vertretene**, bei dem die Rechtsfolgen der abgegebenen Willenserklärung eintreten sollen und auch tatsächlich eintreten, wenn der Vertreter Vertretungsmacht besitzt;
- der **Partner**, dem gegenüber der Vertreter im fremden Namen das Rechtsgeschäft tätigt.

195 Damit – bei der Aktivvertretung – die Rechtsfolgen den Vertretenen treffen, müssen folgende Voraussetzungen gegeben sein:

- Die Stellvertretung muss **zulässig** sein.

  Eine Vertretung kommt grundsätzlich nur bei rechtsgeschäftlichem Handeln in Betracht (vgl. § 164 Abs. 1: „Eine Willenserklärung …"). Sie kann durch spezielle Normen (z.B. § 1311 für die Eheschließung) ausgeschlossen sein.

- Der Vertreter muss eine **eigene Willenserklärung** abgeben.

  § 164 Abs. 1: „Eine Willenserklärung, **die jemand** [d.h. der Vertreter] … **abgibt**". Im Unterschied zum Vertreter überbringt der Bote eine fremde Willenserklärung.

- Bei der Abgabe der Erklärung muss der Vertreter **im fremden Namen**, d.h. im Namen des Vertretenen handeln.
- Der Vertreter muss **Vertretungsmacht** besitzen.

1. Abschnitt: Die Zulässigkeit der Vertretung

196 Die Vertretung ist bei allen **Rechtsgeschäften** zulässig, die **nicht höchstpersönlich** vorzunehmen sind.

---

258 Palandt/Ellenberger Einf v § 164 Rdnr. 2; Staudinger/Schilken Vorbem. zu §§ 164 ff. Rdnr. 32.

A. Rechtsgeschäfte

Die Vertretungsregeln der §§ 164 ff. gelten grundsätzlich nur für die Vornahme von Rechtsgeschäften. Auf geschäftsähnliche Handlungen, wie z.B. die Mahnung gemäß § 286 Abs. 1, sind die Vorschriften über die Vertretung entsprechend anwendbar. Die §§ 164 ff. können aber nicht – auch nicht entsprechend – auf die übrigen rechtlich erheblichen Verhaltensweisen angewandt werden. Insbesondere gibt es keine Stellvertretung: 197

- bei der Ausführung von **Realakten**, wie der Verbindung, Vermischung, Verarbeitung gemäß §§ 946 ff. Der Eigentumserwerb tritt gemäß §§ 946 ff. unabhängig davon ein, wer die Verbindung vorgenommen hat und welchen Willen der Handelnde hatte.
- bei dem **Erwerb** oder der **Übertragung des Besitzes**. Wer die tatsächliche Gewalt über eine Sache für einen anderen in dessen Haushalt, Erwerbsgeschäft oder ähnlichem Verhältnis ausübt, ist Besitzdiener (§ 855). Besitzt jemand eine Sache als Nießbraucher, Pfandgläubiger, Pächter, Mieter usw., so ist auch der andere, gegenüber dem er auf Zeit zum Besitz berechtigt ist, mittelbarer Besitzer, § 868.
- bei der **Vornahme rechtswidriger Handlungen**. Die rechtswidrigen Handlungen werden unter den Voraussetzungen der §§ 278, 831, 31, 89 zugerechnet.
  - Nach § 278 wird dem Geschäftsherrn die schuldhafte Vertragsverletzung seines Erfüllungsgehilfen zugerechnet.
  - Gemäß § 831 haftet der Geschäftsherr für rechtswidrige unerlaubte Handlungen seines Verrichtungsgehilfen und
  - gemäß §§ 31, 89 sind die juristischen Personen für das rechtswidrige schuldhafte Verhalten ihrer Organe verantwortlich.

B. Die höchstpersönlichen Rechtsgeschäfte

- Im **Gesetz** ist vor allem im Familien- und Erbrecht angeordnet, dass bestimmte Rechtsgeschäfte höchstpersönlich getätigt werden müssen, sodass eine Vertretung unzulässig ist. 198

  Im Familienrecht ist die Vertretung unzulässig z.B.

  - bei der Eheschließung, § 1311
  - bei der Anfechtung der Vaterschaft, § 1600 a Abs. 1

  Im Erbrecht sind insbesondere nachstehende Rechtsgeschäfte höchstpersönlich zu tätigen:

  - Errichtung einer Verfügung von Todes wegen, § 2064
  - Widerruf der testamentarischen Anordnung, § 2254 i.V.m. § 2064; Rücknahme des Testaments, § 2256 Abs. 2 S. 2
  - Erbverzicht, §§ 2347 Abs. 2, 2351

- Die künftigen Vertragspartner können vereinbaren, dass die Rechtsgeschäfte zwischen ihnen höchstpersönlich getätigt werden müssen, **gewillkürte** Höchstpersönlichkeit.[259]

Tritt in diesen Fällen dennoch jemand als Vertreter auf, ist die von ihm abgegebene Willenserklärung ohne Genehmigungsmöglichkeit nichtig.

2. Abschnitt: Eigene Willenserklärung im fremden Namen

199 Vertreter ist nur, wer eine eigene Willenserklärung abgibt. Überbringt der Handelnde hingegen eine fremde, vom Geschäftsherrn vorformulierte Erklärung, so wird er als Bote tätig.

Der Vertreter muss im fremden Namen handeln. Er muss zum Ausdruck bringen, dass die Rechtsfolge der Willenserklärung, die er abgibt, nicht ihn sondern einen anderen treffen soll. Versäumt er, die „Fremdbestimmung" zum Ausdruck zu bringen, so wirkt die Erklärung für und gegen ihn (§ 164 Abs. 2).

A. Vertreter oder Bote

200 Der Vertreter gibt eine eigene Willenserklärung ab, wohingegen der Bote lediglich eine fremde Willenserklärung überbringt. Eine eigene Willenserklärung liegt dann vor, wenn der Vertreter einen **eigenen Entscheidungsspielraum** hat bezüglich der Frage, ob das Rechtsgeschäft überhaupt abgeschlossen werden soll, der Auswahl des Geschäftspartners oder des Inhalts des Rechtsgeschäfts (z.B. Preis, Leistung[260]).

Vertretung kann aber auch dann vorliegen, wenn die Willenserklärung im Innenverhältnis in allen Einzelheiten vom Vertretenen vorgegeben ist („Vertreter mit gebundener Marschroute"). Entscheidend ist, dass die Hilfsperson im Außenverhältnis zum Vertragspartner die maßgebliche Willenserklärung formuliert.[261]

201 Ist zweifelhaft, ob jemand als Vertreter oder Bote tätig geworden ist, ist auf das **äußere Auftreten** des Handelnden gegenüber dem Erklärungsgegner abzustellen. Bote ist danach derjenige, von dem der Geschäftspartner den Eindruck haben muss, er nehme nur eine Übermittlungsfunktion wahr. Gibt der Handelnde dagegen zu erkennen, dass er eine eigene, selbstständig formulierte Willenserklärung abgibt, so liegt Vertretung selbst dann vor, wenn dem Vertreter diese Willenserklärung im Innenverhältnis in allen Einzelheiten vorgegeben war. Entscheidend ist, wie der Handelnde nach außen hin aufgetreten ist.[262]

Die Abgrenzung zwischen Vertreter und Boten ist in folgenden Fällen von Bedeutung:

- Vertreter kann gemäß § 165 eine in der **Geschäftsfähigkeit** beschränkte Person sein.[263] Bote kann dagegen auch der Geschäftsunfähige sein, wenn er zur Überbringung der Erklärung in der Lage ist.

---

259 BGHZ 99, 90, 94; Palandt/Ellenberger Einf v § 164 Rdnr. 4; MünchKomm/Schramm Vor § 164 Rdnr. 73.

260 Monhemius JA 1998, 378, 380.

261 Bork Rdnr. 1346.

262 BGHZ 12, 327, 334; MünchKomm/Schramm Vor § 164 Rdnr. 44; Staudinger/Schilken Vorbem. zu §§ 164 ff. Rdnr. 74; Soergel/Leptien Vor § 164 Rdnr. 44; Bork Rdnr. 1345; Brehm Rdnr. 439; Giesen/Hegermann Jura 1991, 357, 359.

263 Chiusi Jura 2005, 532 ff.

- Ist ein Rechtsgeschäft **formbedürftig**, muss bei der Stellvertretung die Willenserklärung des Vertreters, bei der Botenschaft die des Geschäftsherrn der Form genügen.
- Kommt es auf die **Kenntnis** oder das Kennenmüssen von Umständen an, ist gemäß § 166 Abs. 1 grundsätzlich auf die Person des Vertreters abzustellen. Bei der Botenschaft ist die Person des Geschäftsherrn entscheidend.
- Beim **Empfang** einer Willenserklärung kann derjenige, der die Erklärung entgegennimmt, Empfangsvertreter (§ 164 Abs. 3) oder Empfangsbote sein.
  - Für die **Auslegung** der Willenserklärung ist beim Empfangsvertreter dessen Empfängerhorizont, beim Empfangsboten derjenige des Geschäftsherrn entscheidend.
  - Der **Zugang** ist bei der Empfangsvertretung bewirkt, wenn der Vertreter die Möglichkeit der Kenntnisnahme hatte und mit dieser zu rechnen ist. Nimmt ein Empfangsbote eine Erklärung entgegen, ist bezüglich der Zugangsvoraussetzungen auf die Person des Geschäftsherrn abzustellen.

I. Vertretung auch bei der „gebundenen Marschroute"

Vertreter ist der Handelnde auch dann, wenn er das ihm vom Geschäftsherrn aufgetra- **202**
gene inhaltlich bestimmte Rechtsgeschäft als Vertreter tätigt.[264]

Beispiel: V schließt mit K formgerecht einen Kaufvertrag über ein Grundstück, die Auflassung soll erst nach Zahlung des Kaufpreises durch K erfolgen. In derselben Urkunde bevollmächtigt V den Bürovorsteher B des beurkundenden Notars, die Auflassungserklärung für ihn abzugeben. Nach Zahlung des Kaufpreises teilt V dem B mit, dass die Auflassung erfolgen könne. B erklärt daraufhin im Namen des V vor dem Notar die Auflassung gegenüber K. K wird als Eigentümer eingetragen. Hat K das Eigentum erworben?

K hat gemäß §§ 873, 925 mit der Eintragung das Eigentum am Grundstück erworben, wenn eine wirksame Auflassung erfolgt ist. Nach § 925 muss die Auflassung in Anwesenheit der beiden Erklärenden – Parteien oder Vertreter – erfolgen. Für den Veräußerer V hat der Bürovorsteher B den Eigentumsübertragungswillen im Namen des V mit dessen Vertretungsmacht vor dem Notar erklärt und K war damit einverstanden. Obwohl dem B bezüglich des Inhalts der Auflassung und auch darüber, ob er die Auflassung erklären wollte, keine eigene Entscheidungsfreiheit zustand, ist er nach außen als Vertreter aufgetreten. Damit ist dem Formerfordernis des § 925 genügt.
Wäre B dagegen als Bote aufgetreten und hätte dementsprechend keine eigene, sondern eine fremde Willenserklärung – die des V – abgegeben, wäre diese formnichtig, da der Erklärende V nicht anwesend war. Haben die Parteien in diesen Fällen gewusst, dass nur bei Auftreten als Vertreter ein formgerechter Abschluss vorliegt, ist im Zweifel von Vertretung auszugehen.

II. Der Handelnde tritt nicht so auf, wie ihm aufgetragen worden ist

Tritt der Handelnde weisungswidrig nach außen als Vertreter oder Bote auf, ist die Wirk- **203**
samkeit des Rechtsgeschäfts des Handelnden davon abhängig, ob das getätigte Rechtsgeschäft von der Boten- bzw. Vertretungsmacht gedeckt ist.

---

264 Bork Rdnr. 1346.

1. Das getätigte Rechtsgeschäft wird von der Boten- bzw. Vertretungsmacht gedeckt

204 Wenn der Handelnde nach der Weisung des Geschäftsherrn als Vertreter tätig werden sollte, er nach außen aber – bewusst oder unbewusst – als Bote aufgetreten ist, wirkt die Willenserklärung für und gegen den Geschäftsherrn, falls die Rechtsfolgen, die die Willenserklärung auslöst, identisch sind mit denen, die im Falle des Handelns als Vertreter eingetreten wären. Obwohl hier weder der Geschäftsherr (er hat die Willenserklärung nicht formuliert) noch der „Vertreter" (er hat keine eigene, sondern eine vermeintlich fremde Willenserklärung abgegeben) eine Willenserklärung abgegeben haben, wird eine Bindung des Geschäftsherrn angenommen, denn diesem kommt es nur darauf an, mit welchem Inhalt und nicht wie das Rechtsgeschäft zustande kommt.[265]

205 Wenn der Handelnde als Bote auftreten sollte, er aber nach außen – bewusst oder unbewusst – als Vertreter aufgetreten ist, wirkt die Willenserklärung ebenfalls für und gegen den Geschäftsherrn, wenn der Handelnde bezüglich des Inhalts des Rechtsgeschäfts weisungsgemäß tätig geworden ist. Aus der Botenmacht ergibt sich hier zugleich die Vertretungsmacht; einer Genehmigung gemäß § 177 bedarf es nicht.[266]

2. Das getätigte Rechtsgeschäft wird von der Boten- bzw. Vertretungsmacht nicht gedeckt

206 Tritt der als Bote eingesetzte Mittler – bewusst oder unbewusst – als Vertreter auf und weicht er von der vom Geschäftsherrn vorformulierten Erklärung ab, handelt er als Vertreter ohne Vertretungsmacht; es gelten unmittelbar die §§ 177–179.[267]

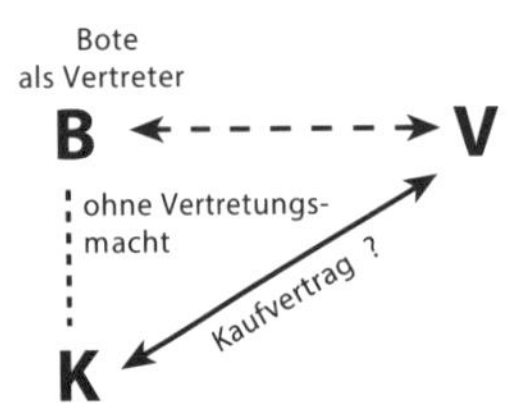

Beispiel: Der Kunsthändler K hat mit V über den Ankauf eines Gemäldes verhandelt. Später beauftragt K den Angestellten B, dem V mitzuteilen, dass er, K, das Bild für 17.000 € kaufe, wenn V die Echtheitsgarantie übernehme. B verhandelt mit V über die Kaufbedingungen. Er schließt nach längerem Hin und Her im Namen des K einen Kaufvertrag über 30.000 € ab.
Wirkt dieser Vertrag für und gegen K?

V und B haben sich über den Kauf geeinigt. Diese Einigung wirkt für und gegen K, wenn K wirksam vertreten worden ist.

I. Entgegen seiner Weisung hat B eine eigene Willenserklärung im Namen des K abgegeben und damit als Vertreter des K gehandelt.

II. B hatte keine Vertretungsmacht. K kann das Auftreten des B gemäß § 177 genehmigen. Verweigert er die Genehmigung, haftet der vollmachtlose Vertreter B dem V aus § 179.

207 Handelt der Vertreter als Bote und wird das Handeln nicht von der Boten- bzw. Vertretungsmacht gedeckt, so sind die Regeln der §§ 177–179 nach der h.M. entsprechend anwendbar, unabhängig davon, ob er bewusst von der ihm erteilten Vollmacht abweicht oder ob eine Beauftragung als Bote fehlt.[268]

---

265 Soergel/Leptien Vor § 164 Rdnr. 45; MünchKomm/Schramm Vor § 164 Rdnr. 54.

266 MünchKomm/Schramm Vor § 164 Rdnr. 52; Medicus/Petersen Rdnr. 78; Soergel/Leptien Vor § 164 Rdnr. 45.

267 MünchKomm/Schramm Vor § 164 Rdnr. 55; Medicus/Petersen Rdnr. 78.

268 MünchKomm/Schramm Vor § 164 Rdnr. 56; § 177 Rdnr. 8; Medicus/Petersen Rdnr. 78, 79.

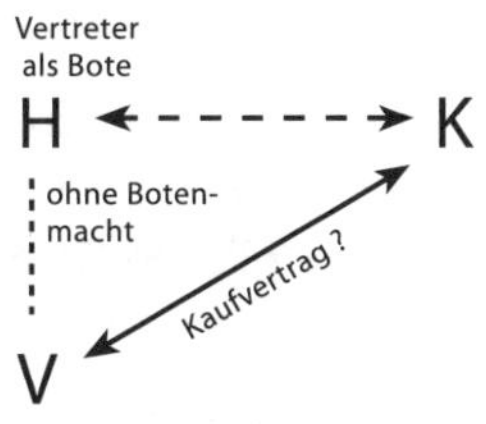

Beispiel: Der H ist selbstständiger Kaufmann und in begrenztem Umfang bevollmächtigt, für den Autohändler V Fahrzeuge zu verkaufen. H verhandelt namens des V mit K über den Verkauf eines BMW 520. Es kommt zu keiner Einigung. Einige Tage später ruft H bei K an und erklärt, sein Chef – V – lasse ausrichten, dass er an ihn, den K, das Fahrzeug zu den von K vorgeschlagenen Bedingungen verkaufe. Da V den H damit nicht beauftragt hat und die Vollmacht das Rechtsgeschäft nicht deckt, weigert sich V, den Wagen zu übertragen.

Wirksame Einigung V – K unter Einschaltung des H

I. H hat als Bote des V das angebliche Kaufangebot des V überbracht.

II. Das Kaufangebot wirkt nicht gegenüber V, weil dem K keine Botenmacht eingeräumt worden ist und der Abschluss des Kaufvertrags von der Vollmacht nicht gedeckt ist.

III. Es gelten nach h.M. die §§ 177–179 und nicht § 120, unabhängig davon, ob in diesen Fällen der als Bote Auftretende die Vollmacht überschritten hat oder ob überhaupt keine Beauftragung vorlag, der Bote also als Pseudobote tätig geworden ist.

1. Fehlt die Beauftragung als Bote, so kann § 120 nicht angewandt werden, weil es an der für § 120 erforderlichen Veranlassung durch den Geschäftsherrn fehlt.

2. Weicht der Bote bewusst von dem Auftrag ab, so kann § 120 nicht zur Anwendung kommen, weil diese Vorschrift voraussetzt, dass eine Erklärung übermittelt worden ist.[269]

Tritt der Vertreter als Bote auf und weicht er unbewusst von der ihm erteilten Vollmacht **208**
ab, gilt nach h.M. § 120. Die Willenserklärung wird dem Geschäftsherrn zunächst zugerechnet, kann jedoch mit der Folge der Haftung nach § 122 angefochten werden.[270]

Nach der Gegenansicht[271] wird analog § 122 zwar eine Vertrauenshaftung des Geschäftsherrn bejaht, aber keine Anfechtung gefordert, da das doppelte Fehlverhalten des Bevollmächtigten, der als Bote auftrete und auch noch seine Macht überschreite, den Geschäftsherrn nicht zusätzlich belasten solle.

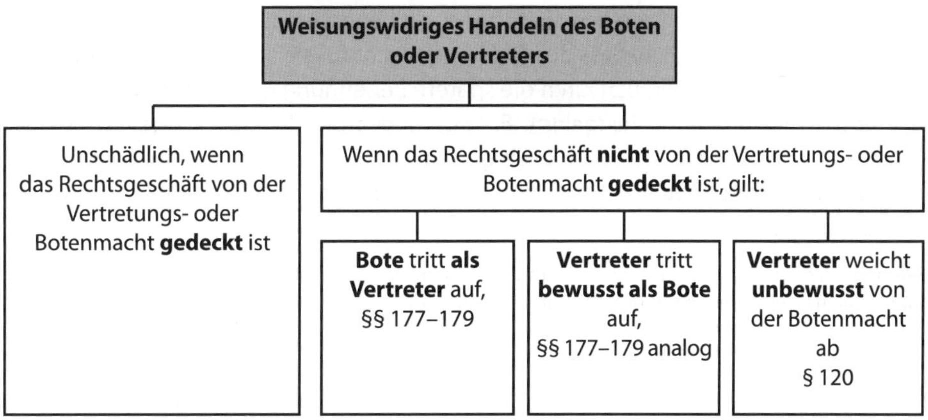

269 MünchKomm/Schramm Vor § 164 Rdnr. 56; Soergel/Hefermehl § 120 Rdnr. 4; Palandt/Ellenberger § 120 Rdnr. 3 f.; Wolf/Neuner § 41 Rdnr. 40; Flume § 23, 3; a.A. MünchKomm/Armbrüster § 120 Rdnr. 2; Medicus AT Rdnr. 748.

270 Soergel/Leptien Vor § 164 Rdnr. 78.

271 MünchKomm/Schramm Vor § 164 Rdnr. 56.

B. Das Handeln im fremden Namen gemäß § 164

209 ■ Der Vertreter muss seinen „Fremdwirkungswillen" äußern. Er muss mit seiner Erklärung zum Ausdruck bringen, dass nicht ihn, sondern einen anderen die Rechtsfolgen treffen sollen, die nach dem Inhalt der Erklärung eintreten sollen. Es gilt das **Offenkundigkeitsprinzip**.

■ In Ausnahmefällen kann auf die Offenkundigkeit des Vertretungsverhältnisses verzichtet werden (Geschäft, wen es angeht; Handeln unter fremdem Namen).[272]

■ Tritt der Wille, im fremden Namen zu handeln, nicht erkennbar hervor, so wird der Erklärende selbst verpflichtet. Es liegt dann ein unanfechtbares Eigengeschäft vor, weil § 164 Abs. 2 die Anfechtung wegen des Irrtums, im fremden Namen handeln zu wollen, ausschließt.[273]

I. Die Offenkundigkeit

210 Der Offenkundigkeitsgrundsatz ist gewahrt, wenn der Vertreter deutlich macht, dass die Rechtsfolgen aus dem Geschäft nicht ihn, sondern einen anderen treffen sollen. Der Vertreter braucht nicht ausdrücklich im fremden Namen zu handeln; ausreichend ist, dass nach den gesamten Umständen zum Ausdruck gebracht wird, dass die mit der Erklärung erstrebten Rechtsfolgen einen anderen treffen sollen (§ 164 Abs. 1 S. 2). Der Name des Vertretenen braucht nicht genannt zu werden. Es genügt, dass die Person des Vertretenen bestimmbar ist. Die Auslegungsregel des § 164 Abs. 1 S. 2 gilt nicht nur für die Frage, ob jemand in fremdem Namen gehandelt hat, sondern ist auch dann anzuwenden, wenn ungewiss ist, in welchem Namen der Vertreter einen Vertrag abschließt.[274]

1. Das Handeln für einen noch zu benennenden Dritten

211 Der Vertreter kann auch für einen später noch zu benennenden Dritten handeln. Auch in diesem Fall ist ersichtlich, dass der Erklärende nicht für sich selbst, sondern für einen anderen die Erklärung abgibt. Durch die spätere Benennung des Dritten wird dann der Vertragspartner endgültig festgelegt. Es muss jedoch im Vertrag festgelegt werden, durch wen bzw. aufgrund welcher sonstigen Umstände die nachträgliche Bestimmung getroffen werden soll. Obliegt sie dem Vertreter und unterlässt er sie, gilt § 179 entsprechend.[275]

Beispiel: Der Bauträger X kauft von A formgerecht ein Grundstück für einen noch zu benennenden Käufer. Nach zwei Monaten findet X den Interessenten B, der in den Kauf „einsteigen will". X teilt dem A mit, B werde das Grundstück erwerben; A möge daher an B auflassen. A fragt, von wem er den Kaufpreis bekommt.

A kann gemäß § 433 Abs. 2 den Kaufpreis von B verlangen, wenn X den Kaufvertrag wirksam als Vertreter des B abgeschlossen hat.

---

272 Vgl. unten Rdnr. 218 ff.

273 BGH NJW-RR 1992, 1010, 1011; MünchKomm/Schramm § 164 Rdnr. 62.

274 BGH WM 1985, 451; 1988, 466; MünchKomm/Schramm § 164 Rdnr. 18; Palandt/Ellenberger § 164 Rdnr. 1.

275 BGH NJW 1989, 164, 166; MünchKomm/Schramm § 164 Rdnr. 20; Palandt/Ellenberger § 164 Rdnr. 9; Erman/Maier-Reimer § 164 Rdnr. 4; Staudinger/Schilken Vorbem. zu §§ 164 ff. Rdnr. 51; Medicus AT Rdnr. 916.

I. X hat bei Vertragsschluss den von ihm Vertretenen noch nicht benannt. Er hat aber deutlich gemacht, dass er nicht für sich, sondern für einen noch zu benennenden Dritten handeln will. Das Offenkundigkeitsprinzip ist gewahrt.

II. X war zwar bei Abschluss des Vertrags nicht zur Vertretung des B berechtigt. Durch seine Erklärung gegenüber X, in den Kauf einsteigen zu wollen, hat der B dem X aber nachträglich Vertretungsmacht eingeräumt. Es ist ein Kaufvertrag zwischen A und B zustande gekommen. A kann von B Zahlung des Kaufpreises verlangen.

Beachte: *Nach h.M. stellt die nachträgliche Bevollmächtigung keine Genehmigung i.S.v. § 177 dar. Wird der Geschäftspartner nachträglich bestimmt, so kommt das Geschäft erst in diesem Zeitpunkt zustande; eine Rückwirkung wie bei § 177 i.V.m. § 184 Abs. 1 scheidet aus.*[276] **212**

2. Ermittlung des Vertragspartners durch Auslegung

Ist nicht eindeutig, für wen der Vertreter gehandelt hat, so muss im Wege der Auslegung ermittelt werden, mit wem das Rechtsgeschäft zustande gekommen ist. Dabei gelten zunächst die allgemeinen Auslegungsgrundsätze. **213**

Beispiel: H ist Hausverwalter einer dem E gehörenden Wohnungsanlage mit 500 Einheiten. Nach dem mit E geschlossenen Vertrag ist H bevollmächtigt, alle Rechtsgeschäfte vorzunehmen, die das Verwaltungsobjekt betreffen. H beauftragt den Unternehmer U mit Sanierungsarbeiten. Nach deren Abschluss verlangt U von H Zahlung des Werklohns.

I. Ein Anspruch des U gegen H aus § 631 setzt voraus, dass H in eigenem Namen gehandelt hat. Ausdrücklich hat H nicht im Namen des Eigentümers der Anlage gehandelt. Er könnte aber konkludent in dessen Namen aufgetreten sein. Wie für den Unternehmer erkennbar ist, hat der Hausverwalter kein eigenes Interesse an der Vergabe von Sanierungsarbeiten. Diese kommen nicht der Hausverwaltung, sondern dem Eigentümer zugute. Auch der Unternehmer hat regelmäßig ein Interesse daran, den Eigentümer als Vertragspartner und dessen Immobilie als Sicherheit zu haben. Hausverwalter treten daher regelmäßig im Namen des Eigentümers auf.[277] H hat nicht in eigenem Namen gehandelt.
II. Ein Anspruch des U gegen H aus § 179 besteht nicht, da H mit Vertretungsmacht gehandelt hat.

Neben den allgemeinen Grundsätzen der Auslegung sind zwei **Auslegungsregeln** zu berücksichtigen: **214**

- Bei einem unternehmensbezogenen Geschäft geht der Wille der Beteiligten im Zweifel dahin, dass der Inhaber des Unternehmens Vertragspartner wird und nicht der für das Unternehmen Handelnde.
- Gemäß § 164 Abs. 2 ist ein Eigengeschäft des Vertreters gegeben, wenn der Wille, im fremden Namen zu handeln, nicht erkennbar hervortritt.

a) Unternehmensbezogene Geschäfte

Bei unternehmensbezogenen Geschäften wird im Zweifel im Namen des Inhabers des Unternehmens gehandelt. **215**

276 MünchKomm/Schramm § 164 Rdnr. 20; Staudinger/Schilken Vorbem. zu §§ 164 ff. Rdnr. 51.
277 BGH, Urt. v. 08.01.2004 – VII ZR 12/03, NJW-RR 2004, 1017.

Fall 17: Irrtum über den Betriebsinhaber

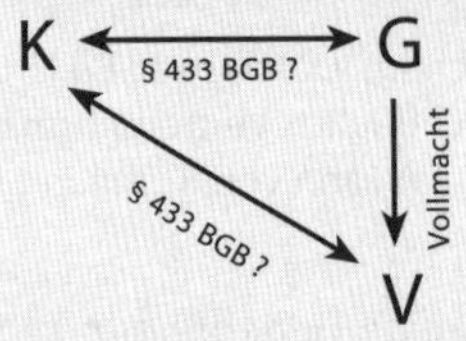

Frau G ist Inhaberin der Firma J, Fliesenhandel und -verlegung e.K. Ihr Ehemann V, der von G mit der Führung der Geschäfte beauftragt ist, bestellt bei K durch einen von ihm unterzeichneten Kaufvertrag einen Lkw mit Ladekran. K liefert den Lkw und verlangt Bezahlung von V, weil er ihn für den Inhaber der Firma gehalten hat. Als er erfährt, dass V vermögenslos und in Wahrheit Frau G Inhaberin des Geschäfts ist, verlangt er von ihr die Bezahlung. Diese macht geltend, K habe den Vertrag mit V und nicht mit ihr abschließen wollen.

K kann von Frau G gemäß § 433 Abs. 2 Bezahlung verlangen, wenn er mit ihr einen Kaufvertrag abgeschlossen hat. Da Frau G keine eigene Willenserklärung abgegeben hat, kann der Vertrag nur in der Weise zustande gekommen sein, dass V als Vertreter der Frau G mit K das Rechtsgeschäft getätigt hat.

I. V und K haben sich darüber geeinigt, dass der Lkw gegen Zahlung des Kaufpreises übertragen werden soll. Diese Einigung wirkt für und gegen G, wenn V wirksam als Vertreter der Frau G die Willenserklärung abgegeben hat.

II. V ist nicht ausdrücklich im Namen der G aufgetreten. Nach der Auslegungsregel vom unternehmensbezogenen Handeln geht bei unternehmensbezogenen Geschäften der Wille der Beteiligten im Zweifel dahin, dass der Inhaber des Unternehmens Vertragspartei werden soll.[278] Voraussetzung ist, dass der Handelnde ein Auftreten für ein Unternehmen hinreichend deutlich macht. Der **Unternehmensbezug** kann sich beispielsweise ergeben aus dem Ort des Vertragsschlusses, Zusätzen im Zusammenhang mit der Unterschrift oder daraus, dass die Vertragsleistung für den Betrieb des Unternehmens bestimmt ist.[279] Bestehen dagegen Zweifel an der Unternehmensbezogenheit, ist gemäß § 164 Abs. 2 grundsätzlich von einem Eigengeschäft des Vertreters auszugehen.[280] Der bestellte Lkw ist eindeutig für den Betrieb der Firma J bestimmt. Besteht – wie hier – ein hinreichender Unternehmensbezug, spricht allein diese Tatsache dafür, dass das Geschäft nicht mit dem Erklärenden, sondern mit dem Unternehmensträger abgeschlossen wird.[281] Dies gilt auch dann, wenn der Inhaber des Unternehmens falsch bezeichnet wird oder sonst Fehlvorstellungen über ihn bestehen.[282] Demnach handelte V im Namen der G als Inhaberin der Firma J.

III. Da V auch Vertretungsmacht für G hatte, wirkte die von ihm abgegebene Erklärung gemäß § 164 Abs. 1 S. 1 für und gegen G. Damit ist G gemäß § 433 Abs. 2 zur Zahlung des Kaufpreises verpflichtet.

---

278 BGH, Urt. v. 31.07.2012 – X ZR 154/11, Rdnr. 10, NJW 2012, 3368; MünchKomm/Schramm § 164 Rdnr. 19, 23; Palandt/Ellenberger § 164 Rdnr. 2; Staudinger/Schilken § 164 Rdnr. 1; Medicus AT Rdnr. 917; Wolf/Neuner § 40 Rdnr. 27.

279 BGH NJW-RR 1997, 527; BGH, Urt. v. 04.04.2000 – XI ZR 152/99, ZIP 2000, 972; OLG Köln MDR 1999, 1012.

280 BGH NJW-RR 1995, 991.

281 BGH NJW-RR 1998, 1342.

282 BGH NJW 1990, 2678; 1998, 2897.

b) Die Auslegungsregel des § 164 Abs. 2

Wird der Wille, im fremden Namen zu handeln, nicht hinreichend deutlich erklärt, so kommt gemäß § 164 Abs. 2 „der Mangel des Willens, im eigenen Namen zu handeln, nicht in Betracht". Es liegt ein Eigengeschäft des Vertreters vor. **216**

- Aus § 164 Abs. 2 kann – unstreitig – geschlossen werden, dass ein Rechtsgeschäft nicht angefochten werden kann, wenn der Erklärende im fremden Namen handeln will, aber im eigenen Namen handelt.
- Umstritten ist, ob ein Umkehrschluss aus § 164 Abs. 2 dahingehend gerechtfertigt ist, dass eine Anfechtung durch den Vertreter nicht möglich ist, wenn dieser im fremden Namen handelt, aber im eigenen Namen handeln will.

Fall 18: Günstiger Mercedes

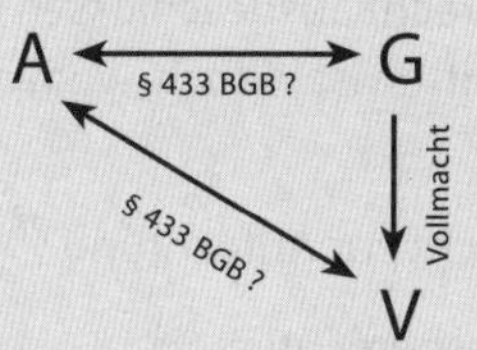

G bittet den Automechaniker V, für ihn bei dem Gebrauchtwagenhändler A einen bereits besichtigten Mercedes E 220 zu erwerben, falls dieser keine technischen Mängel aufweise. Der G ruft bei A an und verständigt ihn davon, dass V in den nächsten Tagen vorbeikommen werde. V stellt bei der Überprüfung des Wagens fest, dass es sich um ein außerordentlich günstiges Geschäft handelt und will den Wagen für sich selbst erwerben. Er erklärt dem A, er kaufe den Wagen und werde ihn in den nächsten Tagen abholen und bezahlen. Zwischen wem ist der Kaufvertrag über den Wagen zustande gekommen?

Es ist zwischen G und A ein Kaufvertrag zustande gekommen, wenn V als Vertreter des G sich mit A über die Kaufvertragsbestandteile geeinigt hat. **217**

I. Dann müsste V gemäß § 164 die Kaufvertragserklärungen im fremden Namen abgegeben und entgegengenommen haben.

   1. Als V zum Ausdruck brachte, dass er den Wagen kaufen wolle, konnte A nach den gesamten Umständen davon ausgehen, dass V diesen Wagen für G erwerben wollte. Der äußere Erklärungstatbestand ließ aus der Sicht des A nur den Schluss zu, V wolle nicht für sich, sondern für den G erwerben, denn der G hatte zuvor den A davon verständigt, dass der V dieses Rechtsgeschäft für ihn tätigen sollte. Daher hat V im fremden Namen gehandelt.
   2. Dass der V nicht den inneren Willen hatte, für G zu erwerben, ist rechtlich unerheblich. Sofern der wahre innere Wille nicht erkannt wird, ist für die Entscheidung, ob jemand im fremden Namen gehandelt hat, allein sein äußeres Verhalten maßgebend.

II. V müsste ferner Vertretungsmacht für G gehabt haben. Der G hat den V, als er ihn um den Erwerb des Wagens bat, bevollmächtigt, diesen Kaufvertrag in seinem Namen zu tätigen. Mit der Beauftragung des V, für ihn den Mercedes zu erwerben, hat G dem V gegenüber eine Innenvollmacht (§ 167 Abs. 1, 1. Alt.) erteilt. Mit dem Anruf bei A hat

G diesem die Bevollmächtigung des V kundgetan (§ 171 Abs. 1, 1. Alt.). Damit ist ein Kaufvertrag zwischen A und G, vertreten durch V, zustande gekommen.

III. Da V die Kaufvertragserklärungen im eigenen Namen abgeben wollte, also eine andere Erklärung abgegeben hat, als er beabsichtigte, könnte er gemäß § 119 Abs. 1 zur Anfechtung der Kaufvertragserklärung berechtigt sein.

1. Nach Auffassung der Rechtsprechung kann der Vertreter, der ein eigenes Rechtsgeschäft tätigen wollte, aber nach außen zum Ausdruck gebracht hat, ein fremdes Rechtsgeschäft abzuschließen, seine Erklärung nicht anfechten. Ein Umkehrschluss zu § 164 Abs. 2 ergebe, dass der Wille, im eigenen Namen zu handeln, ebenso wie der Wille, im Namen eines anderen zu handeln, unbeachtlich sei, sofern dies nicht nach außen zum Ausdruck käme.[283]

2. In der Literatur wird dagegen überwiegend die Auffassung vertreten, dass die Willenserklärung irrtumsbedingt und daher gemäß § 119 Abs. 1 anfechtbar sei. Die Regelung des § 164 Abs. 2, wonach ein Anfechtungsrecht ausgeschlossen ist, sei eine nicht analogiefähige Ausnahmevorschrift. Umstritten ist jedoch, wem das Anfechtungsrecht dann zusteht:

   - Einige gewähren ausschließlich dem Vertreter das Recht zur Anfechtung.[284]
   - Nach der Gegenansicht ist der Vertretene anfechtungsberechtigt.[285]
   - Andere[286] differenzieren nach der Wirksamkeit der Stellvertretung:
     - Wirke das Geschäft mangels Vertretungsmacht bzw. Genehmigung nicht gegen den Vertretenen, so komme für diesen eine Anfechtung nicht in Betracht. Vielmehr könne der Vertreter seine Willenserklärung anfechten, um der Haftung aus § 179 Abs. 1 zu entgehen.
     - Bei einem für den Vertretenen wirksam gewordenen Geschäft könne dieser selbst die Anfechtung erklären, §§ 119 Abs. 1, 166 Abs. 1. Zu beachten sei jedoch, dass beim Vertretenen in diesen Fällen i.d.R. die Erheblichkeit des Irrtums (§ 119 Abs. 1 a.E.) fehle.[287]

3. Gegen die Gewährung eines Anfechtungsrechts spricht die mangelnde Schutzbedürftigkeit des Vertretenen wie des Vertreters. Hatte der Vertreter keine Vertretungsmacht, so ist der Vertretene schon deswegen nicht schutzbedürftig, weil er nicht an die Erklärung gebunden ist. Hatte er ihm jedoch Vertretungsmacht eingeräumt, so hat der Vertretene dem abgeschlossenen Rechtsgeschäft zugestimmt, sodass nicht einzusehen ist, weshalb dem Vertretenen ein Anfechtungsrecht zustehen sollte. Ebenso ist der Vertreter nicht schutzbedürftig. Da für ihn ein Nachteil nur bei fehlender Vertretungsmacht eintritt, ließe sich die Erforderlichkeit der Anfechtung allenfalls mit der dann bestehenden Haftung aus § 179 begründen. § 164 Abs. 2 gibt demgegenüber aber der Rechtssicherheit den Vorrang.

---

283 BGH NJW-RR 1992, 1010, 1011; Palandt/Ellenberger § 164 Rdnr. 16.

284 Staudinger/Schilken § 164 Rdnr. 21.

285 Soergel/Leptien § 164 Rdnr. 12; Bork Rdnr. 1420.

286 MünchKomm/Schramm § 164 Rdnr. 66; Brox JA 1980, 449, 454.

287 MünchKomm/Schramm § 164 Rdnr. 66.

Will der Vertreter im fremden Namen handeln, bringt er dies jedoch nicht hinreichend zum Ausdruck, so versagt § 164 Abs. 2 die Anfechtung. Der Vertreter ist selbst zur Erfüllung verpflichtet. Nichts anderes kann gelten, wenn der Vertreter im eigenen Namen handeln wollte, nach außen aber als Vertreter aufgetreten ist. Fehlt ihm die Vertretungsmacht, so haftet er gemäß § 179 Abs. 1 ebenfalls auf Erfüllung bzw. für den Erfüllungsschaden. Die Interessenlage des Vertreters ist also in beiden Fällen gleich. Dementsprechend ist der aus dem Umkehrschluss aus § 164 Abs. 2 abgeleitete Anfechtungsausschluss gerechtfertigt. V kann seine Kaufvertragserklärung nicht anfechten.

II. Die Einschränkungen des Offenkundigkeitsgrundsatzes

Die §§ 164 ff. können ausnahmsweise auch dann anwendbar sein, wenn der Erklärende nicht deutlich macht, dass die Rechtsfolgen der Vereinbarung einen Dritten treffen sollen. **218**

- Beim **Geschäft, für den, den es angeht**, ist es dem Empfänger der Erklärung gleichgültig, wer sein Vertragspartner wird.
- Bei dem **Handeln unter fremdem Namen** finden die §§ 164 ff. Anwendung, wenn eine Identitätstäuschung vorliegt.

1. Das Geschäft für den, den es angeht

Fall 19: Kauf für einen anderen

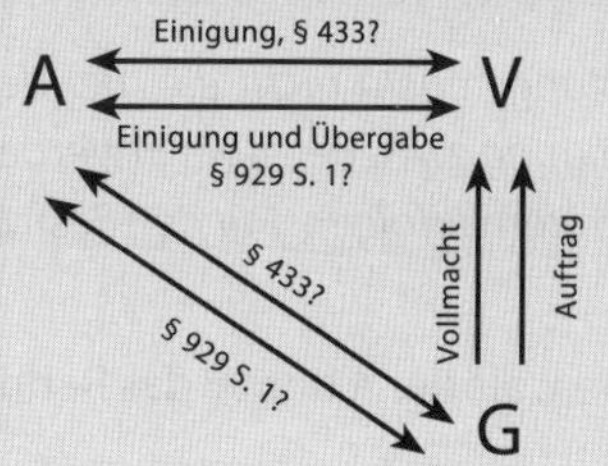

G beauftragt seinen Sportfreund V, für ihn beim Fahrradhändler A ein Rennrad zu erwerben. Er übergibt ihm 1.800 € in bar, damit er das Rad sogleich bezahlen kann. V kauft das Rad und zahlt.

Wer wird Eigentümer im Zeitpunkt der Übergabe des Rennrades an V?

Zwischen wem ist der Kaufvertrag zustande gekommen?

A. Wer ist **Eigentümer** geworden? **219**

G hat gemäß § 929 S. 1 das Eigentum erworben, wenn er sich mit A über den Eigentumswechsel geeinigt hat und die Übergabe an ihn erfolgt ist.

I. A und V haben sich anlässlich der Übergabe über den Eigentumsübergang geeinigt. Diese Einigung wirkt für und gegen G, wenn G durch V vertreten worden ist.

1. V hat eine eigene Willenserklärung abgegeben. Aus der Sicht des A ist er nicht als Bote einer Erklärung des G erschienen.
2. V handelte allerdings weder ausdrücklich noch konkludent im Namen des G. Für den A war nicht offenkundig, dass die Übereignung an einen anderen als

den tatsächlich Handelnden V erfolgen sollte. Auf die Einhaltung des Offenkundigkeitsgrundsatzes kann jedoch beim Geschäft, für den, den es angeht, verzichtet werden.[288]

a) Es muss dem Geschäftsgegner gleichgültig sein, wer sein Vertragspartner wird. Dies ist grundsätzlich bei **Bargeschäften des täglichen Lebens** der Fall.[289]

b) Ein Geschäft, für den, den es angeht, setzt weiterhin voraus, dass der Vertreter den Willen hat, die Sache für den Vertretenen zu erwerben. Dabei ist nach der h.M. der bloße innere Wille des Handelnden nicht ausreichend. Der Fremdwirkungswille muss vielmehr nach außen hin dokumentiert werden, sodass er für einen mit den Verhältnissen Vertrauten erkennbar wird und sich aus der Sachlage mit objektiver Sicherheit ergibt.[290]

Indizien für den Vertretungswillen können sich insbesondere aus dem Innenverhältnis des Handelnden zum Vertretenen ergeben. Erfolgt der Erwerb, wie hier, aufgrund eines Auftrags mit Mitteln des Hintermannes, so genügt dies nach allgemeiner Ansicht für den danach erforderlichen Fremdbezug.

3. Da V Vertretungsmacht hatte, wirkt die Einigung für und gegen G.

II. Die Übergabe gemäß § 929 S. 1 ist erfolgt, weil der Veräußerer A den Besitz an dem Rennrad auf den Erwerber G übertragen hat. Zwar hat G nicht den unmittelbaren Besitz erlangt, doch für § 929 S. 1 ist es ausreichend, wenn der Erwerber mittelbarer Besitzer wird. Das ist hier gegeben, weil zwischen dem G und dem V ein wirksames Besitzmittlungsverhältnis gemäß § 868 bestand. Es bestand zwischen dem V und dem G ein Auftragsverhältnis, das dem G einen Herausgabeanspruch gemäß § 667 gegen den V gewährte und V hatte auch den Fremdbesitzerwillen.

Beachte: *Für den Besitzerwerb greifen die Stellvertretungsregeln nicht ein. Bei der Übereignung muss also unterschieden werden: Die Einigung zwischen dem Erwerber und dem Veräußerer kann unter Einschaltung von Vertretern erfolgen. Für den Besitzerwerb gelten die §§ 854 ff.*

Der G hat daher das Eigentum in dem Zeitpunkt erworben, als der A dem V das Rennrad aushändigte.

220 B. Zwischen wem ist der **Kaufvertrag** zustande gekommen?

Nach h.A. können die Grundsätze des Geschäfts für den, den es angeht, auch auf schuldrechtliche Verpflichtungsgeschäfte angewendet werden.[291] Ob es dem Verkäufer bei Abschluss des Kaufvertrags gleichgültig ist, wer sein Vertragspartner wird, muss im Wege der Auslegung unter Berücksichtigung der Interessenlage ermittelt

288 BGHZ 114, 74, 80; MünchKomm/Schramm § 164 Rdnr. 47; Palandt/Ellenberger § 164 Rdnr. 8; Staudinger/Schilken Vorbem. zu §§ 164 ff. Rdnr. 51 ff.

289 BGHZ 114, 74, 80; BGH, Urt. v. 25.03.2003 – XI ZR 224/02, ZIP 2003, 838; MünchKomm/Schramm § 164 Rdnr. 52; Baur/Stürner § 51 Rdnr. 43.

290 MünchKomm/Schramm § 164 Rdnr. 55; Wolf/Neuner § 49 Rdnr. 47; v. Lübtow ZHR 112, 227, 229; K. Schmidt JuS 1987, 425, 429; a.A. Soergel/Leptien (Vor § 164 Rdnr. 29), der den inneren Willen ausreichen lässt.

291 BGH WM 1978, 12, 13; Soergel/Leptien vor § 164 Rdnr. 31; Staudinger/Schilken Vorbem. zu §§ 164 ff. Rdnr. 54; MünchKomm/Schramm § 164 Rdnr. 49.

werden. Die Grundsätze des Geschäfts für den, den es angeht, sind anwendbar beim anonymen Kauf im Warenhaus und, im Regelfall, wenn der Kaufpreis bar entrichtet wird. Im vorliegenden Fall liegt für den Fahrradhändler A ein Geschäft des täglichen Lebens vor und es wurde der Kaufpreis in bar entrichtet, sodass es dem Verkäufer A gleichgültig sein kann, wer sein Vertragspartner ist. Daher ist der Kaufvertrag zwischen G und A zustande gekommen.

---

2. Das Handeln unter fremdem Namen

Wenn der Erklärende bei der Abgabe einer Willenserklärung einen anderen Namen verwendet, er also nicht im fremden Namen, sondern unter Verwendung eines fremden Namens handelt, ist zu unterscheiden, ob lediglich eine Namenstäuschung oder eine Identitätstäuschung vorliegt. 221

Wird lediglich über den Namen getäuscht, so wird der Erklärende aus der von ihm abgegebenen Willenserklärung berechtigt und verpflichtet. In den Fällen der bloßen **Namenstäuschung** hat der Name für das abzuschließende Geschäft überhaupt keine Bedeutung, er ist „Schall und Rauch". Das Rechtsgeschäft wäre mit dem Erklärenden auch dann zustande gekommen, wenn er den richtigen Namen genannt hätte.[292] 222

Beispiel: A mietet im Romantikhotel H ein Doppelzimmer. Da er mit seiner Freundin unterwegs ist, stellt er sich als „Freiherr von Eschnapur" vor und füllt auch die Anmeldeformulare mit diesem Namen aus.

Der Beherbergungsvertrag ist hier zwischen dem A und H zustande gekommen. H wollte mit dem abschließen, der die Vertragserklärungen abgegeben hat. Der Name des Gastes war für ihn völlig ohne Bedeutung.

Wenn eine **Identitätstäuschung** vorliegt und der Vertragspartner diesen Vertrag gerade nur deswegen abgeschlossen hat, weil er mit dem wahren Namensträger abschließen wollte, so wird dieses Handeln unter fremdem Namen dem Handeln im fremden Namen gleichgestellt. In den Fällen der Identitätstäuschung hätte der Vertragspartner den Vertrag bei Kenntnis des wahren Namens des Erklärenden nicht abgeschlossen. 223

Fall 20: Ungewollte Uhr

V tritt im Internet als Verkäufer auf. Er stellte am 14.10. bei eBay eine Uhr IWC Portugieser ein. Der Startpreis sollte 5.850 € betragen, für die Sofort-Kaufen Option war ein Preis von 5.890 € ausgewiesen. Am 20.10. erhielt V die Nachricht, dass K die Option Sofort-Kaufen genutzt habe. V verlangt von K Zahlung des Kaufpreises. K wendet ein, er habe die Uhr bei eBay nicht gekauft, es müsse sich ein Dritter seiner Zugangsdaten bedient haben. Später stellt sich heraus, dass Kollege S des K dessen Rechner und eBay Zugangsdaten benutzt hat.

Welche Ansprüche hat V gegen K und S?

I. Dem V könnte gegen K ein Anspruch auf Abnahme der Uhr und Zahlung des Kaufpreises aus § 433 Abs. 2 zustehen. Dann müsste zwischen V und K ein wirksamer Kaufvertrag zustande gekommen sein.

---

292 MünchKomm/Schramm § 164 Rdnr. 38; Palandt/Ellenberger § 164 Rdnr. 10, 12.

1. Der Kaufvertrag könnte gemäß § 156 durch Gebot und Zuschlag zustande gekommen sein. Bei Internetauktionen wird teilweise angenommen, dass es sich um Versteigerungen i.S.d. § 156 handelt.[293] Wird jedoch, wie hier, von der Sofort-Kaufen Option Gebrauch gemacht, liegt unstreitig keine Versteigerung vor.[294] Es ist kein Vertrag gemäß § 156 zustande gekommen.

2. Ein Kaufvertrag könnte durch Angebot und Annahme geschlossen worden sein.

   V hat bei eBay die Uhr mit der Sofort-Kaufen Option angeboten. Damit hat er ein verbindliches Verkaufsangebot abgegeben.

   Dieses Angebot müsste angenommen worden sein. K selbst hat die Annahme nicht erklärt, vielmehr hat der S eine Annahmeerklärung abgegeben. Bei Abgabe dieser Erklärung handelte S nicht in fremden Namen, da kein Vertretungsverhältnis offengelegt wurde. Aus der Sicht des Empfängers V lag ausschließlich eine Erklärung des K vor. Die Erklärung des S könnte aber nach den Grundsätzen über das Handeln unter fremden Namen für und gegen K wirken.

   a) **Für das Handeln unter fremden Namen gelten die § 164 ff. analog, wenn eine Identitätstäuschung vorliegt.**[295] Dadurch dass sich S der Zugangsdaten des K bedient hat, ist er unter fremdem Namen aufgetreten.[296] Vom Empfängerhorizont des V lag eine Identitätstäuschung vor, denn V wollte mit dem tatsächlichen Inhaber des eBay-Accounts einen Vertrag abschließen.[297] Es liegt daher ein Handeln unter fremden Namen mit einer Identitätstäuschung vor. Die §§ 164 ff. sind analog anwendbar.

   b) Wie derjenige, der in fremdem Namen handelt, muss der unter fremdem Namen Handelnde eine eigene wirksame Willenserklärung abgeben. S hat eine eigene Willenserklärung abgegeben.

   c) Die Erklärung wirkt für und gegen K, wenn S **Vertretungsmacht** hatte. Eine Vollmacht hat K dem S nicht erteilt. Es könnte aber eine **Rechtsscheinsvollmacht** vorliegen.

      aa) Eine **Duldungsvollmacht** setzt voraus, dass der Rechtsschein einer Bevollmächtigung besteht, der Inanspruchgenommene diesen Rechtsschein dadurch zurechenbar veranlasst hat, dass er das Auftreten als Vertreter (oder unter fremden Namen) duldete und der Dritte gutgläubig auf den Rechtsschein vertrauen durfte.

      Der Rechtsschein einer Bevollmächtigung setzt regelmäßig voraus, dass jemand wiederholt und von gewisser Dauer in (oder unter) fremden Namen aufgetreten ist.[298] Dies ist hier nicht der Fall.

---

293 Mankowski JZ 2005, 444, 445; Honsell, FS für Ulrich Huber, 355 ff.

294 Mankowski JZ 2005, 444, 445; Hansen ZGS 2005, 455, 458; LG Memmingen NJW 2004, 2389; LG Saarbrücken MMR 2004, 556.

295 BGH, Urt. v. 08.12.2005 – III ZR 99/05, NJW-RR 2006, 701; Bork Rdnr. 1410.

296 OLG München, Urt. v. 05.02.2004 – 19 U 5114/03, NJW 2004, 1328.

297 BGH, Urt. v. 11.05.2011 – VIII ZR 298/09, Rdnr. 10, NJW 2011, 2421, RÜ 2011, 409; OLG Köln, Urt. v. 13.01.2006 – 19 U 120/05, NJW 2006, 1676.

298 BGH, Urt. v. 11.05.2011 – VIII ZR 298/09, Rdnr. 15, NJW 2011, 2421, RÜ 2011, 409; BGH, Urt. v. 14.05.2002 – XI ZR 155/01, NJW 2002, 2325; BGH, Urt. v. 25.03.2003 – XI ZR 227/02, NJW 2003, 2091; MünchKomm/Schramm § 167 Rdnr. 46.

Wegen der bei Internetauktionen bestehenden Missbrauchsmöglichkeiten, ist bei einem einmaligen Auftreten ein Rechtsschein für ein wirksames Handeln des Inhabers eines eBay-Accounts abzulehnen.[299] Allein aufgrund des Passwortschutzes kann der Geschäftspartner nicht davon ausgehen, dass er auch mit dem Inhaber des Accounts einen Vertrag schließt. Es fehlt daher schon an dem Rechtsschein einer Bevollmächtigung.

Darüber hinaus hat K das Auftreten des S unter seinem Namen nicht geduldet. Eine Duldungsvollmacht liegt daher nicht vor.

bb) Auch eine **Anscheinsvollmacht** setzt voraus, dass der Rechtsschein einer wirksamen Bevollmächtigung besteht. Ein solcher besteht hier nicht. Auch eine Anscheinsvollmacht scheidet aus.

d) Im Bereich des gewerblichen Rechtsschutzes und des Urheberrechts haftet der Inhaber eines eBay-Mitgliedskontos für die unsorgfältige Verwahrung seiner Zugangsdaten deliktisch. Diese Grundsätze sind aber nicht auf die Zurechnung rechtsgeschäftlicher Erklärungen übertragbar.[300]

Es ist kein wirksamer Kaufvertrag zustande gekommen. V hat gegen K keinen Anspruch aus § 433 Abs. 2.

II. V könnte gegen K einen Schadensersatzanspruch aus **§ 280 Abs. 1** haben. Dann müsste zwischen V und K ein Schuldverhältnis bestanden haben. Dieses könnte sich gemäß § 311 Abs. 2 Nr. 1 aus der Aufnahme von Vertragsverhandlungen ergeben. Die Aufnahme von Vertragsverhandlungen ist ein Realakt.[301] Handelt ein Vertreter, ist für das Entstehen eines Schuldverhältnisses zwischen dem Vertretenen und dem Vertragspartner zumindest erforderlich, dass der Vertreter verhandlungsbefugt ist.[302] Dies gilt entsprechend beim Handeln unter fremdem Namen. Da S nicht verhandlungsbefugt war, ist kein Schuldverhältnis durch die Aufnahme von Vertragsverhandlungen entstanden. Auch das Entstehen eines Schuldverhältnisses gemäß § 311 Abs. 2 Nr. 2 wegen einer Vertragsanbahnung scheidet mangels Verhandlungsbefugnis des S aus.

V hat gegen K keinen Anspruch aus § 280 Abs. 1.

III. Es könnte sich ein Anspruch des V gegen K aus **§ 122** ergeben.

Die direkte Anwendbarkeit des § 122 setzt voraus, dass eine Willenserklärung gemäß § 118 nichtig oder gemäß §§ 119, 120 angefochten worden ist. Dies ist hier nicht der Fall. Es könnte aber eine **analoge Anwendung** gerechtfertigt sein.

1. Eine verbreitete Ansicht sieht § 122 als Ausdruck eines allgemeinen Rechtsgedankens. Danach ist die Vorschrift entsprechend anwendbar, wenn jemand im berechtigten Vertrauen auf den Bestand eines Rechtsgeschäfts einen Schaden erlei-

---

299 OLG Hamm, Urt. v. 16.11.2006 – 28 U 84/06, NJW 2007, 611; OLG Köln, Urt. v. 13.01.2006 – 19 U 120/05, NJW 2006, 1676; OLG Naumburg, Urt. v. 02.03.2004 – 9 U 145/03, OLG Report Naumburg 2005, 51; OLG Köln, Urt. v. 06.09.2002 – 19 U 16/02, CR 2003, 55; Klees MDR 2007, 184 ff.; Ernst MDR 2003, 1091, 1093.

300 BGH, Urt. v. 11.05.2011 – VIII ZR 298/09, Rdnr. 19, NJW 2011, 2421, RÜ 2011, 409.

301 BeckOK/Gehrlein/Sutschet § 311 Rdnr. 45.

302 BGH, Urt. v. 20.09.1984 – III ZR 47/83, BGHZ 92, 164.

det und der Mangel des Rechtsgeschäfts seine alleinige Ursache in der Person eines Beteiligten hat.[303] Der Fall des Missbrauchs von eBay Zugangsdaten wird nicht ausdrücklich erörtert. Selbst wenn man § 122 als Ausdruck eines allgemeinen Rechtsgedankens sieht, ist die analoge Anwendung jedoch zweifelhaft. Wie oben ausgeführt, besteht wegen des hohen Missbrauchsrisikos kein Rechtsschein einer wirksamen Bevollmächtigung oder eines wirksamen Eigenhandelns. Dies spricht dafür, auch kein „berechtigtes Vertrauen" auf die Wirksamkeit der Willenserklärung anzunehmen. Die Voraussetzungen einer analogen Anwendung des § 122 liegen danach nicht vor.

2. Nach der Gegenansicht kann aus § 122 nicht der allgemeine Rechtsgedanke entnommen werden, dass derjenige, der auf den Bestand einer Willenserklärung vertrauen durfte, einen Schadensersatzanspruch gegen denjenigen hat, aus dessen Sphäre der Grund für die Unwirksamkeit der Willenserklärung stammt.[304] Ausnahmen werden lediglich in zwei Fällen anerkannt, nämlich bei einer Willenserklärung ohne Erklärungsbewusstsein und bei abhandengekommenen Willenserklärungen.[305] Nach dieser Ansicht scheidet eine analoge Anwendung des § 122 aus.

K ist nicht verpflichtet, dem V einen eventuellen Vertrauensschaden zu ersetzen.

IV. V hat gegen S einen Anspruch aus § 179 Abs. 1. Danach hat V die Wahl zwischen einem Erfüllungsanspruch und einem Schadensersatzanspruch.

---

224 Ebenso wie das Handeln unter fremden Namen ist die Fälschung zu beurteilen. Zwar gibt der Erklärende hier, anders als beim Handeln unter fremdem Namen, nicht vor, ein anderer zu sein, sondern will den Eindruck hervorrufen, der andere habe selbst gehandelt. Die Interessenlage ist jedoch ähnlich wie bei der Identitätstäuschung, sodass die §§ 164 ff., insbesondere §§ 177 ff. analog gelten.[306]

3. Abschnitt: Die Vertretungsmacht

225 Die vom Vertreter im fremden Namen für einen anderen abgegebene Willenserklärung löst die erstrebte Rechtsfolge beim Vertretenen nur dann aus, wenn der Vertreter Vertretungsmacht zur Vornahme des Rechtsgeschäfts hat.

Diese Vertretungsmacht ist gegeben, wenn

- der Vertretene dem Vertreter eine entsprechende **Vollmacht** erteilt hat oder
- der Vertreter **kraft Gesetzes** zur Vornahme des Rechtsgeschäfts befugt ist.

303 Staudinger/Singer § 122 Rdnr. 4; MünchKomm/Armbrüster § 122 Rdnr. 4 ff.
304 Palandt/Ellenberger § 122 Rdnr. 2.
305 Palandt/Ellenberger § 122 Rdnr. 2.
306 Staudinger/Schilken Vorbem. zu §§ 164 ff. Rdnr. 91.

A. Erteilung der Vollmacht und das Grundverhältnis

Die Vollmacht wird gemäß § 167 durch eine einseitige empfangsbedürftige Willenserklärung erteilt. Die Vollmachtserteilung ist zu unterscheiden von dem ihr zugrunde liegenden Rechtsverhältnis. Bei Letzterem handelt es sich häufig um einen Auftrag i.S.d. §§ 670 ff. **226**

I. Die Erteilung der Vollmacht

Die Vollmachtserteilung ist ein einseitiges, grundsätzlich nicht formbedürftiges Rechtsgeschäft, § 167. Als einseitige empfangsbedürftige Willenserklärung wird sie mit dem Zugang wirksam. Der Erklärungsempfänger braucht also keine Einverständniserklärung abzugeben.[307] **227**

1. Die Art und Weise der Vollmachtserteilung

Die Vollmachtserteilung kann gemäß § 167 in der Weise erfolgen, dass der Vollmachtgeber – Geschäftsherr – **228**

- gegenüber dem Vertreter Vollmacht erteilt, **Innenvollmacht** (§ 167 Abs. 1, 1. Alt.), oder
- gegenüber dem – künftigen – Geschäftspartner die Bevollmächtigung des Vertreters erklärt, **Außenvollmacht** (§ 167 Abs. 1, 2. Alt.).
- Außerdem wird von der h.M. die Vollmachtserteilung auch durch bewusste Erklärung an die Öffentlichkeit, etwa durch öffentliche Bekanntmachung, anerkannt. Dabei handelt es sich, anders als bei der Vollmachtserteilung nach § 167, um eine nicht empfangsbedürftige Willenserklärung.[308]

  Beachte: *Es liegt kein Fall des § 171 Abs. 1 vor. Dort geht es um die Mitteilung, dass eine Bevollmächtigung bereits erfolgt sei, hier hingegen darum, dass durch die Mitteilung die Bevollmächtigung erst vorgenommen wird.*

2. Der Umfang der Vollmacht

Mit der Erteilung der Vollmacht wird auch der Umfang der Berechtigung, für den Geschäftsherrn Rechtsgeschäfte zu tätigen, festgelegt. Der Geschäftsherr kann den Umfang der Vollmacht grundsätzlich nach seinem Belieben festlegen. **229**

Im Handelsrecht ist der Umfang der Vollmacht im Einzelfall gesetzlich bestimmt. Eine Einschränkung im Innenverhältnis ist dem Partner gegenüber unbeachtlich – z.B. Prokurist, § 49 HGB; Handlungsbevollmächtigter, § 54 HGB; Ladenangestellter, § 56 HGB.

Der Bevollmächtigte kann zur Vornahme

- eines einzelnen Rechtsgeschäfts befugt sein, Einzelvollmacht;
- der zu einem bestimmten Geschäftsbereich gehörenden Rechtsgeschäfte befugt sein, Gattungs- bzw. Artvollmacht;

---

307 MünchKomm/Schramm § 167 Rdnr. 4; Staudinger/Schilken § 167 Rdnr. 10.

308 MünchKomm/Schramm § 167 Rdnr. 11; Staudinger/Schilken § 167 Rdnr. 12; Wolf/Neuner § 50 Rdnr. 15.

- von Rechtsgeschäften schlechthin für den Geschäftsherrn befugt sein, Generalvollmacht.

230 Ist der Umfang der Vollmacht nicht eindeutig, greifen die Auslegungsregeln über Willenserklärungen, §§ 133, 157, ein. Maßgebend ist nicht, wozu der Vollmachtgeber bevollmächtigen wollte – also nicht der innere Wille –, sondern entscheidend ist, wie der Erklärungsempfänger, d.h. der Vertragspartner bzw. der Vertreter, die Bevollmächtigung verstehen durfte, also der geäußerte Wille.

Der Bauherr, der den Architekten mit der Durchführung des Bauvorhabens beauftragt, erteilt Vollmacht zu den Rechtsgeschäften, die zur Vollendung des Bauvorhabens getätigt werden müssen.[309]

Wird ein Vertreter von seinem Vertragspartner bestochen, ist er im Zweifel ohne vorherige Information seines Geschäftsherrn nicht befugt, einen Vertrag abzuschließen.[310]

Der Eigentümer, der einen anderen damit beauftragt, für ihn Grundstücke zu verkaufen, kann den Beauftragten konkludent bevollmächtigen, mit einem Makler einen Maklervertrag im Namen des Eigentümers abzuschließen, da bei der Grundstücksveräußerung häufig Maklerverträge abgeschlossen werden.[311]

231 Der gute Glaube an die Vollmacht wird grundsätzlich nicht geschützt, sodass i.d.R. der Geschäftsgegner das Risiko der mangelnden Vertretungsmacht trägt.

Ausnahmen bestehen nach § 54 Abs. 3 HGB, §§ 170–173 sowie bei der Rechtsscheinsvollmacht.[312]

3. Die Form der Vollmacht

232 Nach § 167 Abs. 2 bedarf die Vollmachtserteilung nicht der Form, welche für das Rechtsgeschäft bestimmt ist, auf das sich die Vollmacht bezieht. Die Vollmacht ist also grundsätzlich formlos gültig. Ausnahmsweise ist jedoch die Vollmachtserteilung formbedürftig:

- wenn die Parteien dies rechtsgeschäftlich vereinbart haben oder
- wenn dies gesetzlich bestimmt ist. Dabei ist zu unterscheiden:
  - Die Einhaltung der Form ist Wirksamkeitsvoraussetzung,

    z.B.: §§ 1484 Abs. 2, 1945 Abs. 3; §§ 2 Abs. 2, 47 Abs. 3 GmbHG; §§ 134 Abs. 3, 135 AktG

    Die Vollmacht zum Abschluss eines **Verbraucherdarlehensvertrags** bedarf zu ihrer Wirksamkeit gemäß § 492 Abs. 4 S. 1 der Schriftform des § 492 Abs. 1 S. 1. Weiterhin sind die Pflichtangaben nach § 492 Abs. 1 S. 5 Nr. 1–7 und die Angabe des effektiven Jahreszinses erforderlich.[313]

  - Die Vollmacht ist zwar formlos wirksam, bedarf aber gegenüber dem Gericht eines formgebundenen Nachweises.

    z.B.: § 80 ZPO (Prozessvollmacht); § 29 GBO (Nachweis der Eintragungsvoraussetzungen); § 12 Abs. 2 HGB

309 BGH NJW 1960, 859; Palandt/Ellenberger § 167 Rdnr. 8.
310 BGH NJW 1999, 2266.
311 BGH NJW 1988, 3012.
312 Vgl. dazu unten Rdnr. 250 ff.
313 Herresthal JuS 2002, 849 f.

- § 167 Abs. 2 wird darüber hinaus in Sonderfällen einschränkend ausgelegt:
  - Im Rahmen von Rechtsgeschäften, die nach **§ 311 b Abs. 1 S. 1** beurkundungsbedürftig sind, muss eine entsprechende Vollmacht notariell beurkundet sein, wenn sie **unwiderruflich** ist.[314] Das Gleiche gilt, wenn die Vollmacht zum Abschluss eines nach § 311 b Abs. 1 S. 1 formbedürftigen Geschäfts zwar widerruflich ist, aber eine **tatsächliche Bindung** des Vollmachtgebers eingetreten ist.[315]

    Wann eine solche tatsächliche Bindung eintritt, ist unter Berücksichtigung der Gesamtumstände im Einzelfall zu entscheiden. Der BGH hat sie dann bejaht, wenn das Rechtsgeschäft ausschließlich den Interessen des Bevollmächtigten dient und ihm die Möglichkeit eröffnet, unverzüglich die erteilte Vollmacht zu seinen Gunsten zu verwerten.[316] Die Befreiung des Bevollmächtigten von der Beschränkung des § 181 ist ein Indiz für eine tatsächliche Bindung,[317] aber allein kein ausschlaggebender Gesichtspunkt.[318]

  - In der Literatur werden überwiegend diese zu § 311 b Abs. 1 S. 1 entwickelten Grundsätze verallgemeinert und die Formbedürftigkeit der Vollmacht immer dann bejaht, wenn die Vollmacht unwiderruflich ist oder eine tatsächliche Bindung des Vollmachtgebers besteht.[319]

    Der BGH hat offen gelassen, ob diese Grundsätze auf eine Vollmacht zum Abschluss eines Ehevertrags zu übertragen sind und die Vollmacht bei Unwiderruflichkeit oder tatsächlicher Bindung der Form des § 1410 bedarf.[320]

  - Bei **formbedürftigen Bürgschaften** bedarf die Vollmacht des Bürgen der Form des § 766.[321]

    Dies gilt insbesondere für die Ausfüllungsermächtigung bei der Blankobürgschaft. Bedarf die Bürgschaft der Form des § 766, kann sie nicht in der Weise erteilt werden, dass der Bürge ein Blankoformular unterzeichnet und jemanden mündlich ermächtigt, wesentliche Bestandteile wie die Bezeichnung des Gläubigers, des Hauptschuldners oder der verbürgten Forderung und deren Höhe einzusetzen. Der Zweck des § 766 würde ausgehöhlt, wenn man es ausreichen ließe, dass der Bürge die Unterschrift unter ein Papier setzt, welches nicht sämtliche notwendigen Erklärungsbestandteile enthält.[322]

  - Teilweise wird auch eine generelle Erstreckung aller Formvorschriften mit Warnfunktion auf die Erteilung der Vollmacht befürwortet.[323] Dies wird von der h.M. jedoch abgelehnt.[324]
  - Die Rechtsprechung lehnt auch die Auffassung ab, dass die Vollmacht dann der Form des getätigten Rechtsgeschäfts bedarf, wenn der Vertreter keinen eigenen Entscheidungsspielraum hat.[325]

---

314 BGH NJW 1979, 2306; BGHZ 132, 119, 124.
315 BGH NJW 1979, 2306; BGHZ 132, 119, 124.
316 BGHZ 132, 119, 124.
317 Rösler NJW 1999, 1150, 1151.
318 BGH NJW 1979, 2306, 2307.
319 Palandt/Ellenberger § 167 Rdnr. 2.
320 BGHZ 138, 239, 246 f.; Kanzleiter NJW 1999, 1612.
321 BGHZ 132, 119, 125.
322 BGHZ 132, 119, 125 f.
323 Flume § 52 2 b; Staudinger/Schilken § 167 Rdnr. 20.
324 BGHZ 138, 239, 243; MünchKomm/Schramm § 167 Rdnr. 18.
325 BGHZ 138, 239, 246; a.A. Staudinger/Thiele § 1410 Rdnr. 5; Medicus AT Rdnr. 929.

II. Die Vollmacht und das zugrunde liegende Rechtsgeschäft

233 Die Vollmacht erschöpft sich ihrem Inhalt nach darin, dem bevollmächtigten Vertreter die Befugnis zur Vornahme von Rechtsgeschäften für den Vertretenen einzuräumen. Sie besagt inhaltlich nichts darüber, ob der Vertreter verpflichtet ist, für den Vertretenen das Rechtsgeschäft abzuschließen, ob der Vertreter für seine Tätigkeit ein Entgelt erhält oder den Vertretenen unterrichten muss bzw. Rechnungslegung erforderlich ist. Der Umfang der Rechte und Pflichten im (Innen-) Verhältnis des Bevollmächtigten zum Vollmachtgeber ergibt sich vielmehr aus dem der Vollmacht zugrunde liegenden Rechtsgeschäft, dem Kausalgeschäft. Als Kausalgeschäft kommt jedes Verpflichtungsgeschäft in Betracht, das auf Vornahme von Tätigkeiten für einen anderen gerichtet ist, z.B. ein Arbeits- bzw. Dienstvertrag oder ein Geschäftsbesorgungsvertrag. Falls im Zeitpunkt der Vollmachtserteilung noch keine Kausalbeziehung besteht und mit der Vollmachtserteilung auch nicht ausdrücklich ein Kausalgeschäft abgeschlossen wird, so ist i.d.R. davon auszugehen, dass mit der Erteilung konkludent ein Auftragsvertrag gemäß § 662 zustande gekommen ist. Möglich ist aber auch eine isolierte Vollmacht, bei der kein bzw. kein wirksames Grundgeschäft besteht.[326]

1. Die Unabhängigkeit der Vollmacht vom Grundgeschäft

234 Ist das Grundgeschäft nicht wirksam zustande gekommen, bleibt die Vollmacht grundsätzlich wirksam. Die Unwirksamkeit des Grundgeschäfts hat grundsätzlich keinen Einfluss auf den Bestand der Vollmacht. Ob und inwieweit von diesem Grundsatz Ausnahmen möglich sind, ist umstritten.

- Teilweise wird davon ausgegangen, dass das Grundgeschäft und die Vollmachtserteilung der Parteien grundsätzlich miteinander verbunden seien: Die Nichtigkeit des Kausalgeschäfts bewirke auch die Nichtigkeit der Bevollmächtigung.

  Wenn schon § 168 S. 1 den Bestand der Vollmacht mit der Beendigung des Grundverhältnisses verknüpfe, sei es nur konsequent, die Vollmacht auch vom Entstehen des Grundverhältnisses abhängig zu machen.[327]

- Vollmacht und Grundgeschäft können von dem gleichen Nichtigkeitsgrund erfasst werden (Fehleridentität).

- Nach der Rechtsprechung können Vollmacht und Grundgeschäft zu einem einheitlichen Rechtsgeschäft verbunden werden. In der Literatur wird teilweise die Anwendung des § 139 auf das Verhältnis zwischen Vollmacht und Grundgeschäft abgelehnt. Dies sei mit dem Abstraktionsgrundsatz nicht zu vereinbaren.[328]

  Beispiel: A beauftragt den 17-jährigen M zum Verkauf seines Autos.

  I. Der Auftrag ist ohne Einwilligung des gesetzlichen Vertreters des M schwebend unwirksam (§§ 662, 107, 108), weil M durch den Vertrag nicht lediglich einen rechtlichen Vorteil erhält.

---

326 BGHZ 110, 363, 367; Staudinger/Schilken § 167 Rdnr. 2; Soergel/Leptien § 167 Rdnr. 1; MünchKomm/Schramm § 168 Rdnr. 2; kritisch: Medicus AT Rdnr. 949.

327 Medicus AT Rdnr. 949.

328 Hartmann ZGS 2005, 62 ff.; Staudinger/Schilken Vorbem. zu §§ 164 ff. Rdnr. 33; MünchKomm/Schramm § 164 Rdnr. 97; Soergel/Leptien Vor § 164 Rdnr. 40. Letzterer hält allerdings „unter besonderen Umständen" eine „gleichsam bedingungsweise" Verknüpfung der Vollmacht mit dem Grundgeschäft für möglich.

II. Umstritten ist die Wirksamkeit der Vollmacht.

1. Nach der Ansicht von Medicus[329] ist die Vollmacht auch in ihrem Entstehen abhängig vom Bestand des Grundverhältnisses. Die Vollmacht wäre demnach unwirksam. M würde bei einem Verkauf des Fahrzeugs ohne Vertretungsmacht handeln.

2. Selbst wenn man mit der Rechtsprechung die Verknüpfung der Vollmacht mit dem Grundgeschäft zu einem einheitlichen Rechtsgeschäft i.S.d. § 139 für möglich hält, ist die Vollmachtserteilung nicht von der Unwirksamkeit des Grundgeschäfts erfasst, da keine Anhaltspunkte für die Annahme eines einheitlichen Geschäfts bestehen. Die Vollmacht ist auch nicht gemäß §§ 107, 108 Abs. 1 unwirksam, da sie lediglich rechtlich vorteilhaft ist.

3. Lehnt man die Anwendung des § 139 auf Vollmacht und Grundverhältnis ab, ist die Vollmacht wirksam, da sie lediglich rechtlich vorteilhaft ist.

Die Innenvollmacht ist nach h.M. grundsätzlich auch dann wirksam und berechtigt den Bevollmächtigten zur Vertretung nach außen, wenn das Innenverhältnis, d.h. die Rechtsbeziehung zwischen dem Geschäftsherrn und dem Vertreter, unwirksam ist. Es ist streng zu unterscheiden zwischen **235**

- der Vollmachtserteilung (Innen- und Außenvollmacht), die den Vertreter berechtigt, Rechtsgeschäfte mit Dritten zu tätigen, dem Außenverhältnis,
- dem zugrunde liegenden Kausalgeschäft, das die Rechte und Pflichten im Verhältnis Vertreter – Geschäftsherr festlegt, dem Innenverhältnis, und
- dem Rechtsgeschäft, das der Vertreter mit Vertretungsmacht zwischen dem Geschäftsherrn und dem Vertragspartner zustande bringt, dem Vertretergeschäft.

2. Die Bedeutung der Weisung im Innenverhältnis

Wenn der Geschäftsherr (= Vollmachtgeber) mit dem Vertreter vereinbart hat, dass von der Vollmacht nur in einem bestimmten Umfang Gebrauch gemacht werden darf, dann kann dieses bedeuten, dass **236**

- die Vollmacht dem Umfang nach begrenzt wird, sodass der Vertreter, der entgegen dieser Bestimmung des Geschäftsherrn ein Rechtsgeschäft abschließt, als vollmachtloser Vertreter tätig geworden ist.
- Aus Gründen des Vertrauensschutzes des Vertragspartners oder der Rechtssicherheit kann die Vereinbarung auch lediglich die Bedeutung haben, dass der Vertreter schuldrechtlich verpflichtet ist, von der inhaltlich nicht begrenzten Vollmacht nur in einem beschränkten Umfang Gebrauch zu machen, mit der Folge, dass die Verletzung dieser Verpflichtung den Vertreter nur schadensersatzpflichtig gegenüber dem Vertretenen macht. Das Rechtsgeschäft ist gegenüber dem Partner hingegen wirksam, da die Vertretungsmacht davon unberührt geblieben ist (Abstraktion).

Die Abgrenzung, ob durch eine entsprechende Abrede die erteilte Vollmacht begrenzt oder lediglich der Umfang der Pflichten im Innenverhältnis konkretisiert werden soll, muss unter Berücksichtigung aller Umstände, der Verkehrssitte, der Schutzwürdigkeit des Vertragspartners und Treu und Glauben erfolgen.

329 AT Rdnr. 949.

✓ ***Beachte:*** *Der Umfang der Vollmacht richtet sich nach dem Inhalt der Bevollmächtigung, nicht nach dem des Innenverhältnisses (Abstraktionsprinzip). Der Vollmachtsumfang (das rechtliche Können) kann also weiter reichen als das im Innenverhältnis vereinbarte „rechtliche Dürfen". Bei der Auslegung der Vollmacht können jedoch die Regelungen des Innenverhältnisses herangezogen werden.*[330]

Beispiele:

1. G beauftragt den V, seinen Pkw für mindestens 3.000 € zu verkaufen, und erteilt dem V gleichzeitig Vollmacht.
2. G beauftragt den V, den Wagen „bestens" zu verkaufen, wobei er dem V gegenüber äußert, er rechne mit einem Erlös von mindestens 3.000 €.

Wie ist die Rechtslage, wenn V den Wagen für nur 2.500 € verkauft?

1. Im ersten Fall hat G zwar die Vollmacht nicht ausdrücklich dahingehend beschränkt, dass V nur zum Verkauf für mindestens 3.000 € vertretungsberechtigt sein sollte. Aus der Weisung im Rahmen des Auftrags als Innenverhältnis ergibt sich jedoch im Wege der Auslegung, dass dadurch auch die Vollmacht entsprechend begrenzt sein sollte. V hat demnach nicht im Rahmen seiner Vertretungsmacht gehandelt. Das Geschäft bindet den G nur, wenn er es genehmigt, § 177 Abs. 1.

2. Im zweiten Fall lässt sich dagegen die Regelung im Innenverhältnis (Verkauf „bestens") nicht zwingend zur Auslegung der Vollmacht heranziehen. Aus Gründen des Verkehrsschutzes und der Rechtssicherheit spricht in diesen Fällen mehr für die Auslegung, dass die Vollmacht hinsichtlich der Kaufpreishöhe nicht begrenzt ist, sondern dass V sich lediglich im Rahmen des Auftrags bemühen muss, einen bestmöglichen Preis zu erzielen. Aufgrund der ihm erteilten, uneingeschränkten Vollmacht „konnte" V den Wagen auch zu einem niedrigeren Preis als dem erwarteten verkaufen, nach dem Innenverhältnis „durfte" er ihn lediglich nicht zu diesem Preis verkaufen. Aufgrund der uneingeschränkten Vollmacht hat V demnach im Rahmen seiner Vertretungsmacht gehandelt, das Geschäft wirkt gemäß § 164 Abs. 1 für und gegen G.

B. Die Vollmacht bei einseitigen Rechtsgeschäften

237 Ein einseitiges Rechtsgeschäft, das ein Vertreter ohne Vertretungsmacht abgeschlossen hat, ist gemäß § 180 S. 1 grundsätzlich nichtig und auch nicht genehmigungsfähig. Gemäß § 180 S. 2 finden die §§ 177–179 bei empfangsbedürftigen Willenserklärungen Anwendung, wenn der Erklärende die Vertretungsmacht behauptet und der Geschäftsgegner den Mangel der Vertretungsmacht nicht beanstandet hat oder damit einverstanden war, dass der Vertreter ohne Vertretungsmacht handelte.

Aufgrund der Regelung des § 180 S. 2 muss sich der Empfänger einer einseitigen Willenserklärung bei deren Empfang entscheiden, ob er einen Mangel der Vertretungsmacht beanstandet oder nicht. Dem Interesse des Erklärungsempfängers, klare Verhältnisse bezüglich der Vertretungsmacht und der Wirksamkeit der einseitigen Erklärung zu haben, dient die Regelung des § 174. Gemäß § 174 S. 1 kann der Empfänger eine einseitige Erklärung zurückweisen, wenn ihm keine Vollmachtsurkunde vorgelegt wird. Die Vollmachtsurkunde muss **im Original** oder in einer Ausfertigung vorgelegt werden. Eine Fotokopie oder eine beglaubigte Abschrift reichen nicht aus.[331]

§ 174 hat erhebliche praktische Bedeutung, insbesondere bei **Kündigungen.** Weist der Empfänger einer Kündigung diese gemäß § 174 zurück, weil keine Vollmachtsurkunde

---

330 Wolf/Neuner § 50 Rdnr. 31.

331 BGH NJW 1994, 1472; MünchKomm/Schramm § 174 Rdnr. 4; Palandt/Ellenberger § 174 Rdnr. 2.

beigelegt war, ist für eine erneute Kündigung mit Vollmachtsurkunde häufig schon eine Kündigungsfrist abgelaufen.

Die **Mahnung** gemäß § 286 Abs. 1 ist eine geschäftsähnliche Handlung, auf die § 174 Anwendung findet.

Die Anwendung des § 174 auf die wettbewerbsrechtliche Abmahnung ist umstritten. § 174 ist jedenfalls dann nicht anwendbar, wenn die Abmahnung mit dem Angebot auf Abschluss eines Unterwerfungsvertrags verbunden ist, weil § 174 nur für einseitige Rechtsgeschäfte und nicht für Vertragsangebote gilt.[332]

C. Das Erlöschen der Vollmacht

Das Erlöschen der Vollmacht ist in § 168 geregelt. Danach erlischt die Vollmacht mit Wirkung für die Zukunft, wenn 238

- das zugrunde liegende Rechtsgeschäft erlischt, § 168 S. 1, oder
- die Vollmacht einseitig widerrufen wird, § 168 S. 2.
- Daneben kommen als Erlöschensgründe in Betracht:
  - Anfechtung der Vollmacht
  - Beendigung nach dem Inhalt der Vollmacht, z.B. auflösende Bedingung, Befristung oder Verbrauch durch Abschluss bzw. Unmöglichkeit des Abschlusses des Vertretergeschäfts;
  - nach h.M. einseitiger Verzicht des Bevollmächtigten;[333]
  - Geschäftsunfähigkeit des Bevollmächtigten (Argument aus § 165);
  - Eröffnung des Insolvenzverfahrens über das Vermögen des Vollmachtgebers, § 117 InsO.

I. Das Erlöschen, weil das zugrunde liegende Rechtsgeschäft erlischt

Mit der Beendigung des zugrunde liegenden Arbeits-, Dienst-, Geschäftsbesorgungsvertrags oder Auftrags erlischt auch die Vollmacht, § 168 S. 1. 239

- Gemäß §§ 674, 169 gilt die erloschene Vollmacht gegenüber Gutgläubigen als fortbestehend.
- Im Falle des Todes eines Beteiligten gilt:
  - Mit dem Tod des Beauftragten erlischt regelmäßig auch die Vollmacht, §§ 168 S. 1, 673 S. 1, 675.

    Eine Ausnahme wird dann bejaht, wenn die Vollmacht im Interesse des Bevollmächtigten erteilt wurde, wie die Auflassungsvollmacht für den Käufer eines Grundstücks.[334]

---

332 BGH, Urt. v. 19.05.2010 – I ZR 140/08, Rdnr. 15, NJW-RR 2011, 335.

333 Staudinger/Schilken § 168 Rdnr. 18.

334 Staudinger/Schilken § 168 Rdnr. 19.

- Mit dem Tod des Auftraggebers erlischt gemäß § 672 der Auftrag grundsätzlich nicht, sodass, wenn nichts Abweichendes vereinbart worden ist, auch die Vollmacht fortbesteht. An die Stelle des Erblassers, der nicht mehr Träger von Rechten und Pflichten sein kann, tritt der Erbe. Er ist der Geschäftsherr. Für und gegen ihn wirken die vom Vertreter vorgenommenen Rechtsgeschäfte. In gleicher Weise wirkt eine Vollmacht, die auf den Todesfall erteilt ist und erst von dem Tod des Vollmachtgebers an wirksam ist (postmortale Vollmacht).[335]

II. Das Erlöschen der Vollmacht durch Widerruf

240 Gemäß § 168 S. 2 kann die Vollmacht auch bei Fortbestehen des Grundverhältnisses durch Widerruf erlöschen, es sei denn, sie ist als unwiderrufliche Vollmacht erteilt worden.

1. Der Widerruf der Vollmacht

Der Widerruf erfolgt durch einseitige, empfangsbedürftige Willenserklärung des Vollmachtgebers, für die gemäß § 168 S. 3 die Vorschrift des § 167 Abs. 1 entsprechend gilt. Danach kann die Vollmacht sowohl gegenüber dem Bevollmächtigten als auch gegenüber dem Empfänger der Erklärung, dem Geschäftspartner, wirksam widerrufen werden. Das gilt nach h.A. unabhängig davon, wem gegenüber die Vollmacht erteilt worden ist, sodass die Außenvollmacht durch Erklärung gegenüber dem Vertreter wirksam widerrufen werden kann.[336] Der auf den Fortbestand der Vollmacht vertrauende Dritte (Geschäftspartner) wird durch die §§ 170 ff. geschützt.

Beispiel: G hat dem V eine Vollmacht erteilt, indem er dem Geschäftspartner P geschrieben hat, V sei berechtigt, für ihn die Waren einzukaufen. Bevor V tätig geworden ist, kommt es zu Unstimmigkeiten. G erklärt dem V, er sei nicht berechtigt, für ihn mit P Rechtsgeschäfte abzuschließen. V kauft dennoch Waren im Werte von 3.000 €.

I. V war nicht vertretungsberechtigt, weil die Außenvollmacht des G erloschen ist, da G gegenüber V die Vollmacht widerrufen hat, §§ 168 S. 3, 167 Abs. 1.
II. Jedoch wird P, der auf den Fortbestand der Vollmacht gutgläubig vertraut hat, gemäß §§ 170, 173 geschützt. Da dem P das Erlöschen der Vollmacht nicht von G angezeigt wurde und G auch nicht das Erlöschen kannte oder kennen musste, wird ihm gegenüber die Vollmacht als fortbestehend behandelt.

2. Die unwiderrufliche Vollmacht

241 Eine Unwiderruflichkeit kann sich aus dem der Vollmacht zugrunde liegenden Rechtsgeschäft ergeben (§ 168 S. 2 „sofern"), z.B. bei Erteilung eines unwiderruflichen Auftrags (Abbedingung des § 671 Abs. 1). Doch kann die Widerruflichkeit der Vollmacht nach h.M. nur dann wirksam ausgeschlossen oder beschränkt werden, wenn der Bevollmächtigte (oder ein Dritter) ein besonderes Eigeninteresse an der Bevollmächtigung hat, das dem Interesse des Vollmachtgebers an der Widerruflichkeit zumindest gleichwertig ist. Bei einer ausschließlich oder überwiegend im Interesse des Vollmachtgebers erteilten Vollmacht ist die Unwiderruflichkeitsklausel dagegen unwirksam.[337]

---

335 BGHZ 127, 239; MünchKomm/Schramm § 168 Rdnr. 32.

336 MünchKomm/Schramm § 168 Rdnr. 19; Palandt/Ellenberger § 168 Rdnr. 5.

337 BGH WM 1971, 956, 957; MünchKomm/Schramm § 168 Rdnr. 21; Palandt/Ellenberger § 168 Rdnr. 6.

Beispiel: G hat dem V ein Grundstück notariell verkauft. G erteilt dem V unwiderruflich unter Befreiung vom Verbot des § 181 Vollmacht, das Grundstück an sich aufzulassen. Da ein eigenes Erfüllungsinteresse des V gegeben ist, besteht ein rechtfertigender Grund für die Vereinbarung der Unwiderruflichkeit der Vollmacht.[338]

Das Recht zum jederzeitigen Widerruf einer Vollmacht kann nur in dem der Erteilung zugrunde liegenden Rechtsverhältnis, d.h. grundsätzlich nur durch Vertrag wirksam ausgeschlossen werden. Das ergibt sich aus § 168 S. 1 und S. 2. Ein einseitiger Verzicht des Vollmachtgebers auf sein Widerrufsrecht reicht nicht aus.[339]

Auch die – wirksame – unwiderrufliche Vollmacht kann analog §§ 626, 723 aus wichtigem Grund widerrufen werden.[340]

III. Die Anfechtung der Vollmacht

Da die Vollmachtserteilung eine Willenserklärung ist, kann der Vollmachtgeber, der sich **242**
bei der Erteilung der Vollmacht in einem Irrtum i.S.d. § 119 befunden hat oder arglistig getäuscht bzw. bedroht wurde (§ 123), nach dem Wortlaut des Gesetzes die Vollmachtserteilung grundsätzlich anfechten. Bedenken ergeben sich jedoch daraus, dass nach dem Abschluss des Vertretergeschäfts unmittelbar eine dritte Person – der Vertragspartner – durch die Anfechtung der Vollmachtserteilung berührt wird.

Hat der Vertreter das Rechtsgeschäft noch nicht getätigt, so ist die Erteilung der Voll- **243**
macht jedenfalls dann uneingeschränkt wegen Irrtums nach §§ 119 ff. anfechtbar, wenn es sich um eine unwiderrufliche Vollmacht handelt.[341] Bei einer widerruflichen Vollmacht besteht dagegen vor deren Gebrauch grundsätzlich kein Bedürfnis für eine Anfechtung, denn der Vollmachtgeber kann die Wirkungen der Vollmachtserteilung jederzeit nach § 168 S. 2 beseitigen. Dennoch wird von der h.M. auch für diesen Fall die Anfechtung grundsätzlich zugelassen, da die Möglichkeit des Widerrufs die Anfechtung nicht ausschließt.[342]

Umstritten ist, ob die Vollmacht auch dann noch angefochten werden kann, wenn der **244**
Vertreter das Rechtsgeschäft mit dem Dritten abgeschlossen hat.

Fall 21: Rückwirkend ohne Vertretungsmacht

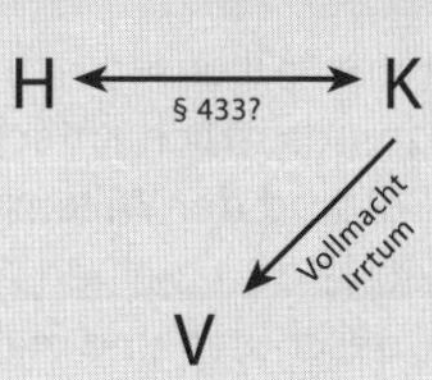

K bittet den V, für ihn bei dem Händler H einen antiken Schrank zu kaufen. In einem Schreiben teilt er dem V mit, er dürfe dem H einen Preis bis zu 15.200 € anbieten. Dabei hat sich K vertippt, er wollte, dass V bei den Preisverhandlungen 12.500 € nicht überschreitet. V kauft den Schrank im Namen des K für 13.900 €. Als H Zahlung verlangt, erklärt K gegenüber dem V und dem H die Anfechtung des Kaufvertrags und der Vollmacht. H will zumindest seinen Schaden von K oder von V ersetzt bekommen. Er hätte den Schrank für 13.500 € an D verkaufen können.

338 MünchKomm/Schramm § 168 Rdnr. 23.
339 BayObLG NJW-RR 1996, 848.
340 Staudinger/Schilken § 168 Rdnr. 14.
341 Brox JA 1980, 449, 450.
342 MünchKomm/Schramm § 167 Rdnr. 107.

A. Der Anspruch des H gegen K aus § 433 Abs. 2 besteht nicht, wenn K den Kaufvertrag wirksam angefochten hat oder V aufgrund der Anfechtung der Vollmacht als Vertreter ohne Vertretungsmacht gehandelt hat.

245 I. Für die Anfechtung des Kaufvertrags kommt als Anfechtungsgrund § 119 Abs. 1 in Betracht.

Gemäß § 166 Abs. 1 ist bei Willensmängeln (und für die Frage von Kenntnis und Kennenmüssen) grundsätzlich auf die Person des Vertreters abzustellen. V befand sich aber nicht im Irrtum. Er hat erklärt, in Namen des K den Schrank für 13.900 € zu kaufen und wollte diese Erklärung auch abgeben.

Nach § 166 Abs. 2 ist bezüglich Kenntnis und Kennenmüssens zusätzlich auf die Person des Vertretenen abzustellen, wenn dieser eine Vollmacht erteilt hat und der Vertreter nach bestimmten Weisungen handeln sollte. Hier kommt es jedoch nicht auf Kenntnisse oder Kennenmüssen des Vertretenen K an, sondern auf dessen Willensmangel bei der Vollmachtserteilung.

Auf Willensmängel bei der Vollmachtserteilung ist § 166 Abs. 2 weder direkt noch analog anwendbar. Der Vertretene ist dadurch geschützt, dass er die Vollmacht anfechten kann.[343]

Eine analoge Anwendung des § 166 Abs. 2 wird dann bejaht, wenn der Geschäftsgegner den Vertretenen arglistig getäuscht und dadurch die Weisung an den Vertreter beeinflusst hat.[344]

246 II. Eine wirksame Anfechtung der Vollmachtserteilung würde rückwirkend die Vertretungsmacht des V entfallen lassen.

1. Die Anfechtung der Vollmachtserteilung müsste zulässig sein.

a) In der Literatur wird teilweise die Anfechtung der Vollmacht nach Abschluss des Vertretergeschäfts für unzulässig gehalten. Die Interessen des Vertragspartners und des Vertreters seien gegenüber der Anfechtung vorrangig. Dem Schutz des Vollmachtgebers könne durch die Anwendung der Regeln über den Missbrauch der Vertretungsmacht (s.u. Rdnr. 273 ff.) hinreichend Rechnung getragen werden.[345]

b) Nach h.M. ist die Bevollmächtigung, wie jede andere Willenserklärung auch, selbst nach Abschluss des Vertretergeschäfts grundsätzlich anfechtbar.[346] Das Vertrauen des Geschäftsgegners in den Bestand der Willenserklärung wird nach der Grundentscheidung des Gesetzes durch einen Anspruch auf Ersatz des Vertrauensschadens (§ 122) geschützt und nicht durch die Aufrechterhaltung der Willenserklärung.

---

343 Soergel/Leptien § 166 Rdnr. 33; Wolf/Neuner § 50 Rdnr. 25; Jauernig/Jauernig § 166 Rdnr. 6.

344 BGH, Urt. v. 02.05.2000 – XI ZR 150/99, BGHZ 144, 223; Soergel/Leptien § 166 Rdnr. 33; a.A. Staudinger/Schilken § 166 Rdnr. 16.

345 Prölss JuS 1985, 577 ff.; Brox JA 1980, 449, 451 f.; Eujen/Frank JZ 1973, 232 ff.

346 BGH NJW 1989, 2879, 2880; MünchKomm/Schramm § 167 Rdnr. 111; Palandt/Ellenberger § 167 Rdnr. 3; Staudinger/Schilken § 167 Rdnr. 78; Jauernig/Jauernig § 167 Rdnr. 11; Wolf/Neuner § 50 Rdnr. 23; Soergel/Leptien § 166 Rdnr. 22; Petersen AcP 201, 375, 380 ff.; Schwarze JZ 2004, 588, 595; Becker/Schäfer JA 2006, 597, 560.

2. Der Anfechtungsgrund des § 119 Abs. 1 ist gegeben. K hat erklärt, eine Vollmacht zum Kauf bis zu einem Preis von 15.200 € zu erteilen. Sein tatsächlicher Wille war auf eine Vollmacht mit einer Beschränkung bis zu 12.500 € gerichtet.

3. Umstritten ist, wer bei der Anfechtung einer Vollmacht Anfechtungsgegner i.S.d. § 143 Abs. 3 S. 1 ist: 247

   a) Teilweise wird danach differenziert, ob eine Innen- oder Außenvollmacht vorliegt: Bei der Innenvollmacht sei der Vertreter, bei der Außenvollmacht dagegen der Vertragspartner der richtige Anfechtungsgegner.[347]

   b) Nach a.A. kann der Vertretene die Vollmacht wahlweise gegenüber dem Vertreter oder dem Vertragspartner anfechten; Argument aus §§ 143 Abs. 3 S. 1, 167 Abs. 1.[348]

   c) Schließlich wird noch die Auffassung vertreten, dass der Anfechtungsgegner stets der Geschäftsgegner sei, weil es dem Vertretenen letztlich darum gehe, die Folgen des vom Vertreter mit dem Dritten abgeschlossenen Geschäfts zu beseitigen.[349]

   d) Hier kann der Streit unentschieden bleiben, da K sowohl dem Vertreter V als auch dem Geschäftsgegner H gegenüber die Anfechtung erklärt hat.

Die Vollmacht ist nach § 142 Abs. 1 von Anfang an entfallen.

Da V ohne Vertretungsmacht handelte, besteht kein Kaufpreisanspruch des H gegen K.

B. Ansprüche des H gegen K auf **Schadensersatz aus § 122** 248

I. Ist die Anfechtung der Vollmacht gegenüber dem Vertragspartner erfolgt, so steht diesem ein Anspruch aus § 122 gegen den Vertretenen zu.

II. Ist dagegen der Vertreter der Anfechtungsgegner, so hat er gemäß § 122 gegen den Vollmachtgeber einen Anspruch auf Ersatz seines Vertrauensschadens. Gleichzeitig ist der Vertreter dem Vertragspartner aus § 179 verpflichtet. Diese Anspruchskette (Vertragspartner gegen Vertreter gemäß § 179 und Vertreter gegen Vollmachtgeber aus § 122) wird überwiegend für nicht interessengerecht gehalten, da sie letztlich die Gefahr bewirkt, dass der Geschäftsgegner auf dem Schaden hängen bleibt (z.B. wegen Insolvenz des Vertreters). Deswegen räumt die h.M. dem Vertragspartner analog § 122 einen unmittelbaren Ersatzanspruch gegen den Vollmachtgeber ein, da dieser – unabhängig von dem Vertreter – wegen seines Irrtums letztlich für den Schaden haften soll.[350]

III. H hat daher unabhängig davon, wen man als Anfechtungsgegner ansieht, einen Schadensersatzanspruch aus § 122 gegen K. Der Anspruch richtet sich auf Ersatz des Vertrauensschadens. Zu ersetzen sind auch die Nachteile, die durch das Nicht-

---

347 MünchKomm/Schramm § 167 Rdnr. 110 ff.; Palandt/Ellenberger § 143 Rdnr. 6; Soergel/Leptien § 166 Rdnr. 22, 23; Staudinger/Schilken § 167 Rdnr. 79; Wolf/Neuner § 50 Rdnr. 25.

348 Jauernig/Jauernig § 167 Rdnr. 11; Soergel/Hefermehl § 143 Rdnr. 10.

349 Staudinger/Roth § 143 Rdnr. 35; Flume § 52, 5 c; Medicus/Petersen Rdnr. 96.

350 MünchKomm/Schramm § 167 Rdnr. 111; Soergel/Leptien § 166 Rdnr. 22; Palandt/Ellenberger § 167 Rdnr. 3; Staudinger/Schilken § 167 Rdnr. 82.

zustandekommen eines anderen Geschäfts entstanden sind. H hätte den Schrank für 13.500 € an einen Dritten verkaufen können. Er kann daher Zahlung von 13.500 € aus § 122 verlangen.

Der Anspruch aus § 122 wird durch das Erfüllungsinteresse nach oben hin begrenzt. Selbst wenn also H nachweisen würde, dass er den Schrank an einen Dritten für 15.000 € hätte verkaufen können, könnte er wegen des Nichtzustandekommens dieses Geschäfts nur 13.900 € von K ersetzt verlangen.

249 C. Anspruch des H gegen V aus **§ 179**

V handelte wegen der Rückwirkung nach § 142 Abs. 1 als Vertreter ohne Vertretungsmacht. Als solcher würde er grundsätzlich dem Geschäftsgegner nach § 179 haften, und zwar regelmäßig nach § 179 Abs. 2 (beachte aber: § 142 Abs. 2!). Da die Haftung des Vertreters nach § 179 Abs. 2 den Vertragspartner aber nur wegen seines Vertrauens in die Wirksamkeit der Willenserklärung entschädigen will, dieses Interesse aber bereits durch die Haftung des Vertretenen aus § 122 geschützt wird, wird man richtigerweise annehmen müssen, dass im Fall der Anfechtung gegenüber dem Vertragspartner eine Haftung des Vertreters gemäß § 179 entfällt.[351] Dies gilt auch dann, wenn der Vertreter der Anfechtungsgegner ist und sich der Anspruch des Geschäftsgegners gegen den Vertretenen lediglich aus einer analogen Anwendung des § 122 ergibt.[352] Ein Anspruch des H gegen V aus § 179 besteht daher nicht.

D. Der gute Glaube an die Vollmacht

250 Grundsätzlich wird derjenige, der mit einem vollmachtlosen Vertreter ein Rechtsgeschäft tätigt, nicht geschützt. Der gute Glaube an den Bestand der Vollmacht ist unerheblich. Der Erklärungsempfänger, der erkennen kann, dass der Erklärende die Erklärung nicht im eigenen Namen, sondern für einen anderen abgibt, muss sich davon überzeugen, ob der Erklärende von demjenigen, für und gegen den das Rechtsgeschäft wirken soll, die entsprechende Vollmacht erhalten hat. Diese grundsätzliche Regelung gilt nicht, d.h. der gute Glaube an die Vollmacht wird ausnahmsweise geschützt, wenn

- die Voraussetzungen der §§ 170–173 vorliegen oder
- die Grundsätze der Duldungs- bzw. Anscheinsvollmacht eingreifen.

I. Der Schutz des Erklärungsempfängers gemäß §§ 170–173

251 Nach §§ 170–173 wird der Erklärungsempfänger geschützt, wenn er das Erlöschen der Vollmacht des Vertreters nicht kennt und auch nicht kennen musste (§ 173) und wenn

- die Vollmacht ihm gegenüber erklärt worden war (Außenvollmacht, § 170),

---

351 MünchKomm/Schramm § 167 Rdnr. 110; Wolf/Neuner § 50 Rdnr. 26; a.A. Soergel/Leptien § 166 Rdnr. 22.

352 Wolf/Neuner § 50 Rdnr. 26; a.A. MünchKomm/Schramm § 167 Rdnr. 111: gesamtschuldnerische Haftung des Vertreters aus § 179 und des Vertretenen aus § 122.

- die Bevollmächtigung ihm mitgeteilt oder öffentlich bekannt gemacht worden war (§ 171 Abs. 1) oder
- der Vertreter eine Vollmachtsurkunde vorgelegt hat (§ 172 Abs. 1).

Die Vollmacht des Vertreters „bleibt" im Verhältnis zum gutgläubigen Geschäftspartner so lange „bestehen", bis ihm das Erlöschen der Vollmacht in gleicher Weise mitgeteilt worden ist wie die Vollmachtserteilung kundgetan worden war. Nach h.M. handelt es sich bei diesen Regelungen um Rechtsscheinstatbestände.[353]

§ 170 setzt voraus, dass eine Außenvollmacht wirksam erteilt wurde. Die Regelung greift **252** nicht ein, wenn die Vollmacht aufgrund einer Anfechtung gemäß § 142 Abs. 1 von Anfang an nichtig ist.[354]

Die dogmatische Einordnung der Kundgebung i.S.d. § 171 und der Aushändigung der **253** Vollmachtsurkunde nach § 172 ist umstritten. Nach h.M. sind dies rechtsgeschäftsähnliche Handlungen.[355] Damit im Zusammenhang steht die Frage, ob der Vertretene die Kundmachung i.S.d. §§ 171, 172 gemäß § 119 Abs. 1 anfechten kann, mit der Folge, dass der Vertreter als Vertreter ohne Vertretungsmacht gehandelt hat.

- Teilweise wird eine Anfechtungsmöglichkeit verneint, weil Rechtsscheinstatbestände nicht anfechtbar seien. Überdies widerspräche eine Anfechtung dem Schutzzweck der §§ 171, 172.[356]
- Die h.M. bejaht die Anfechtungsmöglichkeit. Auch wenn man die entsprechenden Kundgebungsakte als rechtsgeschäftsähnliche Handlung ansieht, sind sie anfechtbar, da die Regeln über Willenserklärungen auf rechtsgeschäftsähnliche Handlungen entsprechend angewendet werden.[357] Der Charakter als Rechtsscheinstatbestand schließt eine Anfechtung nicht aus, da der durch die Vollmachtsurkunde verursachte Rechtsschein nicht stärker wirken kann als die wirklich erteilte Vollmacht.[358]

II. Die Duldungs- und Anscheinsvollmacht

Ist demjenigen, der als Vertreter auftritt, keine Vollmacht erteilt, so kann das vom Vertre- **254** ter getätigte Rechtsgeschäft dennoch für den Vertretenen verbindlich sein, wenn

- der Vertretene Kenntnis vom Auftreten des Vertreters hatte und er dieses geduldet hat – Duldungsvollmacht – oder
- der Vertretene vom Auftreten des nicht bevollmächtigten Vertreters Kenntnis hätte haben können und dieses hätte verhindern können – Anscheinsvollmacht.

---

353 MünchKomm/Schramm § 170 Rdnr. 1; Palandt/Ellenberger § 173 Rdnr. 1; Flume (§ 49, 2; § 51, 9) und teilweise auch Staudinger/Schilken (§ 171 Rdnr. 3; § 172 Rdnr. 2) sehen die Fälle des § 171 Abs. 1 und § 172 Abs. 1 als rechtsgeschäftlich erteilte Vollmachten an, die unter den Voraussetzungen des § 171 Abs. 2 und § 172 Abs. 2 erlöschen.

354 Staudinger/Schilken § 170 Rdnr. 2; MünchKomm/Schramm § 170 Rdnr. 6.

355 Wolf/Neuner § 50 Rdnr. 791; MünchKomm/Schramm § 171 Rdnr. 2, § 172 Rdnr. 6; Erman/Maier-Reimer § 171 Rdnr. 3; a.A. Flume § 49, 2 und teilweise Staudinger/Schilken § 171 Rdnr. 3, § 172 Rdnr. 2: rechtsgeschäftlich erteilte Vollmachten.

356 Jauernig/Jauernig §§ 170–173 Rdnr. 7.

357 MünchKomm/Schramm § 171 Rdnr. 3, § 172 Rdnr. 6; Giesen/Hegemann Jura 1991, 357, 368.

358 MünchKomm/Schramm § 171 Rdnr. 8; Soergel/Leptien § 171 Rdnr. 4; Palandt/Ellenberger § 173 Rdnr. 1.

Dem Vertretenen kann das Handeln desjenigen, der als Vertreter für ihn handelt, nicht nach den Regeln der Duldungs- und Anscheinsvollmacht zugerechnet werden, wenn die von ihm erteilte Vollmacht nichtig war, und er die Nichtigkeit nicht kannte oder kennen musste.[359]

1. Die Duldungsvollmacht

255 Die Duldungsvollmacht beruht darauf, dass der Vertretene das Auftreten des Vertreters kannte und nicht dagegen eingeschritten ist. Da das bloße Dulden ebenso wie das Schweigen keine Willenserklärung darstellt, wird die Duldungsvollmacht von der h.M. als **Rechtsscheinsvollmacht** angesehen.[360] Die Gegenansicht sieht die Duldungsvollmacht als rechtsgeschäftlich erteilte Vollmacht. Wer bewusst einen anderen für sich handeln lasse, tue in einem rechtsgeschäftlichen Sinne kund, dass diese Person Vertretungsmacht habe.[361]

256 Eine Duldungsvollmacht besteht unter folgenden Voraussetzungen:

- Der **Rechtsschein** einer Bevollmächtigung wird dadurch erzeugt, dass jemand – regelmäßig wiederholt und während einer gewissen Dauer – rechtsgeschäftlich im Namen eines Dritten auftritt.[362]
- Der Vertretene hat **Kenntnis** davon, dass ein anderer für ihn wie ein Vertreter auftritt und **duldet** dies, d.h. er schreitet nicht dagegen ein, obwohl ihm das möglich wäre.
- Der Geschäftsgegner muss das Dulden des Vertretenen nach Treu und Glauben dahin verstehen dürfen, dass der als Vertreter Handelnde bevollmächtigt ist, d.h. er muss **gutgläubig** sein.[363]

Beispiel: V ist von der Firma G beauftragt worden, Kaufverträge zu vermitteln. V schließt in Eilfällen den Kaufvertrag im Namen der Firma G. G genehmigt später diese Verträge. Den mit K abgeschlossenen Vertrag will G nicht erfüllen, weil er ungünstig ist.

Anspruch K gegen G aus § 433 Abs. 1
I. V hat sich im Namen des G mit K über die Kaufvertragsbestandteile formgerecht geeinigt.
II. Vertretungsmacht des V
1. Eine rechtsgeschäftliche Bevollmächtigung ist nicht bei der Beauftragung erfolgt. V sollte lediglich Kaufverträge vermitteln. Er ist nicht Abschlussvertreter.
2. Duldungsvollmacht
a) V ist wiederholt und während einer gewissen Dauer als Vertreter des G aufgetreten.
b) Dieser Rechtsschein ist dem G zurechenbar, weil er Kenntnis vom Auftreten des V als Vertreter hatte und dieses geduldet hat.
c) K war gutgläubig. Er hat, ohne fahrlässig zu handeln, angenommen, dass V zur Vertretung des G berechtigt sei.
Daher gilt V als von G bevollmächtigt. Der Kaufvertrag ist wirksam zwischen G, vertreten durch V, und K zustande gekommen.

---

359 BGH, Urt. v. 21.06.2005 – XI ZR 88/04, NJW 2005, 2985.

360 BGH, Urt. v. 25.03.2003 – XI ZR 227/02, NJW 2003, 2091; BGH, Urt. v. 21.06.2005 – XI ZR 88/04, NJW 2005, 2985; MünchKomm/Schramm § 167 Rdnr. 49; Staudinger/Schilken § 167 Rdnr. 32; Wolf/Neuner § 50 Rdnr. 86; Medicus AT Rdnr. 930.

361 Flume § 49, 2; Palandt/Ellenberger § 172 Rdnr. 8; Merkt AcP 204, 638 ff.

362 BGH, Urt. v. 21.062005 – XI ZR 88/04, NJW 2005, 2985; MünchKomm/Schramm § 167 Rdnr. 47; Staudinger/Schilken § 167 Rdnr. 34 ff.

363 BGH, Urt. v. 10.01.2007 – VIII ZR 380/04, Rdnr. 19, NJW 2007, 987; Schreiber Jura 1998, 606, 608.

2. Die Anscheinsvollmacht

Die Anscheinsvollmacht hat nach h.M. nahezu identische Voraussetzungen und Rechtsfolgen wie die Duldungsvollmacht, man kann sie als fahrlässige Duldungsvollmacht bezeichnen. **257**

Fall 22: Die teure Werbeagentur

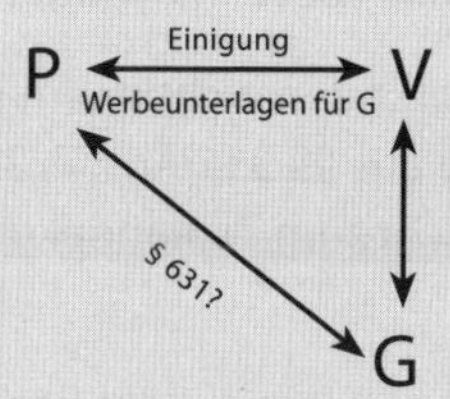

Die Arzneimittelfabrik G möchte ein neues Medikament mit einer zugkräftigen Werbung auf den Markt bringen. Sie beauftragt die Werbeagentur V damit, die Werbeunterlagen zu einem Festpreis fertig zu stellen. Die Firma V bestellt wiederholt u.a. bei der Firma P bestimmte Druckvorlagen und bittet darum, die Rechnung an die Firma G zu schicken. Die Firma G bezahlt sechs Rechnungen. Als die Rechnungen Nr. 7 bis 10 eingehen, fallen diese dem Prokuristen in die Hände. Dieser ordnet an, die Rechnungen nicht zu bezahlen, da ein Festpreis vereinbart worden sei und die Kosten für die Druckvorlagen daher die Firma V zu tragen habe. Von wem kann P den Werklohn für die Erstellung der Druckformen verlangen?

Anspruch der Firma P gegen die Firma G aus § 631?

I. V und P haben sich über die Vertragsbestandteile eines Werkvertrags geeinigt. Die Firma P sollte verpflichtet werden, ein bestimmtes Werk – die Druckvorlagen – zu erstellen. Da die Druckvorlagen ersichtlich für die G bestimmt waren und die Rechnungen an die G geschickt werden sollten, wurde für die P deutlich, dass nicht die V, sondern die Firma G verpflichtet werden sollte. Die V hat somit die Werkvertragserklärungen im Namen der Firma G abgegeben (§ 164 Abs. 1).

II. Die Einigung über den Werkvertrag wirkt gegenüber der Firma G, falls V vertretungsberechtigt war.

1. Die Firma G hat der V keine Vollmacht erteilt. Es ist zwischen V und G ein Werkvertrag zu einem Festpreis zustande gekommen, sodass alle Kosten, die zur Herstellung einer zugkräftigen Werbung anfielen, von der Werbeagentur V getragen werden sollten und die V nicht berechtigt sein sollte, G zu verpflichten.

2. Eine **Duldungsvollmacht** scheidet aus, weil die Firma G nicht wusste, dass V als ihr Vertreter aufgetreten ist. Allein der Umstand, dass die in der Buchhaltung Beschäftigten Kenntnis vom Inhalt der Rechnung und damit vom Auftreten der Firma V als Vertreter hatten, genügt nicht. Damit eine Duldungsvollmacht vorliegt, muss ein Organ oder ein Vertreter, der zur Erteilung der Vollmacht berechtigt ist, Kenntnis vom Auftreten haben.

3. Es könnte aber eine **Anscheinsvollmacht** vorliegen. Eine Anscheinsvollmacht ist gegeben, wenn der Vertretene das Handeln seines angeblichen Vertreters zwar nicht kennt (sonst Duldungsvollmacht), er es aber bei pflichtgemäßer Sorgfalt hätte erkennen und verhindern können, und ferner der Geschäftsgegner nach

Treu und Glauben annehmen durfte, der Vertretene billige das Handeln des „Vertreters".

258 a) Umstritten ist, ob eine Anscheinsvollmacht dazu führen kann, dass der Vertreter als bevollmächtigt gilt.

aa) Nach h.M. verleiht die Anscheinsvollmacht entsprechend dem Umfang des gesetzten Rechtsscheins Vertretungsmacht. Der Geschäftsherr muss sich so behandeln lassen, als habe er den Handelnden tatsächlich bevollmächtigt.[364]

bb) Dagegen wird in der Literatur teilweise – zumindest für den nichtkaufmännischen Verkehr – lediglich eine Vertrauenshaftung aus §§ 311 Abs. 2, 241 Abs. 2, 280 Abs. 1 bejaht, da bloße Nachlässigkeit nicht zum Zustandekommen eines Vertrags führen könne.[365]

cc) Für die h.M. spricht, dass das Vertrauen des Vertragspartners auf das Bestehen einer Vollmacht in der Weise schutzwürdig ist, dass ihm gegenüber der Rechtsschein als Wirklichkeit gilt.

259 b) Es müssten die Voraussetzungen der Anscheinsvollmacht vorliegen:

aa) Wie bei der Duldungsvollmacht entsteht der **Rechtsschein einer Bevollmächtigung** dadurch, dass jemand – regelmäßig wiederholt und während einer gewissen Dauer – rechtsgeschäftlich im Namen eines Dritten auftritt.[366]

bb) Dieser Rechtsschein ist dem Vertretenen **zurechenbar**, wenn er das Auftreten des Dritten **hätte erkennen und verhindern können**.[367] G hatte die Möglichkeit, sich von dem Auftreten des V als Vertreter zu unterrichten, und er hätte dieses Auftreten unterbinden können.

cc) Der Geschäftsgegner muss das Dulden des Vertretenen nach Treu und Glauben dahin verstehen dürfen, dass der als Vertreter Handelnde bevollmächtigt ist. Dies ist dann zu bejahen, wenn er ohne Fahrlässigkeit annehmen darf, der Vertretene kenne und dulde das Verhalten des für ihn auftretenden Vertreters.[368] P hat, ohne fahrlässig zu handeln, auf den Bestand der Vollmacht vertraut.

Daher muss sich die Firma G so behandeln lassen, als hätte sie der V eine entsprechende Vertretungsmacht eingeräumt. Die den Rechnungen Nr. 7–10 zugrunde liegenden Werkverträge sind mithin wirksam mit der Firma G, vertreten durch V, zustande gekommen. Die Firma G ist gegenüber der P verpflichtet, die Rechnungen Nr. 7–10 zu bezahlen.

---

364 BGH NJW 1981, 1727, 1728; WM 1986, 901; VersR 1992, 989, 990; Palandt/Ellenberger § 172 Rdnr. 17.

365 Flume § 49, 4; Medicus AT Rdnr. 971, BR Rdnr. 102.

366 BGH, Urt. v. 11.05.2011 – VIII ZR 289/09, Rdnr. 16, NJW 2011, 2421, RÜ 2011, 409; MünchKomm/Schramm § 167 Rdnr. 68.

367 BGH, Urt. v. 10.01.2007 – VIII ZR 380/04, Rdnr. 25, NJW 2007, 987; BGH, Urt. v. 15.02.2005 – XI ZR 396/03, ZIP 2005, 1361.

368 BGH NJW 1998, 1854, 1855.

E. Die gesetzliche Vertretung

I. Die Begründung der gesetzlichen Vertretung

Die gesetzliche Vertretung wird durch Gesetz oder Staatsakt begründet. **260**

- Der nicht voll Geschäftsfähige wird durch den gesetzlichen Vertreter – Eltern, Vormund, Betreuer, Pfleger – vertreten.
- Für die juristische Person handeln die Organe; die vom Organ abgegebene Willenserklärung ist Willenserklärung der juristischen Person;

  z.B. bestimmt § 26 Abs. 2 S. 1: „Der Vorstand vertritt den Verein gerichtlich und außergerichtlich; er hat die Stellung eines gesetzlichen Vertreters."

  Aus dieser Vorschrift folgt, dass der Vorstand als Organ des Vereins nicht unmittelbar gesetzlicher Vertreter ist, sondern nur wie ein solcher behandelt wird.

  Für die GmbH handelt der Geschäftsführer, § 35 Abs. 1 GmbHG; für die AG handelt der Vorstand, § 78 Abs. 1 AktG usw.
- Der Verwalter einer bestimmten Vermögensmasse – Insolvenzverwalter, Testamentsvollstrecker, Nachlassverwalter – ist berechtigt, mit Wirkung für und gegen den Inhaber des Vermögens Rechtsgeschäfte zu tätigen.

  Umstritten ist, ob die bestellten Verwalter einer Vermögensmasse als gesetzliche Vertreter – Vertretertheorie – oder als Inhaber eines eigenen Amtes – Amtstheorie – tätig werden.[369] Dem Streit kommt jedoch wenig praktische Bedeutung zu, denn die Vorschriften der §§ 164 ff. werden jedenfalls analog angewandt.[370]

II. Die Anwendung der §§ 164 ff. auf die gesetzliche Vertretung

Die §§ 164 ff. gelten grundsätzlich für alle Arten der gesetzlichen Vertretung. Allerdings gelten die §§ 166 Abs. 2 bis 176 ausdrücklich nur für die rechtsgeschäftliche Vertretung. Bei der Anwendung der §§ 164 ff. ist im Übrigen zu beachten, dass diese Vorschriften überwiegend auf die Interessenlage bei der rechtsgeschäftlichen Vertretung zugeschnitten sind und demnach Abweichungen bei der gesetzlichen bzw. organschaftlichen Vertretung geboten sein können. **261**

369 Zum Streitstand MünchKomm/Schramm Vor § 164 Rdnr. 10–12.

370 BGHZ 51, 209, 213 ff.; Medicus/Petersen Rdnr. 85.

Stellvertretung I

Zulässigkeit

- grundsätzlich bei allen Rechtsgeschäften; nicht bei Realakten oder rechtswidrigen Handlungen
- unzulässig bei höchstpersönlichen Rechtsgeschäften

Eigene Willenserklärung im fremden Namen

- Der Vertreter formuliert eine eigene, der Bote überbringt eine fremde Willenserklärung.
- Bei – bewusst oder unbewusst – abweichendem Auftreten ist das Rechtsgeschäft wirksam, wenn es von der Boten- oder Vertretungsmacht gedeckt ist; anderenfalls gilt:
  - bei bewusst abweichendem Auftreten gelten die §§ 177 ff. entsprechend
  - bei unbewusst falscher Übermittlung des Boten gilt § 120
- im fremden Namen: Offenkundigkeit
  - Handeln für einen noch zu benennenden Dritten möglich
  - beim unternehmensbezogenen Geschäft wird der Betriebsinhaber verpflichtet
  - gemäß § 164 Abs. 2 liegt ein Eigengeschäft vor, wenn die Vertretung nicht deutlich wird
  - Offenkundigkeit nicht erforderlich beim Geschäft, wen es angeht (Bargeschäfte des täglichen Lebens); liegt beim Handeln unter fremden Namen eine Identitätstäuschung vor, kann der Namensträger genehmigen, § 177 analog

Vollmacht

- Erteilung: durch einseitiges Rechtsgeschäft; grundsätzlich formfrei (§ 167 Abs. 2), Ausnahmen: zumindest bei § 311b unwiderrufliche Vollmacht und sonstige tatsächliche Bindung; Rechtsprechung: für Vollmacht des Bürgen gilt § 766
- Erlöschen
  - wenn das zugrunde liegende Rechtsgeschäft erlischt oder widerrufen wird (§ 168)
  - Anfechtung nach h.M. möglich; umstritten ist, wer Anfechtungsgegner ist; Haftung des Anfechtenden aus § 122; keine Haftung des Vertreters aus § 179
- Fortbestehen bzw. Rechtsschein
  - §§ 170–173: erteilte Vollmacht wirkt Gutgläubigen gegenüber weiter
  - Duldungsvollmacht, Anscheinsvollmacht
    - Rechtsschein einer Bevollmächtigung (i.d.R. Auftreten als Vertreter wiederholt und von gewisser Dauer)
    - Kenntnis vom Auftreten des Dritten als Vertreter (Duldungsvollmacht) bzw. fahrlässige Unkenntnis (Anscheinsvollmacht)
    - Gutgläubigkeit

F. Die Beschränkung der Vertretungsmacht

Auch wenn der – rechtsgeschäftliche oder gesetzliche – Vertreter vertretungsberechtigt ist, kann er von der Vornahme bestimmter Rechtsgeschäfte ausgeschlossen sein. **262**

- Die Vertretungsmacht kann gemäß § 181 beschränkt sein.
- Darüber hinaus ergeben sich Einschränkungen nach den Grundsätzen über den Missbrauch der Vertretungsmacht.

Besondere Beschränkungen der gesetzlichen Vertretungsmacht enthalten die §§ 1643, 1795, 1821, 1822.

I. Die Beschränkung der Vertretungsmacht gemäß § 181

Der rechtsgeschäftliche oder gesetzliche Vertreter darf grundsätzlich keine Insichgeschäfte tätigen. Er darf nicht Erklärender und gleichzeitig Erklärungsempfänger sein. Das unter Verstoß gegen § 181 getätigte Rechtsgeschäft ist nicht nichtig, sondern schwebend unwirksam, sodass der Geschäftsherr durch Genehmigung oder Verweigerung der Genehmigung darüber entscheiden kann, ob das Geschäft wirksam werden soll oder nicht. **263**

Soweit Insichgeschäfte zulässig sind, kommen sie nur dann wirksam zustande, wenn sie nach außen hin hinreichend manifestiert sind.[371]

1. Die nach dem Wortlaut des § 181 unzulässigen Rechtsgeschäfte

§ 181 will verhindern, dass verschiedene und einander widerstreitende Interessen durch ein und dieselbe Person vertreten werden, weil ein solches Insichgeschäft stets die Gefahr eines Interessenkonflikts und damit einer Schädigung des einen oder anderen Teils mit sich bringt.[372] **264**

Nach § 181 sind zwei Arten des Insichgeschäfts **grundsätzlich unzulässig**: **265**

- das **Selbstkontrahieren** – § 181, 1. Alt.: Handeln „im Namen des Vertretenen mit sich im eigenen Namen" und
- die **Mehrvertretung** – § 181, 2. Alt.: Handeln „im Namen des Vertretenen als Vertreter eines Dritten"

Zulässig sind Insichgeschäfte: **266**

- wenn sie gestattet sind oder
- ausschließlich in der Erfüllung einer Verbindlichkeit bestehen.
- § 181 ist nach seinem Normzweck unanwendbar, wenn das Rechtsgeschäft für den Vertretenen lediglich rechtlich vorteilhaft ist. Der Vertretene ist dann nicht schutzbedürftig, sodass eine teleologische Reduktion geboten ist.[373]

---

371 BGH NJW 1999, 1730; Palandt/Ellenberger § 181 Rdnr. 23.

372 BGHZ 56, 97, 101.

373 BGHZ 59, 236, 240; 94, 232, 235; NJW 1989, 2542, 2543; MünchKomm/Schramm § 181 Rdnr. 15; Palandt/Ellenberger § 181 Rdnr. 9; Erman/Maier-Reimer § 181 Rdnr. 23; Soergel/Leptien § 181 Rdnr. 27.

267 Das **Selbstkontrahierungsverbot** bedeutet: Der Vertreter darf keine Rechtsgeschäfte abschließen, bei denen er auf der einen Seite im eigenen Namen – also für sich – tätig wird und gleichzeitig auf der anderen Seite als Vertreter handelt.

Beispiel: V ist Geschäftsführer der E-GmbH. Er hat neben dem Grundstück der GmbH ein Baugrundstück erworben. Er lässt auf dem Grundstück der E-GmbH zu seinen Gunsten eine Grunddienstbarkeit eintragen, die Baubeschränkungen des GmbH-Grundstücks zur Folge hat. Ist die Grunddienstbarkeit wirksam?

I. V hat die Grunddienstbarkeit unter den Voraussetzungen der §§ 873, 1018 erworben, wenn eine wirksame Einigung zwischen der GmbH und ihm mit dem Inhalt des § 1018 erzielt worden ist.
1. Das Einigungsangebot hat die E-GmbH, vertreten durch V, abgegeben und V hat dieses im eigenen Namen angenommen.
2. Die Einigung wirkt gegenüber der GmbH, wenn die GmbH wirksam vertreten worden ist.
a) Der Geschäftsführer der GmbH hat grundsätzlich Vertretungsmacht, das Grundstück der GmbH mit einer Grunddienstbarkeit zu belasten, § 35 Abs. 1 GmbHG.
b) Doch darf er gemäß § 181 dieses Rechtsgeschäft nicht mit sich selbst tätigen, es sei denn, die Vornahme des Rechtsgeschäfts ist gestattet oder sie geschieht in Erfüllung einer Verbindlichkeit. Bei der Vertretung der GmbH durch den Geschäftsführer kann die Gestattung entweder bereits durch die Satzung oder durch nachträglichen Beschluss der Gesellschafter erfolgen.[374] Dies ist im Handelsregister einzutragen.[375] Die Eintragung hat jedoch nur deklaratorische Bedeutung. Da das Insichgeschäft weder gestattet ist noch in Erfüllung einer Verbindlichkeit getätigt wurde, ist die Vertretungsmacht des Geschäftsführers gemäß § 181 beschränkt. Das Rechtsgeschäft ist schwebend unwirksam. Solange also ein anderer vertretungsberechtigter Vertreter die Einigung nicht genehmigt, ist sie nicht wirksam.[376]
II. Wird die Genehmigung nicht erteilt, fehlt es an der Einigung. Die Grunddienstbarkeit ist nicht wirksam entstanden, das Grundbuch unrichtig. Gemäß § 894 kann die GmbH durch einen vertretungsberechtigten Vertreter Löschung der Grunddienstbarkeit verlangen.

268 Das **Mehrvertretungsverbot** bedeutet: Der Vertreter darf nicht auf beiden Seiten des Rechtsgeschäfts für personenverschiedene Geschäftspartner handeln.

Beispiel: V ist Geschäftsführer der G-GmbH und gleichzeitig vertretungsberechtigtes Vorstandsmitglied der X-AG. Er gewährt der G-GmbH im Namen der X-AG ein Darlehen.

Die Vertretungsmacht des V ist nach § 181 beschränkt, da er gleichzeitig für die X-AG und die G-GmbH tätig geworden ist. Das Rechtsgeschäft ist schwebend unwirksam.

2. Die Anwendung des § 181 über den Wortlaut hinaus

269 § 181 ist analog anzuwenden,

- wenn der Vertreter einen Untervertreter bestellt und das Rechtsgeschäft ihm gegenüber vornimmt, und
- bei empfangsbedürftigen Erklärungen dann, wenn der Vertreter der Sache nach der Erklärungsempfänger ist.

270 § 181 ist entsprechend anwendbar, wenn ein **Unterbevollmächtigter** zur Umgehung bestellt wird.

Beispiel: Der Geschäftsführer V der G-GmbH hat, um das Grundstück der GmbH zu seinen Gunsten mit einer Grunddienstbarkeit belasten zu können, dem U Untervollmacht für Grundstücksgeschäfte der GmbH erteilt. Sodann haben V und U als Vertreter der G-GmbH sich über die Bestellung der Grunddienstbarkeit geeinigt. Wirksam?

---

374 Staudinger/Schilken § 181 Rdnr. 31 u. 53.

375 BGHZ 87, 59.

376 BGH NJW-RR 1994, 291, 292; MünchKomm/Schramm § 181 Rdnr. 41; Palandt/Ellenberger § 181 Rdnr. 15.

I. V und die G-GmbH, vertreten durch U, haben sich über die Bestellung einer Grunddienstbarkeit geeinigt (§§ 873, 1018).
II. Die Einigung ist für die GmbH verbindlich, wenn U Vertretungsmacht hatte.
1. Der Geschäftsführer V der GmbH ist berechtigt, einen anderen zu Grundstücksgeschäften der GmbH zu bevollmächtigen. Der Umfang der Vertretungsmacht des Geschäftsführers umfasst auch eine Unterbevollmächtigung.
2. Die Vertretungsmacht könnte jedoch nach § 181 beschränkt sein. Die darin vorausgesetzte Personenidentität auf beiden Seiten des Rechtsgeschäfts liegt indes nicht vor, denn auf der Bestellerseite war U und nicht V als Vertreter der GmbH tätig. Hier gebietet der Schutzzweck des § 181 – Vermeidung eigennütziger Verwertung der Vollmacht – jedoch eine entsprechende Anwendung.[377] Die Bestellung der Grunddienstbarkeit ist somit schwebend unwirksam.

Entsprechendes gilt, wenn der Vertreter in der Weise mit sich selbst kontrahiert, dass er für den Vertretenen handelt und für sich einen Vertreter auftreten lässt.[378]

Beispiel: Geschäftsführer V der GmbH erteilt dem U Vollmacht, für ihn (V) zu handeln. Sodann einigt sich V als Vertreter der GmbH mit U als seinem Vertreter über die Bestellung der Grunddienstbarkeit.

Ein Verstoß gegen § 181 liegt nach h.M. auch dann vor, wenn der Vertreter nach dem 271
materiellen Inhalt der Willenserklärung auf beiden Seiten des Rechtsgeschäfts mitwirkt.

Fall 23: Gelöschte Zwangshypothek

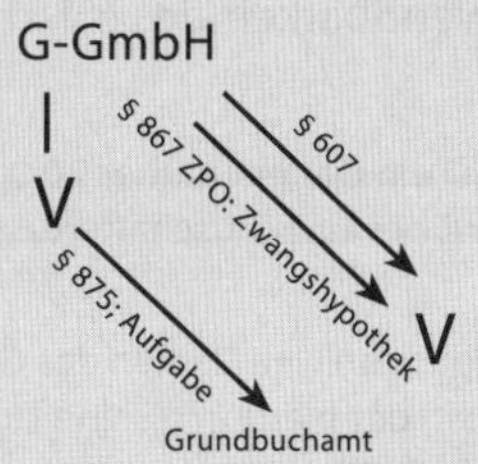

V ist als Prokurist bei der G-GmbH tätig. V schuldet der G-GmbH 30.000 €. Aufgrund eines vollstreckbaren Titels, den die GmbH erwirkt hat, lässt ein Geschäftsführer der GmbH auf dem Grundstück des V eine Zwangshypothek eintragen. Bald darauf erklärt V als Prokurist der G-GmbH die Aufgabe der Zwangshypothek gegenüber dem Grundbuchamt und beantragt die Löschung der Zwangshypothek. Das Grundbuchamt entspricht dem Antrag. Der Geschäftsführer der G-GmbH ist empört. Ist die Zwangshypothek erloschen?

Nach § 875 ist die Zwangshypothek infolge der Löschung aufgehoben worden, wenn eine wirksame Aufgabeerklärung der G-GmbH vorliegt. V hat als Prokurist der G-GmbH die Aufgabe der Zwangshypothek erklärt. Zwar ist der Prokurist bevollmächtigt, eine solche Erklärung mit Wirkung für und gegen die GmbH abzugeben. Doch könnte im vorliegenden Fall § 181 entgegenstehen.

I. V hat die Aufgabeerklärung gemäß § 875 Abs. 1 S. 2 dem Grundbuchamt gegenüber erklärt, sodass er nicht auf beiden Seiten des Rechtsgeschäfts tätig geworden ist. Bei einer rein formalrechtlichen Betrachtungsweise, bei der im Rahmen des § 181 nur darauf abzustellen ist, ob auf beiden Seiten ein und dieselbe Person mitwirkt, greift § 181 nicht ein.

II. Doch kann gemäß § 875 Abs. 1 S. 2, 2. Halbs. die Aufgabe eines Rechts auch dem Begünstigten gegenüber erklärt werden. Begünstigter ist hier der Eigentümer V. Hätte V von dieser Befugnis Gebrauch gemacht, dann hätte er auf beiden Seiten des Ge-

377 BGH NJW 1991, 691, 692; MünchKomm/Schramm § 181 Rdnr. 24; Staudinger/Schilken § 181 Rdnr. 35; Palandt/Ellenberger § 181 Rdnr. 12; Medicus/Petersen Rdnr. 113.

378 OLG Hamm NJW 1982, 1105 f.; MünchKomm/Schramm § 181 Rdnr. 26.

schäfts mitgewirkt; nämlich einmal als Vertreter der G-GmbH, die Inhaberin der Zwangshypothek war, und zum anderen als Grundstückseigentümer im eigenen Namen. Dann wäre die Aufgabeerklärung gemäß § 181 schwebend unwirksam gewesen.

In einem solchen Fall ist darauf abzustellen, welchen materiellrechtlichen Inhalt die Erklärung hat. Hier sollte in Wahrheit der Grundstückseigentümer V begünstigt werden, sodass nach dem materiellrechtlichen Inhalt die Aufgabeerklärung zugunsten des Eigentümers V erfolgt. Die Vertretungsmacht des V ist gemäß § 181 beschränkt.

BGH NJW 1980, 1577: „Auch im vorliegenden Fall ist nach Auffassung des Senats eine vom Zweck des § 181 BGB losgelöste, ausschließlich formale Betrachtungsweise nicht angängig. Nach § 875 Abs. 1 S. 2 BGB kann der Grundpfandgläubiger das Recht durch Erklärung gegenüber dem Grundbuchamt oder dem Begünstigten aufgeben. Diese durch eine unterschiedliche Rechtspraxis in den verschiedenen deutschen Ländern bei Schaffung des BGB historisch erklärbare Doppelspurigkeit ändert nichts daran, dass in beiden Fällen der Eigentümer des belasteten Grundstücks der durch die Aufgabeerklärung materiell Begünstigte ist. Sachlich ist damit der Grundstückseigentümer der eigentliche Erklärungsempfänger. Ob er es auch formal ist, kann nicht entscheidend sein."[379]

---

272 Fraglich ist, ob § 181 über seinen Wortlaut hinaus auch dann anwendbar ist, wenn das wirtschaftliche Interesse des Vertreters mit dem des Geschäftsherrn im Widerspruch steht. Nach überwiegender Auffassung genügt es für die Anwendbarkeit des § 181 jedoch nicht, dass ein Interessenkonflikt vorliegt.[380]

Beispiel: G erteilt dem V Generalvollmacht. V, der vom Darlehensgeber D ein Darlehen über 20.000 € erhalten soll, gibt zur Sicherung des Rückzahlungsanspruchs dem D gegenüber ein Bürgschaftsversprechen im Namen des G ab.

Zwar ist in wirtschaftlicher Hinsicht ein Interessenkonflikt gegeben, denn das von V im Namen des G abgegebene Bürgschaftsversprechen erfolgte allein im Interesse des V selbst, der hierdurch seine Darlehensschuld sichern wollte. Nach h.M. liegt darin jedoch kein Verstoß gegen § 181, denn V hat hier nicht mit sich selbst kontrahiert. Allein das Vorliegen des Interessenkonflikts macht das Geschäft nicht gemäß § 181 unwirksam; es kommt allenfalls ein Missbrauch der Vertretungsmacht in Betracht.

II. Der Missbrauch der Vertretungsmacht

273 Aufgrund der im Vertretungsrecht geltenden Abstraktheit der Vollmacht gegenüber dem zugrunde liegenden Innenverhältnis lässt eine pflichtwidrige Nichtbeachtung der im Innenverhältnis bestehenden Bindungen die Vertretungsmacht im Außenverhältnis grundsätzlich unberührt. Der Vertreter macht sich im Innenverhältnis zum Vertretenen schadensersatzpflichtig, die Vertretungsmacht im Außenverhältnis zum Vertragspartner bleibt grundsätzlich bestehen. Der Vertretene muss das Rechtsgeschäft aber dann nicht gegen sich gelten lassen, wenn

- der Vertreter und der Geschäftsgegner zum Nachteil des Vertretenen zusammenwirken oder
- der Vertreter seine Vertretungsmacht in einer für den Geschäftspartner erkennbaren Weise missbraucht.

---

379 MünchKomm/Schramm § 181 Rdnr. 28 f.; Erman/Maier-Reimer § 181 Rdnr. 14; Staudinger/Schilken § 181 Rdnr. 40.

380 BGHZ 91, 334, 337; Palandt/Ellenberger § 181 Rdnr. 14; Soergel/Leptien § 181 Rdnr. 24; MünchKomm/Schramm § 181 Rdnr. 12; Staudinger/Schilken § 181 Rdnr. 7; Medicus AT Rdnr. 963; Wolf/Neuner § 49 Rdnr. 121 ff.

1. Kollusion 274

Das vom Vertreter getätigte Rechtsgeschäft ist gemäß § 138 Abs. 1 nichtig, wenn der Vertreter und der Vertragspartner einverständlich zum Zwecke der Schädigung des Vertretenen zusammenwirken **(Kollusion)**.[381]

Außerdem haften Vertreter und Geschäftspartner für einen etwaigen Schaden des Geschäftsherrn gemäß §§ 826, 840; der Vertreter darüber hinaus auch aus § 280 Abs. 1.

2. Allgemeiner Missbrauch der Vertretungsmacht 275

Welche Anforderungen an einen Missbrauch der Vertretungsmacht außer in dem Sonderfall der Kollusion zu stellen sind und welche Rechtsfolgen dies hat, ist im Einzelnen umstritten.

a) Voraussetzungen des (allgemeinen) Missbrauchs der Vertretungsmacht

Ein Missbrauch der Vertretungsmacht liegt dann vor, wenn der Geschäftsgegner erkannte, dass der Vertreter die im Innenverhältnis zum Vertretenen bestehenden Befugnisse überschreitet oder wenn sich ihm begründete Zweifel „geradezu aufdrängen" mussten.[382] 276

aa) Aufseiten des Geschäftsgegners ist also erforderlich: 277

- **Kenntnis** von der Überschreitung der Geschäftsführungsbefugnis oder
- begründete Zweifel, ob nicht eine Vollmachtsüberschreitung vorliegt. Notwendig ist dafür eine, massive Verdachtsmomente voraussetzende, **objektive Evidenz des Missbrauchs**, die insbesondere dann gegeben ist, wenn sich die Notwendigkeit der Rückfrage des Geschäftsgegners bei dem Vertretenen geradezu aufdrängt.[383]

bb) Der **Vertreter** muss keine Kenntnis von der Überschreitung der Geschäftsführungsbefugnis haben. Kannte der Geschäftsgegner die Überschreitung oder musste sich ihm der Missbrauch aufdrängen, ist sein Vertrauen in den Bestand der Vertretungsmacht nicht schutzwürdig, unabhängig davon, ob der Vertreter selbst vorwerfbar handelte oder nicht.[384] 278

b) Rechtsfolgen des Missbrauchs der Vertretungsmacht

Umstritten ist, welche Folgen der Missbrauch auslöst. 279

aa) Die h.M. bejaht einen **Rechtsmissbrauch i.S.d. § 242**. Zwar bleibe die Vertretungsmacht bestehen – der Vertrag kommt danach also wirksam zustande –, der Vertretene

381 BGH, Urt. v. 05.11.2003 – VIII ZR 218/01; Palandt/Ellenberger § 164 Rdnr. 13; Erman/Maier-Reimer § 167 Rdnr. 71; Staudinger/Schilken § 167 Rdnr. 93; MünchKomm/Schramm § 164 Rdnr. 107.

382 BGH NJW 1988, 3012.

383 BGH NJW 1995, 250, 251; 1999, 2883; Palandt/Ellenberger § 164 Rdnr. 14; Staudinger/Schilken § 167 Rdnr. 96 f.; Erman/Maier-Reimer § 167 Rdnr. 75; MünchKomm/Schramm § 164 Rdnr. 114 ff.

384 BGH, Urt. v. 10.04.2006 – II ZR 337/05, Rdnr. 3, ZIP 2006, 1391; MünchKomm/Schramm § 164 Rdnr. 116; Palandt/Ellenberger § 164 Rdnr. 14; Erman/Maier-Reimer § 167 Rdnr. 74; Staudinger/Schilken § 167 Rdnr. 95.

habe aber gegen den vertraglichen Erfüllungsanspruch des Geschäftsgegners die Einrede der unzulässigen Rechtsausübung.[385]

bb) Teilweise wird angenommen, der Missbrauch lasse die **Vertretungsmacht entfallen**, der Vertretene habe aber die Möglichkeit, das Geschäft durch Genehmigung analog § 177 Abs. 1 wirksam werden zu lassen. Danach führt der Missbrauch der Vertretungsmacht zu einer Durchbrechung des vertretungsrechtlichen Abstraktionsprinzips zulasten des nicht schutzwürdigen Geschäftspartners.[386]

cc) Nach einem Teil der Literatur hat der Vertretene ein **Wahlrecht**. Er kann die Einrede der unzulässigen Rechtsausübung erheben oder das Rechtsgeschäft analog § 177 genehmigen.[387]

c) Das „Mitverschulden" des Erklärungsgegners

280 Ungeklärt ist auch die Behandlung der Fälle, in denen der Geschäftsherr den Missbrauch der Vollmacht durch mangelnde Kontrolle des Vertreters mitverschuldet hat. Nach der Rechtsprechung und einem Teil der Literatur ist hier der Erfüllungsanspruch nach dem Rechtsgedanken des § 254 zu mindern.[388]

Demgegenüber wird eingewandt, dass § 254 nur auf Schadensersatzansprüche, nicht aber auf Erfüllungsansprüche anwendbar sei. Das Vertretergeschäft sei vielmehr insgesamt ungültig, wenn der Vertretene die Genehmigung verweigere. In Betracht komme nur ein Schadensersatzanspruch des Dritten aus §§ 311 Abs. 2, 241 Abs. 2, 280 Abs. 1 (culpa in contrahendo) gegen den Vertretenen auf Ersatz des negativen Interesses. Dabei sei gemäß § 278 auch auf ein Verschulden des Vertreters abzustellen.[389]

4. Abschnitt: Die Rechtsfolgen wirksamer Vertretung

A. Die Rechtsfolgen in der Person des Vertretenen

281 Mit dem Wirksamwerden der Willenserklärung, die der Vertreter im Namen und mit Vertretungsmacht des Vertretenen abgegeben hat, treten die nach dem Inhalt der Erklärung gewollten Rechtsfolgen in der Person des Vertretenen ein. Wenn der Vertreter sich mit dem Vertragspartner über bestimmte Verpflichtungen geeinigt hat, so kann der Vertretene die sich aus dem Vertrag ergebenden Ansprüche geltend machen. Er ist Anspruchsberechtigter, muss aber andererseits auch die Forderungen des Vertragspartners aus dem Vertrag erfüllen.

Eine Vertretung ist auch bei Verfügungsgeschäften möglich. Im Rahmen der dafür erforderlichen Einigung gelten die §§ 164 ff. Die Stellvertretungsregeln gelten jedoch nicht für Realakte, die zum Vollzug der dinglichen Einigung erforderlich sind. Insbesondere

---

385 BGH, Urt. v. 05.11.2003 – VIII ZR 218/01, NJW-RR 2004, 247.

386 Prölss JuS 1985, 577; Staudinger/Schilken § 167 Rdnr. 103; Flume § 45 II 3; Drexl/Mentzel Jura 2002, 293.

387 MünchKomm/Schramm § 167 Rdnr. 121; Palandt/Ellenberger § 164 Rdnr. 14 b.

388 BGHZ 50, 112, 114; OLG Hamm WM 1976, 140; Palandt/Ellenberger § 164 Rdnr. 14 b; offen gelassen von BGH NJW 1999, 2883.

389 MünchKomm/Schramm § 164 Rdnr. 123; Staudinger/Schilken § 167 Rdnr. 104; Soergel/Leptien § 177 Rdnr. 19; Wolf/Neuner § 51 Rdnr. 41; H.P. Westermann JA 1981, 521, 526.

für die Übergabe nach § 929 S. 1 ist der Begriff des Stellvertreters irrelevant. Entscheidend ist vielmehr, ob der als Dritter an der Übergabe Beteiligte Besitzmittler, Besitzdiener oder Geheißperson des Veräußerers bzw. Erwerbers ist.

Bei einer wirksamen Stellvertretung ist der Vertreter aus dem abgeschlossenen Rechtsgeschäft grundsätzlich weder berechtigt noch verpflichtet. Ausnahmsweise haftet der Vertreter persönlich gemäß §§ 311 Abs. 3, 241 Abs. 2, 280 Abs. 1, wenn er in besonderem Maße persönliches Vertrauen in Anspruch genommen hat oder ein so großes eigenes wirtschaftliches Interesse am Vertragsabschluss besitzt, dass bei wirtschaftlicher Betrachtungsweise in Wahrheit er der Vertragspartner ist.

Beispiel: Der Gebrauchtwagenhändler, der beim Verkauf als Vertreter des Eigentümers auftritt, haftet dem Käufer aus §§ 311 Abs. 3, 241 Abs. 2, 280 Abs. 1, wenn der Käufer wegen der besonderen Fachkenntnis des Händlers auf dessen Angaben und Beratung vertraut.

B. Willensmängel, Kenntnis und Kennenmüssen

Grundsätzlich ist bei Willensmängeln und dann, wenn es auf die Kenntnisse bzw. das Kennenmüssen ankommt, gemäß § 166 Abs. 1 auf die Person des Vertreters abzustellen. **282**

Ausnahmsweise ist unter den Voraussetzungen des § 166 Abs. 2 die Person des Vertretenen entscheidend.

I. Die Regelung des § 166 Abs. 1

Nach § 166 Abs. 1 kommt es auf die Person des Vertreters und nicht auf die des Vertretenen an, soweit die rechtlichen Folgen einer Willenserklärung durch Willensmängel oder durch das Kennen bzw. Kennenmüssen bestimmter Umstände beeinflusst werden. **283**

1. Die vom Vertreter abgegebene Willenserklärung ist gemäß §§ 119 ff. nur dann anfechtbar, wenn ein **Willensmangel des Vertreters** vorliegt. Ob sich dagegen der Geschäftsherr geirrt hat, ist für die Anfechtung der vom Vertreter abgegebenen Willenserklärung unerheblich. Bei einem Irrtum des Vertretenen kommt hier allenfalls eine Anfechtung der Vollmachtserteilung selbst in Betracht (vgl. oben 3. Abschnitt Rdnr. 242 ff.). **284**

Die Anfechtungserklärung muss grundsätzlich der Vertretene abgeben, da ihn die Rechtsfolgen der vom Vertreter abgegebenen Willenserklärung treffen.

Im Einzelfall kann die Vollmacht aber auch die Geltendmachung der Anfechtung umfassen, sodass auch der Vertreter die Anfechtung erklären kann. Dies ist jedoch eine Frage der Auslegung der Vollmachtserteilung im Einzelfall. Allein der Umstand, dass der Vertreter Abschlussvollmacht hat, berechtigt ihn noch nicht, Erklärungen bzgl. der Rückabwicklung abzugeben; also ist er auch nicht zur Abgabe von Anfechtungserklärungen bevollmächtigt.[390]

2. Falls es für die Rechtsfolgen einer Willenserklärung darauf ankommt, ob dem Erklärenden bestimmte Umstände bekannt sind bzw. hätten bekannt sein müssen, kommt es gemäß § 166 Abs. 1 grundsätzlich auf die Person des Vertreters als Erklärendem an. Die **Kenntnis von Umständen** ist z.B. von Bedeutung: **285**

390 Staudinger/Roth § 143 Rdnr. 14; Brox JA 1980, 449, 450.

- beim Ausschluss der Gewährleistungsrechte, wenn der Anspruchsberechtigte den Rechts- bzw. Sachmangel bei Vertragsschluss oder Übergabe der Sache gekannt bzw. infolge grober Fahrlässigkeit nicht gekannt hat (§§ 442, 640 Abs. 2, 536 b);
- beim gutgläubigen Erwerb eines Sachenrechts gemäß §§ 932 ff. bzw. § 892;
- bei der verschärften Haftung des rechtsgrundlosen und des bösgläubigen Besitzers gemäß § 819[391] bzw. §§ 987 ff.

§ 166 kann zwar im letzteren Fall nicht unmittelbar angewendet werden, da der Besitzerwerb kein Rechtsgeschäft, sondern ein Realakt ist. Aufgrund des Normzwecks unter Berücksichtigung der Interessenlage wird von der h.M. eine analoge Anwendung des § 166 bejaht.[392]

286 **3.** Auch für die **Auslegung** von Willenserklärungen ist nach § 166 Abs. 1 die Person des Vertreters maßgeblich. Sowohl für den Inhalt der vom Vertreter abgegebenen Erklärung als auch für den Inhalt der vom Vertreter empfangenen Erklärung kommt es entscheidend auf die Willensrichtung und das Verständnis des Vertreters an.[393]

Schließt dagegen der Geschäftsherr selbst den Vertrag ab, den ein „Vertreter" als Verhandlungsgehilfe vorbereitet hat, ist für die Auslegung auf den Geschäftsherrn selbst abzustellen. Dies gilt auch für eine vom objektiven Wortlaut abweichende, der Auslegung vorgehende Willensübereinstimmung. Ist der Geschäftsherr selbst der Vertragsschließende, ist die Willensübereinstimmung zwischen ihm und seinem Vertragspartner entscheidend; unerheblich ist dagegen, ob der Verhandlungsgehilfe und der Geschäftsgegner einen übereinstimmenden Willen hatten.[394]

287 **4.** Dem Rechtsgedanken des § 166 Abs. 1 wird entnommen, dass für die situationsbedingten Voraussetzungen des Widerrufsrechts nach § 312 grundsätzlich allein die Person des Vertreters maßgebend ist.[395]

288 **5.** Analog § 166 Abs. 1 werden auch Kenntnisse des Wissensvertreters zugerechnet **(Wissenszurechnung)**. Insbesondere bei juristischen Personen kann darüber hinaus auch eine Zurechnung von „typischerweise aktenmäßig festgehaltenem Wissen" erfolgen.

289 **a)** Zurechnung der **Kenntnisse des Wissensvertreters**

Wissensvertreter ist jeder, der nach der Arbeitsorganisation des Geschäftsherrn dazu berufen ist, im Rechtsverkehr als dessen Repräsentant bestimmte Aufgaben in eigener Verantwortung zu erledigen und die dabei angefallenen Informationen zur Kenntnis zu nehmen sowie gegebenenfalls weiterzuleiten.[396] Er braucht weder zum rechtsgeschäftlichen Vertreter noch zum Wissensvertreter ausdrücklich bestellt zu sein, entscheidend ist die eigenverantwortliche Erledigung von Aufgaben.[397]

Die Zurechnung der Kenntnisse des Wissensvertreters setzt grundsätzlich voraus, dass derjenige, auf dessen Kenntnisse abgestellt werden soll, in den betreffenden Aufgabenkreis eingebunden war. Wenn dem Geschäftsherr das arbeitsteilige Wirken eines Ange-

391 BGH, Urt. v. 09.05.2000 – XI ZR 220/99, ZIP 2000, 1291.
392 Str.; a.A. Zurechnung analog § 831; Näheres dazu im AS-Skript Sachenrecht 1, 18. Aufl. 2013, Rdnr. 526 f.
393 BGH, Urt. v. 29.03.2000 – VIII ZR 82/99, NJW 2000, 2272; vgl. oben Rdnr. 172.
394 BGH, Urt. v. 26.05.2000 – V ZR 399/99, NJW 2000, 3127; vgl. oben Rdnr. 173 ff.
395 Zu dem gleichlautenden § 1 Abs. 1 HWiG: BGH, Urt. v. 02.05.2000 – XI ZR 150/99, BGHZ 114, 223.
396 BGH, Urt. v. 18.02.2003 – X ZR 245/00.
397 BGHZ 117, 104, 106; 132, 30, 35; Faßbender/Neuhaus WM 2002, 1255.

stellten zugute kommt, muss er auch die damit verbundenen Gefahren tragen und sich dessen Wissen zurechnen lassen.[398]

Wissensvertreter ist derjenige, der mit der Erledigung der betreffenden Angelegenheit in eigener Verantwortung betraut ist.[399]

b) Zurechnung von **typischerweise aktenmäßig festgehaltenem Wissen** 290

Insbesondere bei juristischen Personen kommt es aufgrund der Arbeitsteilung auch zu einer „Wissensaufspaltung". Der Geschäftspartner einer größeren Organisation darf aber nicht schlechter stehen, als wenn er es nur mit einer einzigen Person zu tun hätte („Gleichstellungsargument"). Unter bestimmten Voraussetzungen wird daher „typischerweise aktenmäßig festgehaltenes Wissen" zugerechnet.

- Es muss sich um eine juristische Person handeln oder um eine Organisation, bei der aufgrund ihrer arbeitsteiligen Organisationsform typischerweise Wissen bei verschiedenen Personen oder Abteilungen aufgespalten ist.[400]

  Als Organisation mit typischerweise aufgespaltenem Wissen werden auch Personengesellschaften angesehen, wie die GmbH & Co. KG[401] und die Gesellschaft bürgerlichen Rechts.[402] Die Zurechnung des Wissens eines ausgeschiedenen Gesellschafters einer KG hat der BGH allerdings abgelehnt.[403]

- Weiterhin muss die Verpflichtung bestehen, die Information über den Umstand zu speichern und den Informationsfluss zu organisieren.

  Zu beurteilen ist dies nach dem Zeitpunkt der Wahrnehmung. Solange Asbest als harmlos galt, bestand keine Verpflichtung, Informationen über das Vergraben dieses Stoffes auf einem Grundstück zu speichern.[404]

- Es muss die tatsächliche Möglichkeit und ein besonderer Anlass bestehen, sich des fraglichen Umstands durch einen Zugriff auf Aktenwissen zu vergewissern.[405]

Fall 24: Vergesslicher Einkäufer

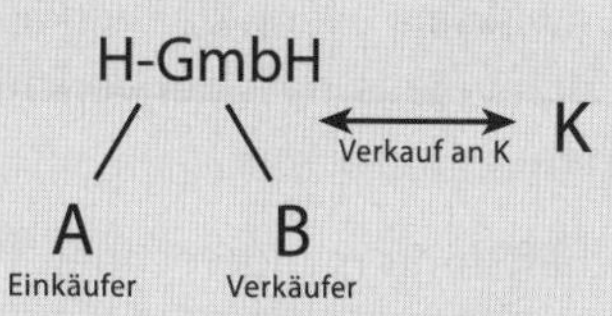

Für den Autohandel H-GmbH kauft der in der Einkaufsabteilung beschäftigte A einen Gebrauchtwagen. Er wurde vom Verkäufer darüber informiert, dass der Tachometerstand unrichtig war und das Fahrzeug statt der angezeigten 37.000 km schon 53.000 km gelaufen war. A versäumte jedoch, diese Tatsache in die Unterlagen für den Weiterverkauf einzutragen. Später vergaß A, dass der Tachometerstand nicht korrekt war. Er trug nachträglich in die Firmenunterlagen einen Kilometerstand von 37.000 km ein.

398 BGHZ 131, 200, 204; BGH, Urt. v. 18.01.2005 – XI ZR 201/03, NJW-RR 2005, 634, 635.
399 BGHZ 133, 129, 139.
400 BGHZ 117, 104, 107; 132, 30 ff.
401 BGH NJW 1996, 1205; BGHZ 132, 30, 37; Reischl JuS 1997, 783, 787.
402 BGH, Urt. v. 13.10.2000 – V ZR 349/99, NJW 2001, 359, 360.
403 BGH WM 1995, 1145, 1147; zustimmend Reischl JuS 1997, 783, 787; kritisch Bayreuther JA 1998, 459, 465.
404 BGHZ 132, 30, 38.
405 BGHZ 132, 30, 38.

Einige Wochen später verkauft der ebenfalls bei H beschäftigte Verkäufer B das Auto im Namen der GmbH. B hielt dabei den Kilometerstand für richtig. Als K, der das Auto als Firmenauto für seinen Gewerbebetrieb gekauft hat, von der tatsächlichen Laufleistung erfährt, erklärt er den Rücktritt und verlangt Rückzahlung des Kaufpreises. Der Geschäftsführer der H-GmbH beruft sich auf die allgemeinen Geschäftsbedingungen, in denen die Gewährleistungsrechte ausgeschlossen sind.

291 Anspruch K gegen die H-GmbH aus §§ 437 Nr. 2, 326 Abs. 5, 323, 346

I. Zwischen K und der H-GmbH, vertreten durch B, ist ein wirksamer Kaufvertrag zustande gekommen.

II. Der Gebrauchtwagen ist fehlerhaft i.S.d. § 434 Abs. 1 S. 1. Der Kilometerstand ist üblicherweise in einem Kaufvertrag vermerkt und gehört damit zur vereinbarten Beschaffenheit eines Gebrauchtfahrzeugs.

III. § 437 Nr. 2 verweist bezüglich des Rücktritts auf § 326 Abs. 5 und § 323. Da das Auto nicht mehr die tatsächliche Laufleistung von 37.000 km erreichen kann, ist die Nacherfüllung unmöglich. Gemäß § 326 Abs. 5 findet § 323 mit der Maßgabe Anwendung, dass die Fristsetzung entbehrlich ist. Die Voraussetzungen eines Rücktrittsrechts liegen vor.

IV. Die Gewährleistung ist in den allgemeinen Geschäftsbedingungen der H ausgeschlossen.

1. Der Ausschluss der Gewährleistung ist gemäß § 475 Abs. 1 S. 1 bei einem Verbrauchsgüterkauf unwirksam. Ein Verbrauchsgüterkauf liegt gemäß § 474 Abs. 1 S. 1 vor, wenn ein Verbraucher von einem Unternehmer eine bewegliche Sache kauft. K ist aber kein Verbraucher i.S.d. § 13, da er das Auto als Firmenfahrzeug für seinen Gewerbebetrieb erworben hat.

2. Ein Gewährleistungsausschluss ist gemäß § 444 unwirksam, wenn der Verkäufer einen Mangel arglistig verschwiegen hat. Arglist setzt voraus, dass der Verkäufer den Mangel kannte oder zumindest mit ihm rechnete.

a) Der H-GmbH werden die Kenntnisse ihres Geschäftsführers zugerechnet.[406]

Dabei ist es im Ergebnis gleichgültig, ob man dem Rechtsgedanken des § 26 Abs. 2 S. 2 entnimmt, das Wissen der Organe sei ohne Weiteres als Wissen der juristischen Person anzusehen[407] oder ob man eine Zurechnung aufgrund einer analogen Anwendung des § 166 oder § 31 bejaht.[408]

Es bestehen jedoch keine Anhaltspunkte dafür, dass der Geschäftsführer Kenntnis von dem unrichtigen Kilometerstand hatte.

In der Entscheidung NJW 1996, 1205 hat der BGH die Frage aufgeworfen, ob nicht das Wissen des Einkäufers dem Geschäftsführer gemäß § 166 Abs. 1 zuzurechnen ist und bei diesem als „nicht mehr verlierbares Wissen" eines Organs der Gesellschaft zu behandeln ist. Dies

---

406 BGHZ 109, 327, 331; 132, 30, 37; Taupitz JZ 1996, 734; Reischl JuS 1997, 783, 784.

407 Staudinger/Schilken § 166 Rdnr. 31; Palandt/Ellenberger § 26 Rdnr. 8.

408 MünchKomm/Schramm § 166 Rdnr. 19.

wird abgelehnt mit dem Argument, dass dies bei einer GmbH & Co. KG nicht gerechtfertigt sei. Aber auch bei einer GmbH dürfte diese Überlegung zu weit gehen. So betont der BGH in einem späteren Urteil[409] das als Wissen Zuzurechnende dürfe nicht zu einer Fiktion ausarten, die die juristische Person weit über jede menschliche Fähigkeit hinaus belaste.

b) Gemäß § 166 Abs. 1 werden der GmbH die Kenntnisse des als Vertreter handelnden B zugerechnet. Dieser war aber bezüglich des Kilometerstands gutgläubig.

c) Analog § 166 Abs. 1 werden der GmbH Kenntnisse des Wissensvertreters zugerechnet. **Wissensvertreter** ist derjenige, der mit der Erledigung der betreffenden Angelegenheit in eigener Verantwortung betraut ist. Der Angestellte A ist aber bei dem Verkauf des Fahrzeugs in keiner Weise tätig geworden. Er war rechtsgeschäftlicher Vertreter beim Einkauf, aber nicht Wissensvertreter beim Verkauf.

d) Der GmbH wird analog § 166 Abs. 1 unter den oben genannten Voraussetzun- **292**
gen das „**typischerweise aktenmäßig vorhandene Wissen**" zugerechnet.

Die GmbH ist eine juristische Person.

Es muss die Verpflichtung bestehen, die Information über den Umstand zu speichern und den Informationsfluss zu organisieren. Im Gebrauchtwagenhandel ist die Angabe des korrekten Kilometerstands von wesentlicher Bedeutung. Sie ist bei einer innerbetrieblichen Aufspaltung in Einkaufs- und Verkaufsorganisation so zu dokumentieren, dass sie nicht verloren geht.

Nach der Rechtsprechung ist erforderlich, dass die tatsächliche Möglichkeit und ein besonderer Anlass bestehen müssen, sich des fraglichen Umstands durch einen Zugriff auf Aktenwissen zu vergewissern.

Weder der handelnde B noch der Geschäftsführer der GmbH hatten die tatsächliche Möglichkeit, den korrekten Kilometerstand durch Zugriff auf Aktenwissen in Erfahrung zu bringen. Auch eine Rückfrage bei A wäre ergebnislos geblieben, denn A hatte vergessen, dass der Kilometerstand unrichtig war. Der BGH hat daher Arglist für den hier vorliegenden Fall der Vergesslichkeit des Einkäufers verneint. Selbst wenn A nicht nur beim Einkauf, sondern auch beim Verkauf tätig geworden wäre, läge kein arglistiges Verhalten vor, da ihm der fragliche Umstand zwischenzeitlich entfallen war.[410] Dem A sei lediglich Fahrlässigkeit, nicht aber Arglist vorzuwerfen.

Im Originalfall war streitig, ob der Einkäufer wirklich nur aus Nachlässigkeit gehandelt hat. Der BGH[411] hat daher an das Berufungsgericht zurückverwiesen. Bei einer vorsätzlichen Falscheintragung dürfte der Käufer so zu stellen sein, als ob die Kilometerleistung korrekt in den Akten vermerkt worden wäre.

In der Literatur wird diese Argumentation kritisiert. Es sei nicht einzusehen, **293**
dass eine juristische Person mit „fahrlässig-vergesslichen" Organen oder Ver-

409 BGHZ 132, 30, 38.

410 BGH NJW 1996, 1205, 1206.

411 NJW 1996, 1205, 1206.

tretern besser dastehen solle, als die ordentlich arbeitende. Außerdem habe diese Rechtsprechung erhebliche Probleme im Rahmen der prozessualen Nachweisbarkeit zur Folge.[412] Die Nachlässigkeit des Einkäufers könne der Information nicht die Eigenschaft als „typischerweise aktenmäßig festgehaltenes Wissen" nehmen.[413]

Für diese Sichtweise spricht auch folgende Formulierung des BGH in einer späteren Entscheidung:[414] „Als vorhanden anzusehen ist dabei das Wissen, das bei sachgerechter Organisation dokumentiert und verfügbar ist und zu dessen Nutzung unter Berücksichtigung der geschäftlichen Bedeutung des Vorgangs Anlass bestand". Allerdings wird in der gleichen Entscheidung betont, die Grenzen der Wissenszurechnung seien unter Berücksichtigung des beschränkten menschlichen Erinnerungsvermögens zu ziehen.[415]

Nach dem hier vorliegenden Sachverhalt handelte der Einkäufer A tatsächlich nur fahrlässig. Dann ist es aber gerechtfertigt, mit dem BGH eine Zurechnung der Kenntnisse abzulehnen. Entscheidend ist das „Gleichstellungsargument". Der Vertragspartner soll durch die betriebsinterne Aufteilung von Arbeitsabläufen (und damit auch von Kenntnissen) nicht schlechter stehen als bei einem Einzelbetrieb. Er darf aber auch nicht besser gestellt werden. Hätte der A als Einzelkaufmann ein Auto unter den genannten Umständen gekauft und beim späteren Verkauf die Unrichtigkeit des Kilometerstands vergessen, so würde er nicht arglistig gehandelt haben. Dann kann aber auch der GmbH keine die Arglist begründende Kenntnis zuzurechnen sein.

Anmerkung: Anders als die Rechtsprechung[416] lehnen Flume[417] und Waltermann[418] eine Arglisthaftung kraft Wissenszurechnung grundsätzlich ab. Es fehle in jedem Fall das zu dem Wissenselement für die Arglist zusätzlich erforderliche voluntative Merkmal.

II. Die Regelung des § 166 Abs. 2

294 Nach § 166 Abs. 2 ist hinsichtlich der **Kenntnis** von Umständen auf die Person des Vertretenen abzustellen, wenn die Vertretungsmacht auf einer Vollmacht beruht und der Vertreter nach bestimmten Weisungen des Vertretenen gehandelt hat.

Die Vorschrift findet grundsätzlich nur auf die durch Rechtsgeschäft erteilte Vertretungsmacht (Vollmacht) Anwendung. Von der Rechtsprechung wird in Ausnahmefällen aber auch eine entsprechende Anwendung bei der gesetzlichen Vertretung bejaht, so z.B., wenn der gemäß §§ 1629 Abs. 2, 1795 Abs. 2, 181 von der Vertretung ausgeschlossene Vater den gutgläubigen Ergänzungspfleger (§ 1909) zur Vornahme eines bestimmten Geschäfts veranlasst.[419]

Für **Willensmängel** enthält § 166 Abs. 2 keine Regelung. Ob die Vorschrift entsprechend anwendbar ist, wenn Willensmängel des Vertretenen im Hinblick auf das vom Vertreter vorgenommene Rechtsgeschäft vorhanden sind, ist umstritten.

---

412 Bayreuther JA 1998, 459, 465.
413 Reischl JuS 1997, 783, 786.
414 BGHZ 135, 202, 206.
415 BGHZ 135, 202, 205.
416 BGHZ 109, 327 ff. und BGH NJW 1996, 1205.
417 AcP 197, 441 ff.
418 NJW 1993, 893.
419 MünchKomm/Schramm § 166 Rdnr. 52.

Fall 25: Der arglistige Maschinenverkäufer

Der H will dem G eine gebrauchte Bohrmaschine verkaufen. Als G angesichts des hohen Kaufpreises vom Abschluss des Vertrags absehen will, erklärt ihm der H, dass die Kosten für die Maschine von der Steuer absetzbar seien, obwohl H genau weiß, dass dies nach den gesetzlichen Bestimmungen nicht der Fall ist. Mit Rücksicht darauf entschließt sich G zum Kauf. Er bevollmächtigt seinen Freund V, der etwas von Bohrmaschinen versteht, die Maschine für ihn zu erwerben, falls er sie für tauglich hält. Da V bei der Untersuchung keine Mängel feststellt, erwirbt er die Maschine für G. Später stellt G fest, dass er die Kosten nicht von der Steuer absetzen kann. Er weigert sich deshalb, dem H den Kaufpreis zu zahlen. Zu Recht?

Ein Anspruch des H gegen G könnte sich aus § 433 Abs. 2 ergeben. **295**

I. V hat sich im Namen und mit Vertretungsmacht des G mit dem H über die Vertragsbestandteile des Kaufvertrags geeinigt.

II. Der Kaufvertrag ist gemäß § 142 Abs. 1 nichtig, wenn G den Vertrag wegen arglistiger Täuschung nach § 123 anfechten kann.

1. Gemäß § 166 Abs. 1 ist bei der Anfechtung des Vertretergeschäfts grundsätzlich auf die Person des Vertreters abzustellen. Die von V abgegebene Willenserklärung ist aber nicht aufgrund eines Willensmangels des V abgegeben worden. V wollte die Erklärung, so wie sie wirksam geworden ist, abgeben, und er ist hierzu nicht durch eine arglistige Täuschung des H veranlasst worden. Daher kommt eine Anfechtung der Kaufvertragserklärung durch den Vertretenen G gemäß § 166 Abs. 1 nicht in Betracht.

2. Der Vertretene G kann die Kaufvertragserklärung aber dann anfechten, wenn sein Willensmangel gemäß § 166 Abs. 2 zu berücksichtigen ist.

a) Dann müsste V nach bestimmten Weisungen des G gehandelt haben. Der Begriff der „bestimmten Weisungen" ist weit auszulegen. Es genügt, wenn der Vertreter im Rahmen der Vollmacht ein Geschäft abschließt, zu dessen Vornahme ihn der Vollmachtgeber veranlasst hat, die Entscheidung des Vertreters also bewusst vom Vertretenen bestimmt oder doch in eine bestimmte Richtung gelenkt wird.[420] G hat hier dem V den Kaufgegenstand konkret vorgeschrieben, sodass eine bestimmte Weisung i.S.d. § 166 Abs. 2 vorliegt.

b) Dem Wortlaut nach kann § 166 Abs. 2 jedoch keine Anwendung finden, weil die Vorschrift nur die Fälle der „Kenntnis" bzw. des „Kennenmüssens" erfasst, nicht aber die Fälle des Willensmangels.

c) Fraglich ist, ob nicht der Normzweck des § 166 Abs. 2 unter Berücksichtigung der Interessenlage eine entsprechende Anwendung rechtfertigt. **296**

aa) Im Schrifttum wird teilweise die Ansicht vertreten, § 166 Abs. 2 sei auf Willensmängel der Person des Vertretenen nicht auszudehnen. Nach §§ 119 ff.

---

420 MünchKomm/Schramm § 166 Rdnr. 53.

sei ein Anfechtungsgrund nur gegeben, wenn der Erklärende sich bei der Abgabe der Willenserklärung geirrt habe. Erklärender sei aber allein der Vertreter. Die Vorschrift des § 166 Abs. 2 sei eine Ausnahmevorschrift, die dem Geschäftsherrn lediglich unter bestimmten Voraussetzungen die Möglichkeit einer Berufung auf die Unkenntnis des Vertreters nehmen, ihm aber nicht selbstständige Rechte gewähren will, die ihm nach § 166 Abs. 1 nicht zustünden.[421]

bb) Nach überwiegender Ansicht kommt es im Fall der arglistigen Täuschung des Vertretenen bei einem Willensmangel jeweils auf die Person und die Bewusstseinslage desjenigen an, auf dessen Interessenbewertung und Entschließung der Geschäftsabschluss beruht. Das ist, wenn er selbstständig handelt, der Vertreter. Dagegen ist es der Vertretene, wenn er dem Vertreter eine besondere Weisung erteilt und damit sein Geschäftswille Abgabe und Inhalt der Erklärung entscheidend bestimmt hat.[422]

Ein Teil der Literatur bejaht die analoge Anwendung des § 166 Abs. 2 auch für alle anderen Willensmängel.[423]

Da G hier durch arglistige Täuschung zu der Weisung an V veranlasst worden ist, kann er nach überwiegender Meinung entsprechend § 166 Abs. 2 den Vertrag anfechten.

Nach der Gegenauffassung bleibt dem Geschäftsherrn lediglich die Anfechtung der Bevollmächtigung. Beachte also auch hier: Die Anfechtung des Vertretergeschäfts ist streng von der Anfechtung der Vollmachtserteilung zu trennen.

---

5. Abschnitt: Der Vertreter ohne Vertretungsmacht

Wenn der Vertreter ohne Vollmacht oder gesetzliche Vertretungsmacht gehandelt hat, ist der Vertretene nicht gebunden.

- Der schuldrechtliche Vertrag bzw. die Einigung zur Rechtsänderung ist schwebend unwirksam (§ 177 Abs. 1).
- Der Vertretene oder der Vertragspartner können den Schwebezustand durch Genehmigung beseitigen, §§ 177, 178.
- Wird die Genehmigung verweigert, so haftet der Vertreter grundsätzlich anstelle des Vertretenen gemäß § 179.
- Das einseitige Rechtsgeschäft ist grundsätzlich nichtig, § 180 S. 1.

421 Staudinger/Schilken § 166 Rdnr. 16 u. 27; Soergel/Leptien § 166 Rdnr. 33.

422 BGHZ 51, 141, 147; BGH, Urt. v. 02.05.2000 – XI ZR 150/99, BGHZ 144, 223; Wolf/Neuner § 49 Rdnr. 73.

423 MünchKomm/Schramm § 166 Rdnr. 41; Palandt/Ellenberger § 166 Rdnr. 12; a.A. Staudinger/Schilken § 166 Rdnr. 27; Soergel/Leptien § 166 Rdnr. 33.

A. Die Beseitigung des Schwebezustands gemäß §§ 177, 178

I. Die Genehmigung des Vertrags durch den Vertretenen

Mit der Genehmigung des schwebend unwirksamen Rechtsgeschäfts durch den Vertretenen wird das Geschäft **rückwirkend** wirksam, § 184 Abs. 1. Der Vertretene – der Geschäftsherr – ist nunmehr aus dem Vertrag berechtigt und verpflichtet, und zwar so, als hätte der Vertreter mit Vertretungsmacht gehandelt. Die Genehmigung ist grundsätzlich formlos gültig, § 182 Abs. 2. Das gilt nach überwiegender Ansicht auch dann, wenn die Erteilung der Vollmacht selbst einer Form bedurft hätte.[424] 297

Es werde nicht das unbefugte Auftreten des Vertreters an sich genehmigt, sondern das von ihm abgeschlossene, konkret prüfbare Rechtsgeschäft.

Eine besondere Form der Zustimmung kann kraft gesetzlicher Anordnung insbesondere im Familien- und Erbrecht erforderlich sein (§§ 1516 Abs. 2 S. 3, 1517 Abs. 1 S. 2, 1750 Abs. 1, 2120 S. 2).

Ist ein Vertrag wegen der Mitwirkung eines vollmachtlosen Vertreters schwebend unwirksam, so kann dieser Mangel unter Kaufleuten durch Schweigen auf das dem Vertragsschluss folgende Bestätigungsschreiben geheilt werden.[425]

II. Die Verweigerung der Genehmigung sowie der Widerruf gemäß § 178

Mit der Verweigerung der Genehmigung tritt grundsätzlich die endgültige Unwirksamkeit des Rechtsgeschäfts ein. 298

Die verweigerte Genehmigung kann nach allgemeiner Auffassung auch nicht widerrufen werden mit der Folge, dass das Rechtsgeschäft wieder schwebend unwirksam und damit genehmigungsfähig wird.[426]

Wenn jedoch der Vertragspartner den Vertretenen zur Genehmigung aufgefordert hat, wird die dem Vertreter gegenüber erteilte Genehmigung oder Verweigerung unwirksam, sodass der Vertrag wieder schwebend unwirksam wird. Wird die Genehmigung nicht innerhalb von zwei Wochen nach dem Empfang der Aufforderung erklärt, so gilt sie als verweigert (§ 177 Abs. 2 S. 2).

Die Aufforderung muss nicht auf die Genehmigung der Vertretererklärung gerichtet sein. Eine ergebnisoffene Aufforderung, sich über die Genehmigung des Vertrags zu erklären, ist ausreichend.[427]

Nach § 178 kann der andere Teil bis zur Genehmigung des Vertrags den Widerruf erklären, es sei denn, der Mangel der Vertretungsmacht war ihm beim Abschluss des Vertrags bekannt. Der Widerruf kann auch dem Vertreter gegenüber erklärt werden.

---

424 BGHZ 125, 218, 220 ff.; OLG Köln NJW-RR 1993, 1364 f.; Prölss JuS 1985, 577; Palandt/Ellenberger § 182 Rdnr. 2; Erman/Maier-Reimer § 177 Rdnr. 13.

425 BGH WM 1990, 68.

426 BGHZ 125, 355; dazu K. Schmidt JuS 1995, 102 ff., 105; MünchKomm/Schramm § 177 Rdnr. 35, § 182 Rdnr. 32; Erman/Maier-Reimer § 184 Rdnr. 2; Palandt/Ellenberger § 182 Rdnr. 4, § 184 Rdnr. 4.

427 BGH, Urt. v. 14.07.2000 – V ZR 320/98, BGHZ 145, 44.

B. Die Haftung des Vertreters ohne Vertretungsmacht, § 179

299 Die Haftung des Vertreters gemäß § 179 greift immer nur dann ein, wenn der Mangel des Rechtsgeschäfts auf der fehlenden Vertretungsmacht beruht, wenn also der Vertragspartner nur deshalb keinen Erfüllungsanspruch gegen den Vertretenen erlangt, weil keine Vertretungsmacht besteht. § 179 greift nicht ein, wenn der Vertreter zwar nicht bevollmächtigt war, aber gemäß §§ 170–173 bzw. nach den Grundsätzen der Rechtsscheinsvollmacht als bevollmächtigt gilt.[428]

Nach der Gegenansicht besteht bei der Rechtsscheinsvollmacht ein Wahlrecht des Geschäftsgegners entweder den Vertretenen wegen des Vorliegens des Rechtsscheins oder unter Berufung auf § 179 den Vertreter in Anspruch zu nehmen.[429]

Die Vorschrift des § 179 Abs. 1 gilt entsprechend, wenn der Vertreter einen Vertrag namens einer nicht, noch nicht oder nicht mehr existenten Person geschlossen hat.[430]

I. Ausnahmen von der Haftung gemäß § 179

300 Der Vertreter ohne Vertretungsmacht haftet in folgenden Fällen nicht nach § 179:

- Der Vertragspartner hat nach § 178 den Widerruf erklärt.
- Der Geschäftsgegner kannte das Fehlen der Vertretungsmacht oder hätte es kennen müssen, § 179 Abs. 3 S. 1.

  Behauptet ein Vertreter ausdrücklich oder konkludent, die für die Vornahme des Rechtsgeschäfts erforderliche Vertretungsmacht zu haben, darf der Vertragspartner grundsätzlich darauf vertrauen. Nur wenn besondere Umstände vorliegen, die den Vertragspartner hätten veranlassen müssen, sich nach der Vertretungsmacht zu erkundigen, liegt eine Außerachtlassung der im Verkehr erforderlichen Sorgfalt vor, die es rechtfertigt, ein Kennenmüssen i.S.d. § 179 Abs. 3 S. 1 zu bejahen.[431]

  Handelt der Vertreter für eine nicht existente Person, ist die Haftung gemäß § 179 Abs. 3 S. 1 bereits dann ausgeschlossen, wenn der Vertragspartner Kenntnis vom Fehlen der Vertretungsmacht hatte. Kenntnis von der Nichtexistenz des Vertretenen ist nicht erforderlich.[432]

  Beispiel: V tritt ausdrücklich als vollmachtloser Vertreter für die R-GbR auf. Diese Gesellschaft existiert nicht. Die Haftung des V ist gemäß § 179 Abs. 3 S. 1 ausgeschlossen, auch wenn der Vertragspartner nicht wusste, dass die R-GbR nicht existent ist.

- Der Vertreter war nicht voll geschäftsfähig, § 179 Abs. 3 S. 2, 1. Halbs.
- Der beschränkt geschäftsfähige Vertreter haftet nur, wenn er mit Zustimmung seines gesetzlichen Vertreters gehandelt hat, § 179 Abs. 3 S. 2, 2. Halbs.

II. Die Rechtsfolge aus § 179

301 Als Rechtsfolge ergibt sich, dass der Geschäftsgegner den Vertreter nach seiner Wahl auf Erfüllung oder auf Schadensersatz in Anspruch nehmen kann. Der Vertreter wird zwar im Falle der Wahl der Erfüllung nicht Vertragspartner, erlangt jedoch die tatsächli-

---

428 BGHZ 61, 59, 69; 86, 273; Staudinger/Schilken § 177 Rdnr. 26; Erman/Maier-Reimer § 179 Rdnr. 4; Palandt/Ellenberger § 178 Rdnr. 1; MünchKomm/Schramm § 179 Rdnr. 25, § 167 Rdnr. 62.

429 Wolf/Neuner § 51 Rdnr. 112.

430 BGH, Urt. v. 21.07.2005 – IX ZR 193/01, WM 2005, 2108.

431 BGH, Urt. v. 02.02.2000 – VIII ZR 12/99, NJW 2000, 1407, 1408.

432 BGH, Urt. v. 12.11.2008 – VIII ZR 170/07, Rdnr. 14 ff., BGHZ 178, 307.

che Stellung eines solchen. Er kann alle Ansprüche und Gegenrechte wie dieser geltend machen; so greifen z.B. bei mangelhafter Leistung zu seinen Gunsten die Gewährleistungsvorschriften ein.

Besteht ein Anfechtungsrecht, z.B. wegen arglistiger Täuschung, steht dies dem in Anspruch genommenen Vertreter ohne Vertretungsmacht zur Abwehr einer Haftung nach § 179 selbstständig zu.[433]

Hat der Vertreter den Mangel der Vertretungsmacht nicht gekannt, so ist er nur zum Ersatz des Vertrauensschadens verpflichtet, § 179 Abs. 2.

Beachte: *Hätte der Vertrag z.B. wegen Vermögenslosigkeit des Geschäftsherrn keine realisierbaren Ansprüche begründet, scheidet auch eine Haftung des Vertreters gemäß § 179 aus. Denn der Geschäftsgegner soll durch diese Haftung nicht besser gestellt werden, als er stünde, wenn er den Vertretenen selbst in Anspruch hätte nehmen können.*[434]

C. Das einseitige Rechtsgeschäft des Vertreters ohne Vertretungsmacht

Nach § 180 S. 1 ist ein einseitiges Rechtsgeschäft, das der Vertreter ohne Vertretungsmacht vornimmt, unzulässig. Das Rechtsgeschäft ist grundsätzlich nichtig und nicht genehmigungsfähig. **302**

Gemäß § 180 S. 2 gelten die Regeln über Verträge entsprechend, wenn bei empfangsbedürftigen Willenserklärungen der Vertreter die Vertretungsmacht behauptet und der Erklärungsempfänger diese nicht beanstandet hat oder wenn der Erklärungsempfänger mit der Vornahme des Rechtsgeschäfts ohne Vertretungsmacht einverstanden gewesen ist. In diesen Fällen ist das einseitige Rechtsgeschäft also schwebend unwirksam und daher gemäß § 177 Abs. 1 genehmigungsfähig.

6. Abschnitt: Die Untervollmacht

Anders als bei der Hauptvollmacht, die vom Geschäftsherrn unmittelbar erteilt wird, leitet der Unterbevollmächtigte seine Vertretungsmacht von einem Vertreter des Geschäftsherrn ab. **303**

Beispiel: V ist als Vertreter des G im Außendienst tätig. Als er kurzfristig erkrankt, erteilt er dem U im Namen des G Vollmacht, für G zu handeln.

Die Wirksamkeit des vom Unterbevollmächtigten (U) im Namen des Geschäftsherrn (G) getätigten Rechtsgeschäfts setzt grundsätzlich voraus, dass

- der Unterbevollmächtigte die Willenserklärungen im Namen des Geschäftsherrn abgegeben hat,
- der Hauptbevollmächtigte (V) Untervollmacht erteilt hat und
- der Hauptbevollmächtigte berechtigt war, Untervollmacht zu erteilen.

433 BGH, Urt. v. 22.02.2002 – V ZR 113/01, NJW 2002, 1867.

434 Palandt/Ellenberger § 179 Rdnr. 2; MünchKomm/Schramm § 179 Rdnr. 34.

A. Die Erteilung der Untervollmacht

304 Umstritten ist, ob die Zurechnung auf den Geschäftsherrn auch erfolgt, wenn der Vertreter die Untervollmacht zwar mit Vertretungsmacht des Geschäftsherrn, aber im eigenen Namen erteilt hat.

Beispiel: V bestellt den U im eigenen Namen zu seinem Vertreter, der ihn in seiner Eigenschaft als Stellvertreter des (Haupt-) Vollmachtgebers vertreten solle, so genannter Vertreter des Vertreters.

Die Rechtsprechung bejaht diese Möglichkeit, denn die Rechtswirkungen des vom Untervertreter abgeschlossenen Geschäfts gingen „gleichsam gemäß den beiden Vollmachtsverhältnissen durch den Hauptvertreter hindurch".[435]

Nach a.A. hat der Hauptvertreter V dagegen kein Recht, im eigenen Namen eine Vollmacht zu erteilen, die den Geschäftsherrn binde.[436]

B. Die fehlende Untervollmacht

305 Ist zwar die dem Hauptvertreter vom Geschäftsherrn G erteilte Hauptvollmacht gültig, fehlt es aber an einer wirksamen Bevollmächtigung des Hauptvertreters an den Untervertreter, so handelt der Unterbevollmächtigte als Vertreter ohne Vertretungsmacht und haftet nach § 179.

Beispiel: Vertreter V des G bittet den U, sich nach einem Vertragspartner für G „umzuschauen". U geht irrtümlich davon aus, V habe ihm Untervollmacht erteilt, und schließt daraufhin mit D im Namen des G einen Kaufvertrag ab.

C. Die fehlende Hauptvollmacht

306 Fraglich ist, welche Rechtsfolgen sich ergeben, wenn die Unwirksamkeit der Untervollmacht nur auf der mangelhaften Hauptvollmacht beruht.

Fall 26: Anmietung eines Pkw durch Zeitschriftenwerber

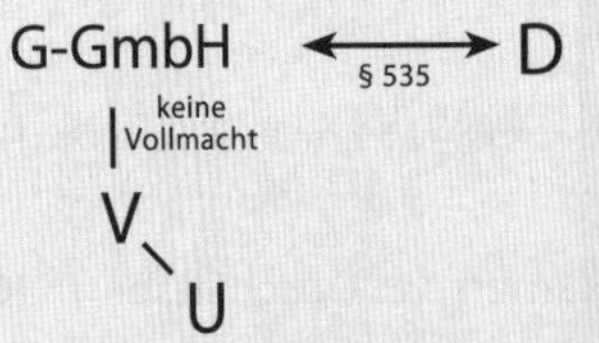

V ist für die G-GmbH als Zeitschriftenwerber tätig und benutzt ein verlagseigenes Kfz, wobei er von U als Beifahrer begleitet wird. Nach einem Unfall erteilt V, der zeitlich sehr in Anspruch genommen ist, dem U den Auftrag, beim Autohaus D im Namen der G einen Ersatzwagen anzumieten. U mietet daraufhin bei D einen BMW 325 und gibt dabei zu erkennen, dass er als Untervertreter des V für G handele. Als D von G die Miete verlangt, stellt sich heraus, dass V keine Vollmacht zur Anmietung eines Pkw hatte, wovon U nichts wusste. Welche Ansprüche hat D gegen U?

A. Ein Anspruch D gegen U aus § 535 Abs. 2 auf Zahlung der Miete scheidet von vornherein aus, weil U ausdrücklich im Namen des G aufgetreten ist, sodass es an einer Einigung zwischen D und U fehlt.

---

435 BGHZ 32, 250, 253 f.; 68, 391, 394.

436 MünchKomm/Schramm § 167 Rdnr. 73; Palandt/Ellenberger § 167 Rdnr. 12; Staudinger/Schilken § 167 Rdnr. 62; Medicus AT Rdnr. 951; Wolf/Neuner § 50 Rdnr. 36; Flume § 49, 5.

B. Ein Anspruch könnte sich jedoch aus §§ 179 Abs. 1, 535 Abs. 2 ergeben.

I. Die Voraussetzungen des § 179 Abs. 1

1. U hat im Namen des G mit D einen Mietvertrag abgeschlossen. Er ist als Vertreter aufgetreten.

2. Diese Vertragserklärung wirkt gegen G, wenn U mit Vertretungsmacht für G tätig geworden ist.

a) V hat U beauftragt, den Wagen anzumieten und damit U konkludent zum Abschluss des Mietvertrags bevollmächtigt.

b) V müsste Vertretungsmacht zur Erteilung der Untervollmacht gehabt haben. Da V selbst im Verhältnis zu G zum Abschluss des Mietvertrags nicht berechtigt war, fehlte ihm auch die Befugnis, dem U Untervollmacht zu erteilen. U hat daher als Vertreter ohne Vertretungsmacht den Mietvertrag abgeschlossen.

II. Die Rechtsfolge des § 179

1. Gemäß § 179 Abs. 1 besteht grundsätzlich wahlweise ein Erfüllungs- oder ein Schadensersatzanspruch.

Wenn aber der Vertreter den Mangel der Vertretungsmacht nicht gekannt hat, kommt nach § 179 Abs. 2 nur ein Anspruch auf Ersatz des Vertrauensschadens in Betracht. U hat den Mangel der Vertretungsmacht nicht gekannt. Er ging gutgläubig von einer entsprechenden Vertretungsmacht des V zur Erteilung einer Untervollmacht aus. Daher haftet U nicht gemäß § 179 Abs. 1 auf Erfüllung, sondern allenfalls gemäß § 179 Abs. 2 auf Ersatz des Vertrauensschadens.

2. Aber auch gegen eine Haftung des U gemäß § 179 Abs. 2 spricht, dass U danach für Mängel eintreten müsste, die im Verhältnis Geschäftsherr – Hauptbevollmächtigter ihren Grund haben.

a) Die Rechtsprechung unterscheidet in diesen Fällen danach, ob die Unter- **307**
vertretung offen gelegt worden ist oder nicht. Bei verdeckter mehrstufiger Vertretung trete der Untervertreter wie ein vom Geschäftsherrn selbst Bevollmächtigter auf, sodass seine uneingeschränkte Haftung aufgrund des von ihm in Anspruch genommenen Vertrauens des Geschäftsgegners in die Wirksamkeit der Vertretung sachgerecht sei.

Lege dagegen der Vertreter die Untervertretung offen, so nehme er nur das Vertrauen in die ihm selbst erteilte Vollmacht in Anspruch, nicht aber das in die Hauptvollmacht. Bei Mängeln im Verhältnis zwischen dem Geschäftsherrn und dem Hauptbevollmächtigten sei es daher sachgerecht, nicht ihn, sondern den Hauptvertreter aus § 179 haften zu lassen.[437]

437 BGHZ 68, 391, 395 f.; OLG Köln NJW-RR 1996, 212; Staudinger/Schilken § 167 Rdnr. 73; Wolf/Neuner § 51 Rdnr. 35.

308 b) Demgegenüber wird in der Literatur eine Haftung des Untervertreters auch bei Offenlegung bejaht. § 179 regele die Haftung des Vertreters ohne Vertretungsmacht ohne jede Einschränkung. Schutzwürdig erscheine nach dieser Vorschrift grundsätzlich der Vertragspartner, der den Angaben des Vertreters vertraue.[438]

c) Der Rechtsprechung dürfte zu folgen sein: Bei Abwägung der Schutzwürdigkeit der Beteiligten erscheint U nicht weniger schutzwürdig als D. Zwar trägt D insoweit das Liquiditätsrisiko des V. Andererseits erscheint es aber auch nicht billig, dieses Risiko dem U aufzubürden, der ebenso auf die Angaben des V vertraute.

Aufgrund der Offenlegung der Unterbevollmächtigung durch U ist daher eine Einschränkung der Haftung des U geboten. Er haftet nicht nach § 179 Abs. 2. D muss sich vielmehr an V halten.

Beachte: *Sind beide – die Haupt- und Untervollmacht – mangelhaft, haftet der Unterbevollmächtigte unstreitig nach § 179.*[439]

Beispiel: Im obigen Fall war V nicht zur Anmietung eines Kfz berechtigt und U ist nur irrig von einer Unterbevollmächtigung ausgegangen.

438 MünchKomm/Schramm § 167 Rdnr. 99; Soergel/Leptien § 167 Rdnr. 60; Erman/Maier-Reimer § 167 Rdnr. 65.
439 BGHZ 68, 391, 397.

Stellvertretung II

Beschränkung der Vertretungsmacht

- § 181: Selbstkontrahieren und Mehrvertretung
  - über den Wortlaut hinaus: Unterbevollmächtigung zur Umgehung und Fälle in denen nach materiellem Inhalt Insichgeschäft vorliegt
  - wirksam, wenn gestattet, in Erfüllung einer Verbindlichkeit oder lediglich rechtlich vorteilhaft
- Missbrauch der Vertretungsmacht:
  - Sonderfall: Kollusion, nichtig nach § 138 Abs. 1
  - allg. Missbrauch: Kenntnis des Geschäftsgegners von der Überschreitung der Geschäftsführungsbefugnis und objektive Evidenz des Missbrauchs;
    Rechtsfolge nach h.M. § 242: Einrede der unzulässigen Rechtsausübung gegen vertragliche Ansprüche; nach der Rechtsprechung kann Mitverschulden des Anspruchstellers entsprechend § 254 zu berücksichtigen sein.

Rechtsfolge wirksamer Vertretung

- das Rechtsgeschäft wirkt für und gegen den Vertretenen
- für Willensmängel und Kenntnisse gilt § 166
  - grundsätzlich ist nach § 166 Abs. 1 auf die Person des Vertreters abzustellen
    - Zurechnung der Kenntnisse des Wissensvertreters analog § 166 Abs. 1. Wissensvertreter ist jeder, der mit der Angelegenheit in eigener Verantwortung betraut ist.
    - Zurechnung von Aktenwissen: juristische Person; Verpflichtung zur Speicherung und Organisation von Information; tatsächliche Möglichkeit des Zugriffs und Anlass dafür
  - § 166 Abs. 2: Kenntnisse des Vertretenen entscheidend bei Handlungen nach bestimmten Weisungen. § 166 Abs. 2 gilt analog für Willensmängel, wenn Geschäftsherr arglistig getäuscht wurde.

Vertreter ohne Vertretungsmacht

- das Rechtsgeschäft ist zunächst schwebend unwirksam; Ende des Schwebezustands durch Genehmigung des Vertretenen oder Verweigerung der Genehmigung oder Widerruf
- Haftung des vollmachtlosen Vertreters gemäß § 179 auf Erfüllung oder Schadensersatz

Untervollmacht

- Erteilung im Namen des Vertretenen, nach Rspr. auch im eigenen Namen des (Haupt-)Vertreters
- fehlende Untervollmacht: Untervertreter haftet aus § 179
- fehlende Hauptvollmacht: bei offener Untervertretung: Haftung des Hauptvertreters aus § 179; bei verdeckter Untervertretung: Haftung des Untervertreters aus § 179

4. Teil: Die Zustimmung, insbesondere die Ermächtigung

1. Abschnitt: Die Zustimmung, §§ 182 ff.

309 Die Zustimmung ist das Einverständnis eines Dritten, das zur Wirksamkeit eines Rechtsgeschäfts erforderlich ist.

In Ausnahmefällen, so z.B. in § 108 Abs. 3, steht das Zustimmungsrecht demjenigen zu, der das Rechtsgeschäft selbst vorgenommen hat (vgl. auch § 1829 Abs. 3).

Das Gesetz unterscheidet

- die Einwilligung (= vorherige Zustimmung, § 183) und
- die Genehmigung (= nachträgliche Zustimmung, § 184).

Diese Unterscheidung wird allerdings vom Gesetz nicht immer durchgeführt. So wird die Zustimmung des Vormundschaftsgerichtes stets als eine „Genehmigung" bezeichnet, auch wenn es sich um eine vorherige Zustimmung handelt (§§ 1828 ff.).

Kraft gesetzlicher Vorschrift ist die Zustimmung eines Dritten z.B. erforderlich bei

- den nicht lediglich rechtlich vorteilhaften Rechtsgeschäften eines Minderjährigen, § 107;
- der Vertretung ohne Vertretungsmacht, § 177;
- der Schuldübernahme zwischen Schuldner und Drittem, § 415;
- der Aufhebung eines belasteten Grundstücksrechts, § 876;
- der Löschung eines vormerkungswidrigen Rechts, § 888;
- der Verfügung eines Ehegatten bei Zugewinngemeinschaft über sein Vermögen im Ganzen, § 1365.

A. Die maßgeblichen Regelungen

310 Für beide Arten der Zustimmung – Einwilligung und Genehmigung – sind in den §§ 182–184 allgemeine Vorschriften enthalten. Besondere Bestimmungen für einzelne Tatbestände der Zustimmung gehen diesen allgemeinen Vorschriften vor.

311 **I.** Die Zustimmung ist eine von dem zustimmungsbedürftigen Rechtsgeschäft unabhängige, einseitige empfangsbedürftige Willenserklärung.[440]

Die Erteilung sowie die Verweigerung der Zustimmung zu einem Rechtsgeschäft kann grundsätzlich gegenüber beiden am Rechtsgeschäft Beteiligten erklärt werden (§ 182 Abs. 1). Hiervon machen z.B. § 108 Abs. 2 S. 1 und § 177 Abs. 2 S. 1 Ausnahmen. Dort kann die Genehmigung nur dem anderen Geschäftspartner gegenüber erklärt werden, sofern dieser den Zustimmungsberechtigten zur Erklärung über die Genehmigung aufgefordert hat.

440 MünchKomm/Schramm § 182 Rdnr. 3; Palandt/Ellenberger Einf vor § 182 Rdnr. 3.

II. Die Zustimmung ist grundsätzlich formfrei wirksam, selbst dann, wenn das zugrunde liegende Rechtsgeschäft einer bestimmten Form bedurfte, § 182 Abs. 2. **312**

Nach h.M. ist die Zustimmung sogar dann formfrei möglich, wenn eine entsprechende Vollmacht entgegen § 167 Abs. 2 formbedürftig wäre.[441]

III. Als Willenserklärung ist die Zustimmung bei Willensmängeln des Zustimmenden anfechtbar.[442] **313**

Die Anfechtung kann sich aber nur gegen die Zustimmung als solche richten. Der als Anfechtungsgrund in Betracht kommende Willensmangel muss daher gerade bzgl. der Zustimmung bestehen; aus Fehlern des Rechtsgeschäfts, dem zugestimmt wird, kann der Zustimmende keinen Anfechtungsgrund herleiten.[443]

B. Die Wirkung der Einwilligung

I. Bei der vorherigen Zustimmung = Einwilligung wird das Rechtsgeschäft sofort mit seinem Abschluss wirksam. Jedoch kann der Einwilligende die Einwilligung bis zur Vornahme des Rechtsgeschäfts widerrufen, soweit sich nicht aus dem Rechtsverhältnis zwischen dem Einwilligungsempfänger und dem Einwilligenden etwas anderes ergibt (§ 183). Außerdem kann der Widerruf kraft Gesetzes ausgeschlossen sein, so z.B. nach §§ 876 S. 3, 1183, 1255 Abs. 2. **314**

Nach Vornahme des Rechtsgeschäfts ist die Einwilligung unwiderruflich.

II. Die Einwilligung erlischt – wie die Vollmacht – im Zweifel mit dem Erlöschen des ihr zugrunde liegenden Rechtsverhältnisses (Rechtsgedanke des § 168 S. 1).[444] Die zur Vollmacht entwickelten Grundsätze über den Schutz des Vertrauens Dritter auf ihr Bestehen (§§ 170–173) finden auf die Einwilligung entsprechende Anwendung. Eine Einwilligung kann sich darüber hinaus auch aus Rechtsscheinsgründen ergeben.[445] **315**

C. Die Genehmigung

I. Die Erklärung der Genehmigung

Ist das Rechtsgeschäft ohne die vorherige Zustimmung vorgenommen worden, so ist es schwebend unwirksam. Mit der nachträglichen Zustimmung (Genehmigung) wird es voll wirksam. Die Genehmigung ist eine empfangsbedürftige Willenserklärung. Der Genehmigende muss zum Ausdruck bringen, dass er die schwebende Unwirksamkeit kennt oder zumindest mit ihr rechnet und er das getätigte Rechtsgeschäft gleichwohl für und gegen sich gelten lassen will. Umstritten ist, ob auch ein dahingehendes Erklärungsbewusstsein des Genehmigenden erforderlich ist. **316**

---

441 BGHZ 125, 218, 220 ff.; vgl. oben Rdnr. 232.

442 Staudinger/Gursky Vorbem. zu §§ 182 ff. Rdnr. 45; Soergel/Leptien Vor § 182 Rdnr. 5.

443 BGHZ 111, 339, 347; Soergel/Leptien Vor § 182 Rdnr. 5.

444 MünchKomm/Schramm § 183 Rdnr. 4; Staudinger/Gursky § 183 Rdnr. 20; Soergel/Leptien § 183 Rdnr. 2.

445 VGH Mannheim NJW 1993, 1812, 1813; MünchKomm/Schramm § 182 Rdnr. 12; Staudinger/Gursky § 183 Rdnr. 17; Palandt/Ellenberger § 182 Rdnr. 3.

Fall 27: Unbewusste Genehmigung

Bauunternehmer U hat im Namen des Bauherrn B ohne Vertretungsmacht einen Kaufvertrag mit dem Lieferanten L geschlossen. L, der vom Fehlen der Vertretungsmacht wusste, hat nach Vertragsschluss den B aufgefordert, das Geschäft zu genehmigen. Das entsprechende Schreiben ist von B jedoch ungelesen abgeheftet worden. Als kurze Zeit später die Rechnung des L bei B eingeht, geht dieser irrtümlich davon aus, es handele sich dabei um ein von ihm selbst abgeschlossenes Geschäft, und weist dementsprechend den Rechnungsbetrag zur Überweisung an. Als B seinen Irrtum bemerkt, verlangt er das Geld von L zurück. Zu Recht?

317 Ein Anspruch B gegen L ergibt sich aus § 812 Abs. 1 S. 1, 1. Fall, wenn zwischen L und B kein wirksamer Vertrag als Rechtsgrund besteht.

Der von U im Namen des B ohne Vertretungsmacht abgeschlossene Kaufvertrag war zunächst gemäß § 177 Abs. 1 schwebend unwirksam. In der Überweisung könnte eine konkludente Genehmigung des B gesehen werden. Die Genehmigung braucht nicht ausdrücklich erklärt zu werden, sie kann sich auch aus schlüssigem Verhalten des Zustimmungsberechtigten ergeben.

I. Der äußere Erklärungstatbestand einer Genehmigung liegt vor, wenn das Verhalten des Vertretenen aus der Sicht des Empfängers erkennen lässt, dass er die schwebende Unwirksamkeit kennt bzw. mit ihr rechnet und er den abgeschlossenen Vertrag für und gegen sich gelten lassen will.[446]

Aus der Sicht des Empfängers L liegt in der Überweisung des Kaufpreises eine konkludente Genehmigung. L konnte davon ausgehen, dass B zumindest aufgrund der Aufforderung zur Genehmigung die schwebende Unwirksamkeit kannte und mit der Zahlung den Vertrag genehmigte.

II. Da B davon ausging, es handele sich um ein von ihm selbst abgeschlossenes Geschäft, wollte er mit der Überweisung des Rechnungsbetrags keine Genehmigung eines fremden Geschäfts erklären. Fraglich ist, ob er sich die Erklärung als Genehmigung zurechnen lassen muss.

1. Die früher h.M. sah für eine konkludente Genehmigung als erforderlich an, dass der Erklärende einen der äußeren Erklärung entsprechenden inneren Willen hat, d.h. dass er tatsächlich von der schwebenden Unwirksamkeit weiß oder zumindest mit der Möglichkeit rechnet, dass das fragliche Geschäft zustimmungsbedürftig ist.[447]

   Danach müsste man eine konkludente Genehmigung verneinen, da B dieses Erklärungsbewusstsein nicht besaß.

---

446 MünchKomm/Schramm § 177 Rdnr. 27.

447 RGZ 118, 335, 337; BGHZ 2, 150, 153; BGH NJW 1988, 1199, 1200; Staudinger/Gursky § 182 Rdnr. 17 ff.

Der Geschäftspartner, der sich auf die scheinbare konkludente Genehmigung verlassen hat, soll von dem Zustimmungsberechtigten analog § 122 Ersatz seines Vertrauensschadens verlangen können.[448]

2. Nach der heute h.M. kann eine Willenserklärung auch ohne aktuelles Erklärungsbewusstsein als wirksam angesehen werden. Entscheidend ist lediglich, ob sich der Erklärende den äußeren Tatbestand zurechnen lassen muss, weil er hätte erkennen und verhindern können, dass sein Verhalten als Willenserklärung aufgefasst wird.[449]

   Bei Anwendung der im Verkehr erforderlichen Sorgfalt hätte B erkennen können, dass die Zahlung als Genehmigung aufgefasst wird.

III. Da B ohne Erklärungsbewusstsein handelte, kann er seine Erklärung entsprechend § 119 Abs. 1 anfechten. Hier kann man die Anfechtungserklärung in der Rückforderung des Kaufpreises sehen. B ist allerdings verpflichtet, dem L gemäß § 122 den Schaden zu ersetzen, der ihm dadurch entstanden ist, dass er auf die Wirksamkeit der Genehmigung vertraut hat.

II. Die Rückwirkung der Genehmigung

Die Genehmigung wirkt nach § 184 Abs. 1 auf den Zeitpunkt der Vornahme des genehmigten Rechtsgeschäfts zurück, wenn die Rückwirkung nicht ausgeschlossen ist. Die Voraussetzungen des Rechtsgeschäfts müssen im Zeitpunkt der Genehmigung gegeben sein. So können Verfügungen eines Nichtberechtigten nur dann wirksam genehmigt werden, wenn der Genehmigende die erforderliche Verfügungsmacht noch im Zeitpunkt der Genehmigung besitzt.[450] **318**

Nach § 184 Abs. 2 werden Verfügungen des Genehmigenden, die dieser vor der Genehmigung über den Gegenstand des Rechtsgeschäfts getroffen hat, bzw. bestimmte Vollstreckungsmaßnahmen gegen den Genehmigenden durch die Rückwirkung der Genehmigung nicht unwirksam.

Fall 28: Zweimal abgetreten

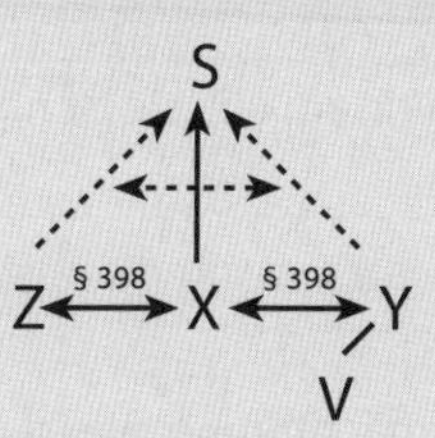

X tritt an Y, der von V vertreten wird, eine Forderung gegen S ab. Dabei besaß V keine Vertretungsmacht für Y. Kurz darauf tritt X dieselbe Forderung erneut an Z ab. Erst dann genehmigt Y die von V angenommene Abtretung. Wer ist Inhaber der Forderung?

---

448 Staudinger/Gursky § 182 Rdnr. 14.

449 BGHZ 91, 324; 109, 171; BGH, Urt. v. 29.05.2000 – II ZR 334/98, NJW-RR 2000, 1583; MünchKomm/Schramm § 177 Rdnr. 24; Soergel/Leptien § 182 Rdnr. 7; Palandt/Ellenberger § 182 Rdnr. 3.

450 BGHZ 107, 340, 341; Palandt/Ellenberger § 184 Rdnr. 3; MünchKomm/Schramm § 184 Rdnr. 23; Wolf/Neuner § 54 Rdnr. 32.

319 I. Wird eine Forderung mehrfach abgetreten, so gilt grundsätzlich das Prioritätsprinzip. Danach wird derjenige Inhaber der Forderung, zu dessen Gunsten zuerst eine wirksame Einigung über den Forderungsübergang zustande gekommen ist. Wer den Abtretungsvertrag später schließt, kontrahiert mit einem Nichtberechtigten und kann die Forderung grundsätzlich auch nicht gutgläubig erwerben. Vorliegend ist zunächst der Abtretungsvertrag zwischen X und Y geschlossen worden. Zwar war dieser mangels Vertretungsmacht des V zunächst nicht wirksam, die Genehmigung durch Y gemäß §§ 177 Abs. 1, 184 Abs. 1 könnte aber rückwirkende Kraft besitzen. Aufgrund der Rückwirkung wäre es so anzusehen, als wenn der Abtretungsvertrag zwischen X und Y von vornherein wirksam war. Demnach hätte nicht Z, sondern Y die Forderung erlangt, denn aufgrund der Rückwirkung der Genehmigung wäre es so anzusehen, als sei X zur Zeit der Abtretung an Z bereits nicht mehr berechtigt gewesen.

320 II. Eine Ausnahme von der grundsätzlichen Rückwirkung der Genehmigung nach § 184 Abs. 1 macht jedoch § 184 Abs. 2. Danach behalten Verfügungen des Genehmigenden, die dieser vor der Genehmigung über den Gegenstand des Rechtsgeschäfts getroffen hat, ihre Wirksamkeit und sind wegen der Rückwirkung der späteren Genehmigung nicht als von einem Nichtberechtigten getroffen bzw. gegen einen Nichtberechtigten vorgenommen anzusehen.

Die Voraussetzungen des § 184 Abs. 2 sind hier jedoch nicht erfüllt, denn die Vorschrift verlangt, dass derjenige, der genehmigt, die Zwischenverfügung getroffen hat. Hier hat Y genehmigt, die Zwischenverfügung wurde aber von X getroffen. Nach h.M. ist aus § 184 Abs. 2 auch kein allgemeiner Grundsatz dahin abzuleiten, dass Zwischenverfügungen, die von der Genehmigung betroffen werden, schlechthin wirksam bleiben sollen. § 184 Abs. 2 bezieht sich nach h.M. vielmehr ausschließlich auf Verfügungen des Genehmigenden und ist als Ausnahmevorschrift eng zu interpretieren.[451] Vorliegend ist damit § 184 Abs. 2 nicht anwendbar, sodass es für die Genehmigung des Y bei der grundsätzlichen Rückwirkung gemäß § 184 Abs. 1 bleibt. Da demnach die Abtretung der Forderung von X an Y vor der Abtretung an Z wirksam geworden ist, ist Y Inhaber der Forderung geworden.

III. Die Verweigerung der Genehmigung

321 Die Verweigerung der Genehmigung führt zur endgültigen Unwirksamkeit, sie ist nicht widerruflich.[452]

2. Abschnitt: Die Ermächtigung

322 Ein Sonderfall der in §§ 182 ff. geregelten Zustimmung ist die Ermächtigung. Sie ist die Zustimmung des Berechtigten zur Ausübung oder Geltendmachung eines Rechts durch einen Nichtberechtigten im eigenen Namen.

451 BGHZ 70, 299, 302; MünchKomm/Schramm § 184 Rdnr. 38; Erman/Maier-Reimer § 184 Rdnr. 20; Palandt/Ellenberger § 184 Rdnr. 5.

452 MünchKomm/Schramm § 182 Rdnr. 21.

A. Die Ermächtigung zu einer Verfügung, § 185 Abs. 1

Nach § 185 Abs. 1 ist die Verfügung eines Nichtberechtigten wirksam, wenn sie mit Einwilligung des Berechtigten erfolgt; die ohne Einwilligung des Berechtigten getroffene Verfügung des Nichtberechtigten wird nach § 185 Abs. 2 wirksam, wenn der Berechtigte sie genehmigt. **323**

Beispiel: Der reiche E will ein ihm gehörendes Gemälde von Picasso veräußern. Da er dabei aber nicht in Erscheinung treten möchte, ermächtigt er den N, die Veräußerung im eigenen Namen vorzunehmen. N übereignet daraufhin das Gemälde im eigenen Namen an X. Hat X wirksam Eigentum erworben?

I. Ein Eigentumserwerb des X von E gemäß §§ 929, 164 scheidet aus, da N bei der Übereignung nicht im Namen des E aufgetreten ist.
II. Vielmehr ist die Einigung zwischen dem im eigenen Namen auftretenden N und dem X unmittelbar zustande gekommen. Zwar war N nicht Eigentümer und ihm fehlte an sich die Verfügungsmacht, die ihm von E erteilte Ermächtigung verlieh ihm jedoch die Macht zu einer wirksamen Verfügung. Trotz der Ermächtigung liegt aber nicht eine Verfügung des Eigentümers, sondern eine Verfügung des Ermächtigten – also des Nichtberechtigten – vor, die Rechtsfolge tritt aber unmittelbar zwischen dem Erwerber und dem Berechtigten ein. Der Erwerb von einem zur Verfügung ermächtigten Nichtberechtigten ist daher eine Form des Erwerbs vom Berechtigten.

B. Die Einziehungsermächtigung

Von der h.M. wird die Vorschrift des § 185 Abs. 1 analog auf den Fall angewandt, dass der Inhaber einer Forderung einem anderen die Befugnis einräumt, die Forderung im eigenen Namen geltend zu machen. **324**

Beispiel: K hat bei der B-Bank einen Kredit aufgenommen. Zur Sicherung des Darlehens hat er Forderungen, die gegen seine Kunden bestehen, an die Bank abgetreten. Damit die schlechten finanziellen Verhältnisse des K nicht bekannt werden, hat die B dem K gestattet, die Kundenforderungen weiterhin im eigenen Namen einzuziehen, solange er seinen Verpflichtungen gegenüber der Bank nachkommt.

Trotz Fehlens einer ausdrücklichen gesetzlichen Regelung wird die Einziehungsermächtigung ganz überwiegend analog § 185 Abs. 1 anerkannt.[453] Die Gegenansicht lehnt die Anwendung von § 185 ab und erkennt die Zulässigkeit der Einziehungsermächtigung als Ergebnis richterlicher Rechtsfortbildung an.[454]

Von der Einziehungsermächtigung zu unterscheiden ist die Ermächtigung zum Empfang der Leistung nach § 362 Abs. 2. Sie begründet nur die Empfangszuständigkeit, verleiht aber nicht das Recht, die Forderung geltend zu machen.

C. Die Verpflichtungsermächtigung

Streitig ist, ob auch eine Verpflichtungsermächtigung zulässig ist, d.h. eine Ermächtigung dahin, dass ein Vertrag von einem anderen im eigenen Namen mit Wirkung gegen den Ermächtigenden geschlossen wird. **325**

Beispiel: E hat den Pkw des H, den er sich von diesem ausgeliehen hatte, grob fahrlässig beschädigt. Er ermächtigt daraufhin den H, im eigenen Namen den Wagen in Reparatur zu geben, wobei E aus dem Vertrag unmittelbar verpflichtet werden soll.

---

453 BGHZ 4, 153, 164; 70, 389, 393; MünchKomm/Schramm § 185 Rdnr. 40 ff.

454 Palandt/Grüneberg § 398 Rdnr. 32.

326 **I.** Nach h.M. ist eine Verpflichtungsermächtigung nicht zulässig, da § 185 sich nur auf Verfügungen bezieht. Für Verpflichtungen eines Dritten gilt das Vertretungsrecht. Eine nicht offen gelegte Verpflichtungsermächtigung widerspricht darüber hinaus dem Offenkundigkeitsgrundsatz des § 164, denn bei Zulässigkeit einer Verpflichtungsermächtigung könnte dem Geschäftsgegner ein Vertragspartner aufgezwungen werden, mit dem er nicht abschließen wollte.[455]

Nach a.A. soll die Verpflichtungsermächtigung jedenfalls dann zulässig sein, sofern sowohl der Ermächtigte als auch der Ermächtigende verpflichtet werden oder die Verpflichtungsermächtigung dem Vertragspartner offen gelegt wird.[456]

327 **II.** Nach h.L. kann § 185 aber auf verfügungsähnliche Tatbestände angewendet werden, insbesondere dann, wenn der „Ermächtigte" im eigenen Namen ein Verpflichtungsgeschäft getätigt hat, das zur Besitz- oder Gebrauchsüberlassung verpflichtet und der Berechtigte in diese Überlassung eingewilligt hat. Dann wird der „Ermächtigende" zwar nicht Vertragspartner des Verpflichtungsgeschäfts, doch muss er die Besitz- oder Gebrauchsüberlassung, in die er eingewilligt hat, gegen sich gelten lassen.

Beispiel: E plant einen längeren Auslandsaufenthalt. Er gestattet V, seine Eigentumswohnung in eigenem Namen zu vermieten. V schließt daraufhin einen Mietvertrag über zwei Jahre mit dem M. Als E nach Ablauf eines Jahres, früher als geplant, aus dem Ausland zurückkehrt, verlangt er von M Herausgabe der Wohnung.

Anspruch des E gegen M aus § 985
E ist Eigentümer, M ist Besitzer. Fraglich ist, ob dem M ein Recht zum Besitz zusteht oder ob er aus sonstigen Gründen die Herausgabe verweigern kann.
I. Der M hat kein eigenes Recht zum Besitz aus dem Mietvertrag. Dieser ist mit dem V zustande gekommen, da V in eigenem Namen aufgetreten ist.
II. Abgeleitetes Besitzrecht aus § 986 Abs. 1 S. 1, 2. Alt.
1. Der unmittelbare Besitzer M ist dem V gegenüber zum Besitz berechtigt.
2. V müsste dem E gegenüber zum Besitz berechtigt sein. Dem V war jedoch lediglich die Vermietung im eigenen Namen gestattet. Ein Besitzrecht des V gegenüber E ist aus dieser Abrede nicht herzuleiten.
III. Dem M könnte aufgrund des Mietvertrags und der Tatsache, dass E die Vermietung gestattet hat, ein Besitzrecht zustehen. In der Literatur wird § 185 Abs. 1 auf diese Fallkonstellation analog angewandt. Der Mietvertrag ist zwar keine Verfügung, da er nicht auf eine dingliche Rechtsänderung gerichtet ist, bei der Einräumung eines obligatorischen Besitzrechts handele es sich aber um einen verfügungsähnlichen Tatbestand. Wenn der Eigentümer einem Dritten die Vermietung in eigenem Namen gestatte, wirke der Mietvertrag analog § 185 Abs. 1 für und gegen ihn. Dies sei ein zwingendes Gebot der Gerechtigkeit.[457]
IV. Die Rechtsprechung lehnt die analoge Anwendung des § 185 Abs. 1 auch bei verfügungsähnlichen Verpflichtungsgeschäften ab.[458] Der sich ergebende vertragslose Zustand zwischen Eigentümer und Mieter könne mithilfe des § 242 BGB bewältigt werden. Das Räumungsverlangen des Eigentümers verstößt demnach gegen Treu und Glauben.

---

455 BGHZ 114, 96, 100; 34, 122, 125; Palandt/Ellenberger § 185 Rdnr. 3; Staudinger/Schilken Vorbem. zu §§ 164 ff. Rdnr. 70 ff.; Staudinger/Gursky § 185 Rdnr. 104; Peters AcP 171, 238 ff.

456 MünchKomm/Schramm § 185 Rdnr. 46 ff.; Soergel/Leptien § 185 Rdnr. 35 ff.

457 Staudinger/Gursky § 185 Rdnr. 102; MünchKomm/Schramm § 185 Rdnr. 10.

458 So jedenfalls BGHZ 84, 90 und 114, 96, 100 für den Fall der Untervermietung und der späteren Beendigung des Hauptmietvertrags.

STICHWORTVERZEICHNIS